Michael Korth

WERTE

Michael Korth

WERTE

Fundament und Zukunft unserer Kultur

Mit einem Geleitwort von
Ulrich Hemel

Patmos Verlag

Das Chileion ist das Symbol des Philosophen, der Wanderstab, auf den er sich während des Gespräches stützt. Es ist das Zeichen der inneren Ruhe, der Muße zum Gedankenaustausch.

Für meinen Freund und
philosophischen Gesprächspartner
Peter Lengauer, ohne den dieses Buch
nicht hätte erscheinen können

INHALT

Werte – Orientierungsmarken unseres Lebens

Was wertvoll ist, das ist erstrebenswert, wird begehrt, lohnt die Mühe. Was wertvoll ist, wird jedoch nicht immer klar erkannt. So kommt es vor, dass wertvolle Bilder jahrelang auf dem Dachboden liegen, bis sie entdeckt werden. Bei Werten ist es ähnlich: Nicht immer achten wir sie, halten sie hoch und lassen uns von ihnen inspirieren. Manches wird selbstverständlich, ja geradezu zum Opfer der alltäglichen Gewohnheit: das Getragen-Sein in der Familie, der Erfolg im Beruf, die Zuverlässigkeit von Technik, die Freundlichkeit von Menschen um uns herum.

Werte wollen also immer wieder neu entdeckt werden. Wir sollten sie uns bewusst machen, sonst verlieren wir das Gefühl für ihre Bedeutung. Werte haben aber auch eine Doppelstruktur: Wir sprechen ja auch von inneren und äußeren Werten. Werte materialisieren sich in einem Preis, etwa für das auf dem Dachboden gefundene Gemälde. Werte überschreiten die materielle Sphäre aber auch, eben wenn sie auf innere Bindung, auf emotionale Resonanz und auf unsere menschlichen Strebungen verweisen. Dann sind Werte ein Leitstern, sind sie Wegmarken der Orientierung.

In diesem Sinne sind Werte wertvoll für unsere Lebensführung. Sie zeigen uns im Wortsinn auf, welcher Weg die Mühe lohnt. Sie helfen uns, Lebenssituationen zu bewältigen, weil wir lernen können, sie im Licht unserer eigenen Werte zu deuten und entsprechend zu handeln. Notwendig ist dies besonders dann, wenn Orientierung schwierig ist, nicht zuletzt in der Zeit einer weltweiten Pandemie, die Millionen Menschenleben kostet.

Wenn wir Wege im Nebel gehen, wenn es keine Wegweiser gibt, wenn das Ziel nicht klar ist, gerade dann sind Anhaltspunkte für den richtigen Weg von besonderer Bedeutung. Und so wirkt unsere Zeit zu Beginn des 21. Jahrhunderts so chancenreich und zugleich so bedrohlich wie vielleicht selten. Denn vieles liegt tatsächlich im Nebel – von den Auswirkungen der digitalen Revolution bis zum Klimawandel, von der Globalisierung bis zur Frage nach dem richtigen Umgang mit gesellschaftlichen Herausforderungen wie Covid-19, aber auch Flucht und Arbeitsmigration. Nicht zuletzt geht es um die Zukunft der Demokratie angesichts populistischer Strömungen und um die Frage nach der zukünftigen Rolle von Religion.

Natürlich hilft Fachwissen, natürlich helfen professionelle Lösungsansätze. Sie sind aber nicht alles, denn wir brauchen als Menschen einen übergeordneten Rahmen. Und da helfen uns Werte. Denn letzten Endes helfen sie mit, Wichtiges von Unwichtigem zu unterscheiden.

Dabei gibt es auch eine Hierarchie der Werte. Nicht jeder Wert ist in jeder Situation gleich wichtig. Im Gegenteil: Wir brauchen die Vergewisserung darüber, welche „Wertepyramide" für mich persönlich, für meine Familie,

mein Unternehmen oder meine Organisation, meinen Freundeskreis gilt. Erst daraus gewinnen wir unsere besondere Perspektive, unseren Standpunkt, der uns dann auch zum Dialog mit anderen befähigen wird.
Das vorliegende Buch gibt Anregungen zu einer solchen persönlichen Wertereise. Es ist eine Sammlung ganz unterschiedlicher Sichtweisen. Die Aufgabe, sie für das eigene Leben fruchtbar zu machen, verbleibt bei der Leserin und beim Leser. Das Buch lädt also dazu ein, weiterzudenken. Denn das Leben ist niemals fertig, es muss jeden Tag neu gestaltet werden. Wer hierzu Anregungen sucht, wird Michael Korths wertvolle Texte zu lebenswerten Werten gern zur Hand nehmen.

Ulrich Hemel

VORWORT

Durch Werte wird das Leben jedes Menschen wertvoll. Und kein vernünftiger Mensch bezweifelt, dass sie für die Entwicklung eines Kindes und das Zusammenleben in einer Gemeinschaft von der Familie über Wirtschaftsunternehmen bis zum Staat entscheidend sind.
Unsere Werte bestimmen, was wir für sinnvoll halten, wofür wir uns einsetzen und wem wir vertrauen. Das Zusammenleben in einer Gemeinschaft, auch das Miteinander von Kulturen ist nur möglich auf der Basis gemeinsamer Werte. Die Weitergabe von Werten ist ein – vielleicht: das – Hauptanliegen von Bildung und Erziehung. Dort, wo Wertvorstellungen unterschiedlich sind, braucht es Respekt und Toleranz, also wiederum Werte, die selbst bei Gegensätzen Frieden und Zusammenhalt ermöglichen. Manche der Werte, die unsere Ideale so wie unseren Alltag prägen, sind uns kaum bewusst. Dennoch wirken sie sich aus. Die Corona-Pandemie hat manches deutlich gemacht. Die damit verbundenen Einschränkungen sind z.B. durch Rücksichtnahme, Wertschätzung, Geduld und Solidarität erträglicher geworden. Zudem hat die Pandemie zu einem Nachdenken darüber geführt, was wirklich wichtig ist und welche Werte unverzichtbar sind.
In diesem Buch werden die wichtigsten Werte von *Achtsamkeit* bis *Zuverlässigkeit* präsentiert. Die Zusammenstellung bringt Ideen, Gedanken, Anekdoten, Geschich-

ten und Konzepte vieler kreativer Köpfe ein. Ist Sokrates ein unerschrockener Kämpfer für die *Wahrheit,* so ist Hildegard von Bingen überzeugt, dass *Mäßigkeit* „die Mutter aller Tugenden" ist. Für den Dalai Lama ist Religion etwas sehr Einfaches, sie besteht für ihn schlicht in *Güte*. Jesus von Nazareth erweitert mit *Sanftmut* oder *Nächstenliebe* den alten Wertekatalog der Bibel. Für Goethe ist das *Erstaunen* „das Höchste, wozu der Mensch gelangen kann", und Katherine Mansfields wichtigster Wert ist die *Ehrlichkeit*. Albert Schweitzer sieht im Wert *Ethik* die „Verantwortung gegen alles, was lebt". Pestalozzi hält *Menschlichkeit* für „köstlicher als alle Schönheit der Erde" (um einige Prominente zu nennen).
Wer nach klaren Wertmaßstäben lebt, dessen Leben wird wertvoller, weil für ihn scheinbar Unbedeutendes wie eine Geste des Dankes, ein freundliches Lächeln oder eine kleine Aufmerksamkeit großen Wert besitzt.
Das Neue an dieser Sammlung ist – falls es nicht schon ein ähnliches Werk gab oder in einer anderen Sprache gibt – die Idee, die wichtigsten Werte in dichter Form in alphabetischer Reihenfolge darzustellen und ins Gedächtnis zu rufen. Zugleich ist sie ein Dank an alle schöpferischen Menschen, denen wir unser Wertesystem verdanken.

Michael Korth

ACHTSAMKEIT

bedeutet Beobachtung, Selbstbeobachtung und Selbstachtung.

Yorick Huntinghall

Die Achtsamkeit gilt in der buddhistischen Lebenskunst als „Bollwerk gegen zerstörerische Emotionen". Ihre vier Grundlagen bilden die Achtsamkeit auf den Körper, auf die Gefühle, auf den Geist und auf das Denken. Achtsamkeit befähigt den Menschen zum klaren Blick auf sich selbst und seine Umwelt. Wer auf Details achtet, Mängel, Nöte und Sorgen erkennt und behutsam eingreift, wenn es notwendig ist, trägt zur Verbesserung der Welt und seiner selbst bei. Das beginnt beim eigenen Körper. Wer ihn pflegt, mit Bewegung fit hält, sich ausgewogen ernährt, ihm ausreichend Erholung und Schlaf gönnt, ist ausgeglichen und sich und anderen gegenüber freundlich gestimmt. Wer auf seine Gefühle achtet, sich nicht zum Sklaven unkontrollierter Emotionen macht, weder vorschnell urteilt noch verdammt, sondern die Dinge ruhig betrachtet und auf sich wirken lässt, wird wenig Unheil anrichten. Wer seinen Verstand unter Kontrolle hat, ist in der Lage, nüchtern zu urteilen. Er wird weder der Leistungssucht verfallen, die zum Burnout führt, noch andere überfordern und ist niemals indiskret noch verletzend. Und wer folgerichtig denken gelernt hat, kann anderen ein selbstloser guter Ratgeber sein und sogar in scheinbar ausweglosen Situationen die Dinge zum Guten wenden. Die Achtsamkeit beginnt beim – nicht pedantischen, rechthaberischen – Ordnen von Kleinigkeiten und dem ehrlichen Streben nach Vollkommenheit. Ihre Krönung endet im Entwurf großer Projekte, bei denen jedes Detail stimmt, und der Umsetzung in ein harmonisches Ganzes. Aus dieser Haltung heraus entwickelt jeder achtsame Mensch eine Gesamtpersönlichkeit, deren innere und äußere Harmonie ins Auge springt. Er achtet auf seine Handschrift wie auf seine Wortwahl, bemüht sich um gute Manieren wie um eine gepflegte Sprache oder stilsichere Kleidung. Er entwickelt seine Talente, verbannt Egoismus und Gier und wird so zum Vorbild für andere. Achtsamkeit ist die Voraussetzung für ein gelungenes Leben.

ALTER

verklärt oder versteinert.

Marie von Ebner-Eschenbach

In der heutigen Zeit des Jugendkultes mit berufsjugendlichen TV-Moderatoren, fitten Bergsteigern im Rentenalter oder gelifteten und aufgespritzten Filmdiven und Society-Ladies ist es schwer, eine Lanze für das Alter zu brechen. Ich mache es trotzdem, denn in Würde zu altern ist ein Wert, den niemand unterschätzen sollte, weil jeder früher oder später die Schwelle des Alters erreicht und sich damit auseinandersetzen muss. „Viele Menschen werden deshalb nicht 80, weil sie zu lange versuchen, 40 zu bleiben", meinte Salvador Dalí augenzwinkernd. Ein guter Gedanke, der auf den Jugendwahn abzielt. Warum kostümieren sich 50-jährige Grauköpfe mit hautengen Jeans? Warum präsentieren 60-jährige Damen offenherzig ihr faltiges Dekolleté? Warum rasen 70-Jährige auf Harley-Davidson-Motorrädern im Althippielook mit barbusiger Bikerbraut auf den Rücksitz umher? Warum fällt es den Menschen unserer Gesellschaft so schwer, die Stationen des Lebensweges mit Würde zu passieren? Vielleicht ist das Alter Gottes zweites Angebot, uns jene Weisheit zu schenken, die wir verloren haben, als wir unsere Kindheit hinter uns ließen. Vielleicht verstehen sich deshalb Enkelkinder und Großeltern so gut, weil sie noch bzw. wieder der Weisheit näher sind. Der österreichische Bundespräsident Alexander Van der Bellen, Sophia Loren oder der Dalai Lama sind würdige alte Menschen, die uns, ihrer Enkelgeneration, Wertvolles zu sagen haben. Obwohl sie sich nicht auf jung kostümieren, werden sie von den Menschen verehrt. Die Erfahrung hat sie reich gemacht, und diesen Reichtum an Erfahrung und tiefer Einsicht geben sie weiter. Sie müssen nicht mehr um Anerkennung ringen, nicht mehr um Erfolg kämpfen. Sie kennen die zweifelhaften Spiele um Macht und Geld. Sie haben Krieg, Verrat, Speichelleckerei, Intrigen genug erlebt. Sie wissen, dass die wahren menschlichen Werte in Wahrhaftigkeit, Nächstenliebe, Großzügigkeit, Freundschaft, Mitgefühl u.a. bestehen.

ANERKENNUNG

ist eine Pflanze, die vorwiegend auf Gräbern wächst.

Robert Lembke

Für das Zusammenleben jeder Form ist gegenseitige Anerkennung notwendig. Ein nicht respektiertes Gruppenmitglied gerät in Gefahr, zum Außenseiter zu werden. Das kann die Hölle auf Erden bedeuten. Besonders, wenn es keine Fluchtmöglichkeit gibt wie beim Militär, im Gefängnis oder in der Abhängigkeit von lieblosen Eltern. Eine Form der Anerkennung besteht im Lob von Leistungen. Eine besonders originelle fand Feldmarschall Blücher, als man ihn in nobler Gesellschaft für seine strategischen Meisterleistungen feierte. Doch Blücher störte es, dass sein anwesender Stabschef Gneisenau kaum beachtet wurde. Er fragte, ob jemand unter den Herrschaften in der Lage sei, seinen eigenen Kopf zu küssen. Als über den vermeintlich absurden Scherz großes Trara entstand, sagte Blücher: „Ich als einziger kann es und mache es jetzt vor!" Er erhob sich, ging zu Gneisenau und gab ihm einen Kuss auf die Stirn. Mangelnde Anerkennung für eine große Leistung kann Menschen in Verzweiflung treiben. Claude Rouget de Lisle, dem Autor der „Marseillaise", bescherte sein Hit Verbitterung, obwohl die spätere Nationalhymne im Sturm ganz Frankreich eroberte. Der Kriegsminister ließ 100.000 Exemplare drucken. Alle waren begeistert. Nur einer nicht. Rouget de Lisles Name war beim Druck vergessen worden. Napoleon hielt die „Marseillaise“ für den „größten General der Revolution, und die Wunder, die sie vollbrachte, sind ohne Beispiel“. Dafür wollte er den Autor belohnen, doch der lehnte, noch immer verbittert über die Kränkung, ab. Er hätte nicht nur eine Rente erhalten, sondern mit Napoleons Protektion zum gefeierten Bühnenautor werden können. Von Gläubigern gejagt, von der Polizei bespitzelt, verkroch er sich in der Provinz. 40 Jahre nach Entstehung des Liedes setzte der neue König Louis Philippe dem 70-jährigen Autor eine kleine Pension aus. Davon vegetierte er noch sechs Jahre, bis er 1836 verbittert starb. Deshalb sollte man nie mit Anerkennung geizen.

ANSTAND

bedeutet, wie man sich benimmt,
wenn man allein ist.

Michael Winzer

Der Begriff stammt aus den höfischen Umgangsregeln des Mittelalters und wurde in der Neuzeit von den Zunftordnungen übernommen. Darin ging es zunächst hauptsächlich um äußerliche Etikette: Wie verhält sich ein kultivierter Mensch bei Tisch, im Umgang der Geschlechter untereinander, gegenüber Hilfsbedürftigen, Feinden usw. Der Zweck der Anstandsregeln galt der Verfeinerung der Sitten. In der Zeit der Aufklärung wandelte sich der Begriff von der äußerlichen Etikette und der formalen Einhaltung normierter Höflichkeitsformen zu einer innerlich aufrechten Haltung nach persönlichen Wertmaßstäben. Der anständige Mensch der Aufklärung verhält sich so, dass die Persönlichkeit des anderen geachtet wird, egal, ob es sich um einen Mächtigen oder Bettler handelt. Der anständige Mensch sorgt dafür, dass niemand sein Gesicht verliert, gedemütigt oder ungerecht behandelt wird, weil jeder Mensch gleichwertig ist und mit entsprechender Würde behandelt werden muss. Diese Haltung anderen gegenüber entstand aus dem Geist der Demokratie und der Menschenrechte. Anstand befähigt den modernen Menschen dazu, verantwortlich gegenüber seiner Umwelt, seinen Mitmenschen *und* auch sich selbst zu handeln. Erstaunlich ist, dass sich oft Moralapostel wie z. B. Thomas Mann als kleine Gauner entpuppen, die auf den Anstand pfeifen, wenn es ums Geld geht. Thomas Mann, der literarische Weltstar, der immer seine Kultiviertheit zur Schau stellte, stets den moralischen Zeigefinger hob und anderen ins Gewissen redete, war in Gelddingen raffgierig und halb betrügerisch. Die Honorare für ostdeutsche und sowjetische Ausgaben seiner Bücher ließ er sich vom russischen Botschafter in Zürich in bar auszahlen, wodurch sein Verlag S. Fischer um die Einnahmen gebracht wurde. Welch ein Unterschied zu Prinz Eugen, der jedes geliehene Geld zurückzahlte – selbst Leuten, die es längst vergessen hatten. Anstand zügelt Arroganz, Selbstüberschätzung und Anmaßung.

ARBEIT

ist für die Mehrheit der Menschen die einzige Zerstreuung, die sie auf die Dauer aushalten können.

Dennis Gabor

Das mittelhochdeutsche Wort *arebeit* bedeutet „Mühe", „Beschwernis", „Leiden". Als selbstgewählte schöpferische Aktivität kann sie beglücken, als Tätigkeit zum Geldverdienen anspornen, als Schularbeit zur Verzweiflung bringen, als tägliche Routine krank machen. Dostojewski schildert in „Erinnerungen aus einem Totenhaus" die meist unnütze Arbeit der Sträflinge. Sie wracken z.B. ein kaputtes Schiff ab und machen daraus Brennholz. Die Arbeit ist sinnlos, weil in Sibirien Holz nichts kostet. Weil sie das wissen, sind die Sträflinge faul, aufmüpfig und frustriert. Müssen sie dagegen eine nützliche Aufgabe verrichten wie Schneeschaufeln, sind sie motiviert und fröhlich. Nützliche Arbeit ist sogar ein Vergnügen. Sie geht ihnen leicht von der Hand, und noch leichter, wenn sie die Aussicht anspornt, eine Stunde früher Feierabend haben zu dürfen, wenn sie schneller fertig werden. Wir kennen das alle: Wenn uns ein unmotivierter Lehrer zum Lernen bringen wollte, herrschte in der Klasse lähmende Langeweile und die Minuten schlichen dahin. Steckte uns ein begeisterter Pädagoge an, gingen wir mit Feuereifer ans Werk. Wer seine Arbeit verliert und ins deprimierte Arbeitslosenheer eingegliedert wird, ist ein armer Teufel. Er hat keine Aufgabe, kann von Hartz IV kaum leben und starrt hoffnungslos den Fernseher oder die Wand an. Seine Motivation sinkt von Tag zu Tag. Viele werden psychisch und auch physisch krank. Genauso geht es vielen Rentnern. Sie haben plötzlich keine Aufgabe mehr und langweilen sich dem Tod entgegen. Wer etwas leistet, ist zufrieden. Daher ist das Recht auf Arbeit ein großer Wert und ein ganz wichtiges Menschenrecht. Albert Camus hat in seinem Buch „Der Mythos von Sisyphos“ den seltsamen Zwiespalt beschrieben: „Wenn wir arbeiten, sehnen wir uns nach Muße. Doch erst durch die Arbeit wird die Freizeit süß.“ So erreichen Freizeit und Arbeit erst in Verbindung ihren wahren Wert. Denn Arbeit gibt uns mehr als Lebensunterhalt, sie gibt uns Leben.

AUFRICHTIGKEIT

ist die verwegenste Form der Tapferkeit.

William Somerset Maugham

Ein aufrichtiger Mensch redet anderen nicht nach dem Munde, sondern drückt emotionslos ohne Verstellung seine innere Überzeugung aus. Aufrichtigkeit ist ein Zeichen von Integrität. Der Aufrichtige lügt nicht und handelt niemals unlauter zum Erringen eines Vorteils. Allerdings trägt er auch nicht sein Herz auf der Zunge, sondern die Aufrichtigkeit erlaubt ihm auch zu verschweigen, was andere bloßstellen könnte. Zudem gebietet manchmal die

Klugheit zu schweigen, um Katastrophen zu verhindern und sich selbst zu retten. Von der Aufrichtigkeit abzugrenzen ist der Bekennermut, der peinlich wirken und manchmal die Grenzen des guten Geschmacks überschreiten kann. Aufrichtigkeit Mächtigen gegenüber ist stets mit dem Risiko verbunden, in Ungnade zu fallen. Daher verlangt Aufrichtigkeit diplomatisches Fingerspitzengefühl, wie folgendes Beispiel zeigt. Königin Christine von Schweden war nicht nur eine große Herrscherin, sondern sorgte durch ihr agiles, unberechenbares Wesen ständig für Skandale und Erstaunen. Kaum an der Macht, schaffte sie die Hexenprozesse ab und warf alles männliche Klischeedenken über den Haufen. Da sie unkonventionell lebte, hielt man sie auch für lesbisch. Das machte ihr so viel Spaß, dass sie bei einer noblen Gesellschaft eine Freundin einfach als „meine Bettgenossin" vorstellte. Die Königin nahm zwar kein Blatt vor den Mund, war aber heikel, wenn es um ihre eigene Person ging. Bei einem Fest forderte sie den geistvollen Grafen Monaldeschi auf, seine Meinung über die Schönheit der anwesenden Damen zu äußern. Der für seine Aufrichtigkeit bekannte Graf spürte das Verfängliche der Frage. Weil er wusste, dass Königin Christine eitel war, zog er sich geschickt aus der Affäre, indem er antwortete: „Wer kann über die Sterne urteilen, Majestät, wenn er der Sonne ins Antlitz schaut?" Graf Monaldeschi brachte es dank seiner Klugheit fertig, aufrichtig zu sein, ohne zu sich selbst und die Königin in Verlegenheit zu bringen.

AUSDAUER
ist konzentrierte Geduld.

Thomas Carlyle

Jammerte ein Schüler nach einer verpfuschten Klassenarbeit: „Aber ich habe doch so viel gelernt“, sagte unser Französischlehrer: „Entscheidend ist, was unter dem Strich steht.“ Das habe ich mir für mein ganzes Leben gemerkt. Auf das gute Ergebnis kommt es an und nicht darauf, wie lange man braucht, sondern wie zäh und ausdauernd man war, um die Arbeit zum guten Ergebnis zu führen. Manchmal dauert es Jahre und Jahrzehnte, bis das Ergebnis perfekt ist, wie die bewundernswerte Zähigkeit mancher Schriftsteller zeigt: 64 lange Jahre arbeitete Goethe an seinem „Faust“, 20 Jahre schrieb Robert Burton an seiner „Anatomie der Melancholie“, 18 Jahre brauchte Tolkien für „Herr der Ringe“. In seinem Roman „Robinson Crusoe“ beweist Daniel Defoe beispielhaft, wie man durch Fleiß, Willenskraft, Findigkeit, Selbstvertrauen und Ausdauer in einer scheinbar hoffnungslosen Lage sein Leben in die Hand nimmt und zu einem guten Ergebnis führt. Robinson Crusoe strandet allein auf einer einsamen Insel und lebt dort 28 Jahre lang. Vom Schiffswrack rettet er Werkzeug, Waffen und Kleidung. Er zähmt wilde Ziegen, pflanzt einen Obstgarten und züchtet Getreide. Er führt ein glückliches Leben und ist zufrieden mit dem, was er erreicht hat, weil „kein Zustand auf der Welt so elend ist, um darin nicht auch etwas Gutes erkennen zu können." Denn mit Tatkraft und Ausdauer lassen sich schwierigste Lagen meistern: „Mein Lebtag hatte ich kein Werkzeug in der Hand gehabt, aber ich fand, dass man mit Arbeit und Fleiß, Geduld und einigem Scharfsinn erstaunlich viel fertigbringt. ... Es war unnütz, mich dabei aufzuhalten, herbeizuwünschen, was nicht zu haben war; und dieser Gedanke war es, der mich zur Arbeit antrieb." Was Robinson anfasste, musste zum Erfolg führen. Davon hing seine gesamte Existenz ab. Trotz vieler Rückschläge lernte er aus seinen Fehlern und erreichte durch seine Beharrlichkeit jedes seiner gesetzten Ziele. Wer seine Arbeit lieben lernt, dem kommt die Freude zu Hilfe.

AUTHENTIZITÄT

ist alles, was nicht von den Konzernen kontrolliert wird.

Michael Crichton

In vergangenen Zeiten wollten die Menschen erlöst, befreit oder zivilisiert werden – der Mensch der Jetztzeit will unterhalten werden. Er fürchtet nicht um sein Seelenheil usw., sondern er fürchtet sich vor der Langweile. Also ist er ständig auf der Jagd nach Zerstreuung. Alles muss sensationell sein, sofort fesseln und immer neue Reize auslösen. So kann man heute fast alles mit Geld kaufen – außer den wirklichen Werten. Je mehr Oberflächliches konsumiert wird, umso mehr wächst die

Sucht, denn nie wird der Unterhaltungshungrige gesättigt. Er ist Konsument, der nur verzehrt und nie etwas erschafft. Dadurch wächst die Sehnsucht nach dem „Echten", nach „Authentizität". Was aber ist authentisch? Alles, was nicht von cleveren Marketingleuten für den Profit geplant ist. Alles, was aus sich selbst heraus existiert und seine eigene Gestalt annimmt. Leider gibt es in der modernen Welt kaum noch etwas, was seine eigene Gestalt annehmen darf. So wird alles zum Entertainment, sogar äußerst Wichtiges wie die Pädagogik. Schüler, durch die Medien zu Informationskonsumenten herangezogen, ertragen normalen Unterricht nicht mehr. Der Lehrer muss zum Bildungs-Animator werden, um das Interesse wachzuhalten. Dieses Bildungs-Entertainment setzt sich an der Universität fort, wo der Professor nicht so sehr mit seiner Qualität als Wissenschaftler punktet, sondern mit seinem Unterhaltungswert. Der ständige Rummel erschöpft und lässt jeden nach der Sinnhaftigkeit seiner Arbeit und unseres Lebensstils fragen. Wie aber lernen wir, wieder die Freude an der Arbeit, an den Mitmenschen, an der Kunst, am Leben zu genießen? Indem wir authentisch, das heißt schöpferisch werden, denn das griechische Wort *aúthénes* bedeutet Urheber. Wer schöpferisch tätig ist, sei es als Gärtner, Musiker oder Töpfer, schafft etwas Unverwechselbares, auf das er stolz sein kann. Diese Wertschöpfung macht ihn fröhlich. Denn wahre Zufriedenheit entspringt dem ganzen Einsatz von Leib und Seele.

AUTORITÄT

wird nur dann nicht angezweifelt, wenn sie sich auf fachliche Leistung und untadelige menschliche Haltung gründet.

Gustav Heinemann

Das deutsche Wort entwickelte sich im Mittelalter aus dem lateinischen Wertbegriff *auctoritas*, womit die Römer die legitime Gewalt ihrer höchsten Ämter bezeichneten. Damit waren mit Ansehen verbundene Macht, Würde oder Einfluss gemeint. Später erweiterte sich der Begriff auf Ehrfurcht erweckenden geistigen Einfluss, den der Besitz berechtigter Macht oder anerkannt hervorragender Weisheit, Kompetenz oder Tugend ermöglicht. Das Autoritätsverhältnis ist zweiseitig, weil die Autorität der Anerkennung anderer bedarf. Autorität geht einerseits von Institutionen aus, denen sich der Einzelne zu fügen hat, oder entsteht durch freiwillige Anerkennung, Respekt oder Bewunderung bis hin zur Autoritätsgläubigkeit. Hier wirkt das Vorbild einer gefestigten Persönlichkeit, die durch Charakter, saubere Lebensführung, überragende Leistung oder außergewöhnliche Fähigkeiten Anerkennung erlangt hat. Oft gibt es die Fassadenautorität, die im Vortäuschen von Fähigkeiten besteht. In der Westminster Abbey in London steht auf einem Bischofsgrab geschrieben: „Als ich jung war, wollte ich die Welt ändern. Als ich älter wurde, sah ich, dass ich die Welt nicht ändern würde. Ich beschloss, mein Land zu ändern. Auch das schien nicht möglich. Als ich alt wurde, versuchte ich, die, die mir am nächsten standen, zu ändern. Doch sie ließen es nicht zu. Jetzt, wo ich sterbe, wird mir klar: Hätte ich mich selbst zuerst geändert, hätte ich meine Familie durch mein Vorbild geändert. Durch ihre Ermutigung hätte ich mein Land und vielleicht die Welt verbessert." Der Grabspruch zeigt, wie wahre Autorität entsteht: In der Formung eigener Fähigkeiten und des eigenen Charakters. Weise Autoritäten besitzen die Kompetenz, positiven Einfluss auf die Kultur der Menschen zu nehmen. Darin besteht der Wert echter Autorität. Blinder Autoritätsglaube dagegen ist „der größte Feind der Wahrheit", sagt Einstein.

BARMHERZIGKEIT

bedeutet: eine unverdiente, großzügige Zuwendung.

Anonymus

Im Neuen Testament gibt es viele Gleichnisse, in denen Jesus von Nazareth von der Barmherzigkeit erzählt. Das berühmteste ist das vom barmherzigen Samariter: Ein Reisender wird von Räubern überfallen, die ihn ausplündern und schwerverletzt liegen lassen. Ein vorüberkommender Priester sieht ihn, schaut weg und geht weiter, ebenso ein der Priesterkaste zugehöriger Levit. Ein verachteter Samaritaner erbarmt sich des Verletzten, versorgt seine Wunden und bringt ihn zu einer Herberge. Dort bezahlt er am nächsten Morgen den Wirt, beauftragt ihn mit der weiteren Pflege und verbürgt sich für seine Rückkehr und die Erstattung weiterer Kosten. Die Kirche des Mittelalters unterschied sieben leibliche Werke der Barmherzigkeit: Hungrige speisen, Dürstende tränken, Nackte bekleiden, Fremde aufnehmen, Kranke trösten, Gefangene besuchen, Tote begraben. Und sieben geistige Werke der Barmherzigkeit: Unwissende lehren, Zweifelnde beraten, Betrübte trösten, Sünder zurechtweisen, Lästige geduldig ertragen, Menschen, die uns beleidigen, lächelnd verzeihen und für die Lebenden und Toten beten. Nun gibt es viele Menschen, die anderen Gutes tun. Der barmherzige Samariter half, ohne es an die große Glocke zu hängen. Das ist wahre Barmherzigkeit. In Braunschweig gibt es einen anonymen Wohltäter, der seit November 2011 mehreren sozialen Einrichtungen über 200.000 Euro zukommen ließ. Dabei geht er immer gleich vor: Er hinterlässt Briefumschläge mit Geld. Meistens sind es 10.000 Euro. So beglückte er u. a. Kirchengemeinden und Kindergärten, die Sternsinger, einen behinderten Jungen, eine Armenküche, aber auch ein Museum und die Stadtbibliothek. Vielleicht stecken auch mehrere „barmherzige Samariter" hinter dem Geldsegen. Mein Freund Jürgen Dallüge macht es seit Jahren ebenso. Auf die Umschläge schreibt er „Für Gott" und wirft sie in die Briefkästen von sozialen Einrichtungen und Kirchen. So leicht kann man Barmherzigkeit üben.

BEGEISTERUNG

ist alles! Gib einem Menschen alle Gaben der Erde und nimm ihm die Fähigkeit der Begeisterung, und du verdammst ihn zum ewigen Tod.

Adolf von Wilbrandt

Der deutsche Begriff ist inspiriert vom griechischen *enthousiasmós*. Unter einem Enthusiasten verstanden die Griechen einen von Gott besessenen Menschen. Das wichtigste Orakel im antiken Griechenland war der Apollon-Tempel in Delphi. Das Medium des Gottes war die Pythia, die in Trance versetzt die Worte des Gottes verkündete, welche dann von den Oberpriestern gedeutet wurden. Enthusiasmus wurde aber auch im übertragenen Sinn verwendet. Daher war für Sokrates die Inspiration des Dichters eine Form des Enthusiasmus. Das deutsche Wort ist tatsächlich eine sehr schöne Übertragung, weil man ja plötzlich vom schöpferischen Geist erfüllt wird. Auch im Bereich des Religiösen verspüren Gläubige bis heute, wie der Geist Gottes von ihnen Besitz ergreift. Um diesen Zustand zu erreichen, wird bei den Shakern in den USA bis zur Trance getanzt, in der orthodoxen Kirche vor Ostern eine Woche lang gefastet und stehend in Weihrauchschwaden gebetet oder nach buddhistisch-rituellen Techniken stundenlang meditiert. Ab dem 18. Jahrhundert verlor das Wort seine ausschließlich religiöse Bedeutung. Da nach christlichem Glauben der Heilige Geist überall weht und Menschen inspirieren kann, kann jeder jederzeit mit Begeisterung erfüllt werden. Denn Begeisterung ist ein wunderbarer Zustand, der das Feuer für eine Sache weckt und die Seele über das Alltägliche hinaushebt. Im Zustand der Begeisterung gelingen Dinge, die man zuvor für unmöglich hielt, weil der Funke der Inspiration andere Menschen entflammt. Im Zustand der Begeisterung vergisst man Sorgen, Schmerzen oder Zweifel. Daher empfiehlt eine irische Lebensweisheit: „Arbeite, als würdest du das Geld nicht brauchen. Liebe, als wärst du nie verletzt worden. Tanze, als würde dir niemand zusehen. Singe, als würde dir niemand zuhören. Lebe, als wäre es der Himmel auf Erden."

BEICHTE

ist die Urform angewandter Psychotherapie.

Ron Kritzfeld

Frank McCourt, der Autor des ergreifenden Buches „Die Asche meiner Mutter", berichtet, wie sein Großvater telegraphisch fünf Pfund für das neu geborene Baby überweist. Weil die Wöchnerin zu schwach ist, will der Vater das Geld beim Postamt abholen. Aus Angst vor seinem Alkoholproblem schickt die Mutter ihre älteren Söhne zum Aufpassen mit. Der Vater verschwindet mit dem Geld in einem Pub und schickt die Jungen nach Hause. Die Mutter schickt Frank erneut los. Doch Frank findet seinen Vater nicht. Er hat Hunger, hat aber Angst, nach Hause zu gehen, bevor das Geld gerettet ist. Da entdeckt er in einer Kneipe einen schlafenden Säufer, dessen Packung Fish and Chips unter den Tisch gefallen ist. Kaum hat Frank das Essen verschlungen, fällt ihm ein, dass er die schwere Sünde des Diebstahls begangen hat. Er beichtet in der nächsten Kirche. Der Priester hakt nach, bis er den deprimierenden Hintergrund des Diebstahls kennt. „Geh nach Hause, Kind. Bete für mich." Der Junge staunt: „Keine Buße, Herr Pfarrer?" – „Nein, mein Kind. Dir ist vergeben." Frank ist erleichtert. Die Beichte hat ihm die belastende Sünde von der Seele genommen. Die Beichte ist ein seelischer Reinigungsprozess, bestehend aus Gewissenserforschung, Reue, gutem Vorsatz, Bekenntnis, Wiedergutmachung und Vergebung. Keine wirksame Lossprechung bekommt, wer keine aufrichtige Reue über seine Sünden zeigt, wer die nächste Sünde nicht meiden will, wer seinen Feinden nicht verzeihen, fremde Ehre nicht wiederherstellen oder anderes Unrecht nicht ausgleichen will, obwohl er es könnte. In der Hölle gibt es einen besonders unerträglichen Ort für Sünder, die bei der Beichte nicht aufrichtig waren und solche, die sich öffentlich mit Halbwahrheiten und unaufrichtiger Reue die Sündenvergebung erschleichen wollten. Durch die ehrliche Beichte kann sich der Sünder von seinen Sünden reinwaschen und wird geläutert wieder in die Gemeinschaft aufgenommen. Nur wer reinen Herzens beichtet, dem wird vergeben.

BESCHEIDENHEIT

ist der Anfang aller Vernunft.

Ludwig Anzengruber

Das mittelhochdeutsche Wort bezeichnete das Unterscheidungsvermögen zwischen Gut und Böse und damit auch den „Verstand" dessen, der dazu fähig ist. Denn der bescheidene Mensch beansprucht selbst dann, wenn er einen Vorteil nutzen könnte, aus Vernunftgründen wenig für sich selbst. Er handelt aus der Einsicht, dass alles Zuviel im Leben Schaden verursacht: seiner eigenen Seele ebenso wie anderen Menschen oder der Umwelt. Daher gehört die Bescheidenheit zu den „Zwölf Früchten des Heiligen Geistes" der katholischen Kirche, den „Vollkommenheiten, die der Heilige Geist in uns als die Erstlingsfrüchte der ewigen Herrlichkeit hervorbringt: Liebe, Freude, Friede, Geduld, Freundlichkeit, Güte, Langmut, Sanftmut, Treue, Bescheidenheit, Enthaltsamkeit, Keuschheit". Nun zählt in der Zeit des Casinokapitalismus Bescheidenheit wahrlich nicht als Tugend. Das Credo lautet: Wie werde ich schnell reich und berühmt? Hans-Ulrich Jörges fragte in einem Stern-Interview den ehemaligen Topbanker Josef Ackermann, warum er als reicher Mann überhaupt 14 Millionen verdienen müsse, warum es nicht auch sieben oder neue Millionen täten. Ackermann antwortete: „Ich brauche das Geld gar nicht. Ich lebe bescheiden … aber die ehrgeizigen jungen Leute in der Bank verlieren ihre Motivation und den Respekt vor mir, wenn ich nicht nehme, was möglich ist." Ackermanns Begründung scheint eine hemmungslose Ausbeute anderer Menschen zu rechtfertigen, und Gierige seiner Art bieten ein schlechtes Beispiel. Denn um Geld im großen Stil abzweigen zu können, muss es anderen genommen werden. Bescheidenheit sorgt für die Ausgeglichenheit unter den Menschen. Wenn die einen in zweifelhaft erworbenen Reichtümern schwelgen und andere kaum von ihrer Hände Arbeit leben können, gerät der gesamte Staat in Gefahr. Irgendwo sagte Bertolt Brecht sinngemäß: „Der Verständige benutzt kein Licht zu viel, keine Tinte zu viel und keinen Gedanken zu viel." Bescheidenheit lehrt den wahren Wert aller Dinge.

BESONNENHEIT

ist Selbsterkenntnis.

Sokrates

Wer aus Frustration, Wut, Eifersucht, Aggression und ähnlichen Gemütsaufwallungen unbesonnen handelt, schneidet sich meist ins eigene Fleisch. Eine ungute Situation, die durch ein Scherzwort entspannt werden könnte, eskaliert leicht, und man sagt oft Dinge, die man später bereut. Besonnenheit ist Selbstbeherrschung, die in schwierigen Momenten dem Verstand die Oberhand lässt, um vorschnelle Entscheidungen oder Taten zu vermeiden. Während Besonnenheit Aufgeregtheiten rational bewältigen lässt, werden sie bei Gelassenheit durch innere Ruhe kompensiert. Für Sokrates ist Besonnenheit eine besonders wichtige Tugend. Franz von Sales verbindet mit ihr die Tugend des Stillschweigens, weil es in jedem Fall besser sei zu schweigen, als eine lieblose Wahrheit zu verkünden. Besonnenheit sorgt gleichermaßen für Frieden und verhindert selbstzerstörerische Aggressivität. Damit ist sie für den chinesischen Weisen Konfuzius eine der zentralen Ideale. In einer alten Fabel wird die Weisheit der Besonnenheit schön auf den Punkt gebracht. Ein Wolf, ein Fuchs und ein Löwe gingen gemeinsam zur Jagd. Dabei brachten sie eine Ziege, einen Hirsch und einen Hasen zur Strecke. Der Löwe war zufrieden und sagte zum Wolf: „Teile die Beute unter uns auf." Der Wolf ließ seinen Blick gierig über Beute schweifen und sagte: „Die Ziege ist für dich, der Hirsch ist für mich und der Hase ist für den Fuchs." Empört über diese Aufteilung geriet der Löwe in Zorn. Laut brüllend fiel er über den Wolf her und zerfleischte ihn. Nachdem er sich etwas beruhigt hatte, sagte er zum Fuchs: „Teil du die Beute auf, damit es gerecht zugeht." Der Fuchs dachte einen Moment nach, lehnte sich entspannt zurück und sprach: „Die Ziege ist für dein Frühstück, der Hirsch für dein Mittagessen und der Hase für dein Abendessen." Der Löwe lächelte ihn an und sagte: „Von wem hast du gelernt, so gerecht zu teilen?" – „Vom Wolf, der vor dir liegt, mein Herr und König", antwortete der Fuchs. Seine Besonnenheit hatte ihm das Leben gerettet.

BILDUNG

ist für die Jungen Weisheit, für die Alten Ermutigung, für die Armen Reichtum und für die Reichen Schmuck.

Diogenes

Das Wort stammt vom althochdeutschen *bildunga*, „Schöpfung", „Bildnis", „Gestalt". Damit ist die Bildung eines Menschen in Bezug auf seine Humanität, d.h. seine kulturellen und intellektuellen Fähigkeiten, gemeint. Den schönen Begriff Bildung verdanken wir dem mittelalterlichen Mystiker Meister Eckhart, der darunter verstand, dass „der Mensch Gott ähnlich werde". Bildung heißt also nichts anderes als die Entwicklung und Entfaltung aller geistigen, seelischen und moralischen Werte eines Menschen. Ein Teil dieser Bildung besteht in der Herzensbildung. Über diese können auch intellektuell Nichtgeschulte in hohem Maße verfügen, da sie sich in Herzlichkeit, Diskretion, Gastfreundschaft, Hilfsbereitschaft, Güte, Umgangsformen usw. äußert. Ein anderer Zweig der Bildung besteht in der Ausbildung, wo durch gezieltes Training die technischen, kombinatorischen, handwerklichen und körperlichen Fähigkeiten geschult werden. Bei der intellektuellen Bildung herrscht die Wissensvermittlung vor. Wissen ist zwar ein großer Wert, aber nur *ein* Bereich, der erst in Verbindung mit den anderen Bildungsbereichen zur wahren Bildung, der Vervollkommnung des Menschen führt. Ein ganz wesentlicher Teil der Bildung ist die Sprache des Menschen, die sehr viel über sein kulturelles Niveau *und* seine Herzensbildung verrät. Eine gute Bildung kommt der Gesellschaft ebenso zugute wie dem Einzelnen. Je höher das Bildungsniveau eines Landes, umso glücklicher sind die Menschen. Bildung ist ein Schatz, den man unbesorgt auf Reisen mitnehmen kann. Denn „der Gebildete wird, wohin er auch kommt, geschätzt und auf den Ehrenplatz gesetzt, der Ungebildete aber wird, wohin er kommt, nur Bettelgaben aufheben und Not erleben", sagt der persische Dichter Saadi über den Einfluss der Erziehung. Das heißt: Dem unkultivierten Reichen nützt sein Reichtum wenig, weil er nicht die wahren Schätze des Seins genießen kann.

BRÄUCHE

sind die in festen Gemeinschaften
überlieferten Gewohnheiten.

Anonymus

Das Wort stammt vom althochdeutschen *bruh,* das bedeutet „Nutzen". Der Nutzen liegt in der Pflege gemeinsamer Feiern oder Handlungen zur Festigung der Gemeinschaft. Individuelle Gewohnheiten wie z. B. der jährliche Besuch des Elterngrabes sind kein Brauch, sondern ein persönliches Ritual. Der Brauch ist eine regelmäßig wiederkehrende Handlungsfolge mit klarem Beginn und Ende. Vom Brauch zu unterscheiden ist der Ritus, der soziales Leben mit dem religiösen Kosmos verbindet. Das Ritual dient besonders „der Rhythmisierung zeitlicher und sozialer Abläufe“ (Karl Büchner), wie z. B. ein Weckritual, das Grußritual bei politischen Veranstaltungen oder das rituelle Gläseranstoßen beim Weintrinken. Jede menschliche Gemeinschaft hat ein reiches Brauchtum entwickelt, das sich in drei Bereiche unterteilt: Bräuche, die mit der biologischen Entwicklung des Menschen verbunden sind, wie Geburt, Hochzeit, Tod. Regelmäßig wiederkehrende gesellschaftliche Feste, Feiern, Jubiläen, Gedenktage oder auch Handelsbräuche. Transzendente Bräuche wie Walpurgisnacht, Halloween, Erneuerungsfeste wie Karneval oder Maiumritte, Sonnwendfeiern. Studenten haben ihre eigenen Bräuche, so wie auch Bauern, Seeleute, Frauen bei der Weiberfastnacht, Motorradclubs, Jäger usw. Die Frage, warum Bräuche wichtig sind, wird am einfachsten in Antoine de Saint-Exupérys Erzählung „Der kleine Prinz“ beantwortet, wo der Fuchs dem kleinen Prinzen sagt: „Es muss feste Bräuche geben.“ Als der kleine Prinz nach dem Warum fragt, sagt der Fuchs, dass der feste Brauch etwas ist, was den einen Tag vom anderen unterscheidet, die eine Stunde von der anderen. Durch den Brauch wird das austauschbare Einerlei zum Besonderen. Am Donnerstag tanzen die Jäger mit den Dorfmädchen. Daher ist dieser Tag ein Feiertag für den Fuchs, weil er durch die Weinberge streifen kann und sich nicht vor den Kugeln der Jäger fürchten muss. Ein Leben ohne Feste ist wie ein weiter Weg ohne Wirtshäuser, sagt ein Weiser.

BÜCHER

sind die beste Wegzehrung, die ich für unsere irdische Reise gefunden habe.

Michel de Montaigne

Bücher sind reine Magie. Sie erzählen von längst vergangenen Zeiten, schenken uns tiefes Wissen bedeutender Denker, lassen uns an abenteuerlichen Entdeckungsreisen teilnehmen, verraten Geheimnisse berühmter Männer und Frauen, berichten über die Erfindungen großer Wissenschaftler oder dienen ganz einfach unserer Unterhaltung. Für Victor Hugo ist die Erfindung der Buchdruckerkunst das „größte Ereignis der Weltgeschichte" und für Umberto Eco ist das Buch „die größte Erfindung der Menschheit". Ohne Buch könnten wir weder gründlich eine fremde Sprache, noch Biochemie, weder Architektur noch Lesen lernen. Buch und Sprache bilden das Fundament unserer Kultur. Für den, der Lesen gelernt hat, sind Bücher Tore zu den geistigen Schätzen der Welt. Durch Bücher können wir mit großen Geistern vergangener Zeiten und der Gegenwart in Kontakt treten, ihren kühnen Ideen lauschen und von ihnen lernen. Aber Bücher sind noch mehr. Sie sind Freunde, die einem die Zeit verkürzen, Kummer vergessen lassen oder zu neuen Gedanken anspornen. Darüber hinaus reden sie nur, wenn wir es wollen, und schweigen, wenn wir sie zuklappen. Bücher sind ein exklusiver, originell gestylter Freundeskreis, mit dem wir harmonisch die Zeit verbringen. Für Michel de Montaigne weicht er „auf meiner ganzen Lebensbahn nicht von der Seite und steht mir stets zu Diensten. Er tröstet mich im Alter und in der Einsamkeit. Er entlastet mich von der Bürde eines öden Müßiggangs und hält mir zu jeder Stunde unerwünschte Gesellschaft vom Leib." Bücher dämpfen Schmerzen und helfen, lästige Gedanken loszuwerden, indem sie den Leser voll in Anspruch nehmen. Alle großen Geister preisen die Freundschaft der Bücher, und wer sie nicht schätzt oder wer nicht zu lesen versteht, ist ein armer Mensch, der sich selbst großer Werte beraubt.

CHARME

ist die Kunst, als Antwort ein Ja zu bekommen, ohne etwas gefragt zu haben.

Albert Camus

Tatsächlich fliegen Menschen, die Charme besitzen, wie durch Zauberei die Herzen zu. Das französische Wort bedeutet „Zauber", „Reiz", „Anmut". Es stammt aus dem Lateinischen, das wiederum im griechischen Wort *charis* wurzelt. Das englische Wort *charm* stammt ebenfalls daher. Hier bedeutet es – neben Liebreiz, Anmut und Zauber – auch Zauberwort und Zauberformel. Eine Bezeichnung für Zauberer ist *charmer.* Nach traditioneller Auffassung wird manchen Menschen der Charme von einer guten Fee in die Wiege gelegt. Ihr Zauber ist unwiderstehlich. Aber was macht Menschen bezaubernd? Und wie kann man Charme erwerben? Und kann man ihn überhaupt erwerben? Natürlich spielt die äußere Erscheinung eine Rolle. Eine atemberaubend schöne Frau wie die englische Herzogin Kate besitzt umwerfenden Charme. Ebenfalls gutaussehende Filmschauspieler wie Johnny Depp oder Brad Pitt. Aber auch finstere Leinwandhelden wie Jack Nicholson faszinieren. Tatsächlich lässt sich die äußere Erscheinung perfektionieren, wie schon Coco Chanel wusste: „Jede Braut ist schön." Doch äußere Schönheit allein reicht nicht, wenn die Magie fehlt. Wie alles im Leben, kann auch Charme trainiert werden. Zarin Katharina die Große hatte sich angewöhnt, jedem ein heiteres Gesicht zu zeigen. Damit gewann sie die Herzen ihrer Untertanen. Sogar unvorteilhaft aussehende Menschen faszinieren, wenn sie ein gewinnendes Wesen besitzen und die Magie des Wortes zu nutzen verstehen. Als Joseph Haydn in England war, war er hin und wieder bei einer Sängerin zu Gast. Über ihrem Klavier hing ihr Porträt von Reynold. Der Maler hatte sie als heilige Cäcilia dargestellt, wie sie mit andächtiger Miene dem Chor der Engel lauscht. „Das Porträt ist gut, aber die Auffassung ist falsch", meinte Haydn. – „Wieso?" – „Der Maler hat gemalt, wie Sie den Engeln lauschen. Er hätte die Engel malen müssen, wie sie Ihnen lauschen!" Mit diesem charmanten Satz gewann der alte Haydn das Herz der jungen Dame.

DANKBARKEIT

ist eine heilige Tugend.

Adolph Freiherr Knigge

„Wer dir Gutes getan hat, den ehre. Danke ihm nicht nur mit Worten, die ihm die Wärme deiner Erkenntlichkeit zeigen, sondern nutze auch jede Gelegenheit, wo du ihm wieder dienen und nützlich werden kannst", sagt Knigge sehr schön. Doch leider wird die Dankbarkeit oft vergessen, wie eine fromme Legende bildhaft zeigt: „Eines Tages trafen sich die Wohltätigkeit und die Dankbarkeit an der Himmelspforte. Sankt Petrus dachte, dass sie zusammen gekommen seien und machte ihnen ein Kompliment über die gewaltigen Werke, die sie wohl gemeinsam auf Erden geleistet haben müssten. Nach so viel Lob waren die beiden verlegen. Dann riefen sie erstaunt: ‚Nein! Dies ist das erste Mal, dass wir uns getroffen haben.'" Seltsam, dass der Dank für Hilfe in höchster Not so oft vergessen wird. Denn Dankbarkeit ist eine Wohltat, die der Dankbare nicht einfordern kann, aber trotzdem von hilfsbereiten Menschen bekommt. Das Verhältnis zwischen Geben und Nehmen ist offenbar schwieriger, als es auf den ersten Blick erscheint. Manche verletzt es in ihrer Würde, sich durch Annahme von Wohltaten zum Dank verpflichten zu lassen. Andere hindert ihr Stolz, etwas anzunehmen, was sie eigentlich dringend benötigen. Eine Lösung, Hilfe und Dankbarkeit in ein ausgewogenes Verhältnis zu bringen, zeigt die folgende tiefsinnige Anekdote: Ein berühmter Chirurg rettete einen reichen Galeristen, der sich bei der Vernissage an einer Gräte verschluckt hatte, vor dem Erstickungstod. Als der überglückliche Galerist fragte, wie er die erfolgreiche Hilfe honorieren könne, sagte der Chirurg: „Geben Sie mir ein Drittel dessen, was Sie mir geben wollten, als Sie die Gräte noch im Hals hatten." Jeder Mensch bedarf in seinem Leben einmal der Hilfe anderer. Daher sollte nicht nur jeder lernen, dankbar zu sein, sondern auch stets großzügig und schnell zu helfen, sobald jemand in Not ist. Denn das nächste Mal könnte es ihn selbst treffen. Wie dankbar wäre er dann für selbstlose Hilfe.

DEMOKRATIE

ist der Sieg der Sprache über die Gewalt.

„La Prensa", Managua

Wir leben in einer Demokratie und sind daher an Freiheit, Gerechtigkeit und Grundrechte des Einzelnen gewöhnt. Das ist für uns selbstverständlich und bequem. Wir müssen nicht mehr darum kämpfen, denn das haben unsere Vorfahren für uns getan. Demokratie ist jedoch eine der unbequemeren Staatsformen, denn sie zwingt uns, Menschen, die nicht unserer Meinung sind, respektvoll entgegenzutreten und uns mit ihren Argumenten auseinanderzusetzen. Worin der Wert der Demokratie besteht, hat Perikles in acht Zeilen für jeden verständlich erklärt (s. Seite 314 f.). Aber was genau ist die Demokratie, der wir unsere Freiheit verdanken? Der Unterschied zwischen einer Demokratie und einer Monarchie oder Diktatur besteht darin, dass in einer Monarchie ein Einzelner bestimmt, was 999.999 von einer Million Menschen zu tun haben. In einer Demokratie bestimmen 500.001, was 499.999 zu tun haben. Dank des Wahlrechts können sich bei der nächste Wahl nach dem Willen des Wählers die Kräfteverhältnisse ändern. Ein Monarch, der stirbt, wird durch seinen Nachfolger ersetzt, ohne dass die Bürger darauf Einfluss hätten. Die Grundelemente der modernen Demokratie, die in der Verfassung festgelegt sind und im politischen Alltag von Politkern, Beamten und Behörden umgesetzt werden müssen, sind: 1. Garantie der Grundrechte jedes Einzelnen gegenüber dem Staat, gegenüber gesellschaftlichen Gruppen, insbesondere religiösen Gemeinschaften, und gegenüber anderen Einzelpersonen; 2. Gewaltenteilung zwischen den Staatsorganen *Regierung* (Exekutive), *Parlament* (Legislative) und *Gerichten* (Judikative); 3. Allgemeines und gleiches Wahlrecht; 4. Meinungs-, Presse- und Rundfunkfreiheit; 5. Vereinsfreiheit, Versammlungs- und Demonstrationsfreiheit. Der Wert der Demokratie besteht in der Freiheit und Gerechtigkeit, die sie jedem Bürger gewährt. Dafür muss sie jeder Bürger verteidigen. Denn sie ist laut Abraham Lincoln die Regierung des Volkes durch das Volk für das Volk.

DEMUT

ist die Fähigkeit, auch zu den kleinsten Dingen des Lebens emporzusehen.

Albert Schweitzer

Es gibt die geheuchelte Demut, die aus List die eigene Person bescheidener erscheinen lässt, um sich bei Mächtigeren einzuschmeicheln. Und es gibt die wahre Demut. Sie beruht auf der Gewohnheit, sich selbst strenger zu beurteilen als andere, um sich moralisch zu verbessern. Wahre Demut besteht in der praktischen Bereitschaft zur Selbstverleugnung, d.h. zur Aufgabe eigener wohlberechtigter Ansprüche gegen die weniger berechtigten Ansprüche anderer. Diese Art Demut ist eine Tugend, die aus Rücksicht auf das Beste anderer geübt wird. Karl Rabeder erkannte im Alter von 47 Jahren, dass für ihn „Geld kontraproduktiv" ist. Er ließ den Erlös aus seinen Besitztümern einer Stiftung zugutekommen, die Bedürftigen in Lateinamerika Mikrokredite gewährt. Seitdem er sich von seinen Besitztümern getrennt hat, fühlt er sich „frei und leicht". Er handelte tatsächlich demütig und folgte einfach seinem Herzen. Nun lebt der ehemalige Millionär in einer kleinen Wohnung und kommt mit 1000 Euro im Monat aus. Die in den 50er-Jahren bestbezahlte Hollywood-Schauspielerin Dolores Hart hörte auf dem Höhepunkt ihrer Karriere plötzlich „Stimmen", die ihr klar machten, dass sie ein inhaltsloses Leben führte. Sie trennte sich von ihrem Verlobten und trat in das Benediktinerinnenkloster „Regina Laudis" in Connecticut ein. Dort lebt sie 1964. Sie, die an der Seite weltberühmter Schauspieler wie Walter Matthau oder Anthony Quinn spielte, ist inzwischen Äbtissin des Klosters. Das Leben der Nonnen beschreibt Oberin Dolores mit einfachen Worten: „Wir nehmen Gäste auf und begegnen Besuchern, die Hilfe brauchen." Nun soll ein Film über die ungewöhnliche Lebensgeschichte der Schwester Dolores gedreht werden. Ein Film, der den Weg aus der Welt des Glanzes in die der Demut zeigt, denn „auch in den bewegendsten Filmen gibt es nichts, was sich nicht auch schon hier vor unserer Tür abgespielt hat. Selbst Hollywood reflektiert letztlich nur die Probleme in der Gesellschaft ..."

DENKEN

ist das Selbstgespräch der Seele.

Platon

Die indoeuropäische Wurzel unseres Wortes ist **teng-/ tung-*. Das bedeutet „für wahr halten". Damit verwandt ist „Dank" im Sinne von „Gedenken". Die alte deutsche Form „dünken" wurde im Sinn von „scheinen" verwendet. Denken bezeichnet alle geistigen Vorgänge, die aus Vorstellungen, Erinnerungen und Begriffen eine Erkenntnis zu entwickeln versuchen. Menschen mit starker Denkkraft wie z.B. Konfuzius, Platon, Kant, Karl Marx oder John Locke entwickeln Gedankengebäude, die das geistige Leben ganzer Generationen prägen und das Bewusstsein oder sogar das politische Gefüge ganzer Nationen verändern. Ein einziger großer Gedanke löst Revolutionen aus – doch erst, wenn Normalsterbliche reif für die bis dato unbekannte Qualität dieses Gedankens sind. Das Denken ist eine der grundlegenden Seelenkräfte des Menschen neben Fühlen und Wollen. Das Denken ermöglicht uns die Formung der Begriffe, die uns Klarheit über innere Gesetzmäßigkeiten schaffen und uns unsere Gefühle in Worte fassen lassen. Ohne Denken gibt es keine Logik, die durch Sprache und Schrift ausgedrückt werden kann. Erst durch die Sprache wird der Mensch zum Menschen. Ohne Sprache kein Informationsaustausch, kein Ausdruck erlesener Gefühle, keine Weitergabe von Wissen, kein Austausch neuer Erfahrungen, keine Präzision kreativer Vorstellungen. Siddhartha Gautama, genannt Buddha, sagt eindrucksvoll: „Du bist heute, was du gestern gedacht hast." Das ist ein umwerfender Gedanke, der nichts anderes besagt, als dass jeder Mensch, der einen klaren Gedanken fasst und davon beseelt wird, sein ganzes Leben von heute auf morgen ändern kann. Und tatsächlich stimmt es ja: Ein zündender Gedanke ließ aus dem Börsenmakler Paul Gauguin den später weltberühmten Maler werden, machte Rosamunde Pilcher zur Bestsellerautorin, ließ Heinrich Schliemann Troja entdecken, Bill Gates den PC entwickeln oder den heiligen Franziskus auf sein Erbe verzichten, um als gotterfüllter Bettler glücklich zu werden.

DISKRETION

ist der Prüfstein der Freundschaft.

Michel de Chassecourt

Der Prüfstein ist ein kleiner Reibstein zur Feststellung des Reinheitsgrades von Edelmetallen. Der Wert einer Beziehung zu anderen Menschen zeigt sich erst in Krisensituationen. Sie sind der Prüfstein, der die Qualität der Freundschaft offenbart und ihren Wert bestimmt. Dieser beginnt bei der Diskretion. Das lateinische Wort *discretio* stammt aus dem Klosterleben der Benediktinermönche. Es ist abgeleitet von *discernere* und bedeutet „unterscheiden". Damit ist die Kunst der Unterscheidung gemeint, die weise „das Zuviel wie das Zuwenig" meidet, um das rechte Maß zu finden. Für den Ordensgründer Benedikt von Nursia war die *discretio* die Mutter aller Tugenden. Mit unserem heutigen Begriff Diskretion wird die Tugend bezeichnet, absolute Vertraulichkeit zu wahren. Vertrauen und Respekt vor der Privatsphäre anderer ist eine Charaktereigenschaft kultivierter Menschen. Indiskrete Menschen, die sich mit Klatschereien wichtigmachen und dadurch anderen die Ehre abschneiden, sinken in der Achtung anderer. Diskreten Menschen wird daher zu Recht Respekt und Vertrauen entgegengebracht, weil sie verlässlich sind und die Seriosität bei Geschäften wahren. Zudem wird durch leichtfertige Reden oft Unfrieden gestiftet, der Katastrophen auslösen kann. Wer Vertrauensbruch begeht, gilt zu

Recht als würdelos. Casanova beschreibt in seinen Memoiren eine Indiskretion, die ihm nicht nur selbst viel Kummer bescherte, sondern ihn bis ins hohe Alter quälte. Denn Indiskretion ist genau genommen Verrat an nahestehenden Menschen. Ein Beispiel mustergültiger Diskretion gab Goethe, als er abends mit einem guten Bekannten durch den Weimarer Schlossgarten spazieren ging. Am Ende einer Allee sahen sie einen Mann und eine Frau ihres Kreises, die sich intensiv unterhielten. Plötzlich küssten sich der Mann und die Frau leidenschaftlich. Dann gingen sie weiter. „Haben Sie das gesehen?" fragte Goethes Begleiter aufgeregt: „Ich fasse ich es nicht!" Goethe antwortete ruhig: „Ich habe es gesehen, aber ich glaube es nicht." Um kein Unheil durch Klatsch aufkommen zu lassen, ignorierte der weise Dichter das Gesehene.

DISZIPLIN

ist die eine Hälfte eines erfolgreichen Lebens. Die andere ist Glück, das erst durch Disziplin erträglich wird.

Anonymus

Hin und wieder schüttet die Glückgöttin ihren Segen über einzelne Menschen aus: Ein Hartz-IV-Empfänger gewinnt den Jackpot, ein unbekannter Schriftsteller wird Bestsellerkönig, ein kleiner Angestellter überraschend

Millionenerbe, ein junges Mädchen TV-Star. Angesichts eines großen Glücksfalls kühlen Kopf zu bewahren, gelingt kaum jemandem. „Wünsch nie ein Glück zu groß und eine Frau zu schön, der Herrgott könnt in seinem Zorn dir beides zugestehen", dichtet Heinrich Heine weise. Ein disziplinierter, kühl abwägender Mensch hat bessere Chancen, die gewaltigen Veränderungen eines großen Überraschungserfolges zu verkraften. Verblüffend war eine Presse-Nachricht im März 2004: Ein Lottogewinner aus Dortmund war sich nicht sicher, ob er seinen Gewinn von neun Millionen Euro überhaupt haben wollte. Erst nach zehn Wochen des Nachdenkens, informierte er sich bei der Westdeutschen Lotteriegesellschaft über das ihm zustehende Geld. Das war den West-Lotto-Leuten geradezu unheimlich. Als Begründung für sein Zögern sagte der Glückspilz, er wollte sich „erst mal alles in Ruhe durch den Kopf gehen lassen". Doch nicht nur das. Er hatte sogar lange überlegt, völlig auf das Geld zu verzichten. Er konnte sich erst mit dem Gedanken an die neun Millionen anfreunden, als ihm klar wurde, dass man mit so viel Geld auch viel Gutes tun könne. Die meisten Glückspilze verlieren den Kopf. Sie werfen maßlos das Geld zum Fenster hinaus, geben ihren Beruf auf, lassen sich scheiden, verlieren durch Großmannssucht treue Freunde und Verwandte – und zum Schluss rutschen die meisten in die Armut. Ihnen fehlte die Disziplin, ihr Glück in geordnete Bahnen zu lenken. Disziplin beginnt im Kleinen. Wer sich täglich Gedanken macht, sich vor dem Einschlafen Rechenschaft über sein Leben gibt, liebevoll zu Mitmenschen und Tieren ist, diszipliniert ist, gewinnt jeden Tag ein Stückchen Glück.

EHE

ist die Hauptursache aller Scheidungen.

Yorick Huntinghall

Das Wort stammt aus dem Althochdeutschen und bedeutet etwa „ewig geltendes Recht". Damit ist die gesellschaftlich anerkannte, meist auch gesetzlich geregelte Lebensgemeinschaft von Ehepartnern gemeint. In verschiedenen Zeiten und Kulturen gab und gibt es vielfältige Eheformen. In Europa versteht man unter dem Ehebegriff hauptsächlich die Zivilehe, die den Güterstand gesetzlich regelt. Die rechtsgültige Beendigung der Ehe ist die Scheidung. Eine harmonische Ehe ist ein großer Wert. Man sieht fröhliche Kinder aufwachsen, teilt Freud und Leid und steht sich in schwierigen Situationen bei. Leider wird die Hälfte aller Ehen geschieden. Denn statt des Todes, wie es in der alten christlichen Eheformel heißt, scheidet immer mehr der Richter. Die Scheidung tut nicht nur weh, sie kostet auch viel Geld. Daher schlug vor einigen Jahren die damalige Fürther Landrätin Gabriele Pauli eine siebenjährige Testphase für Ehen vor. Danach begänne automatisch die zweite Staffel usw. Ein automatisches Eheende ohne Schrecken würde Millionen von Scheidungsopfern viel Geld und Verbitterung ersparen. Im antiken Rom reichte zur Eheauflösung die Erklärung der Ehepartner vor Zeugen, und sie waren geschieden. Der größte Forschungsreisende des Mittelalters, Ibn Battuta (1304–1377), praktizierte auf seinen Reisen die nach muslimischem Recht erlaubte Vielehe auf Zeit. Bis heute können schiitische Muslime zwischen einer Stunde und 100 Jahren eine Ehe eingehen. Allerdings müssen die anderen Ehefrauen zustimmen. Ähnlich unkompliziert war die Ehe beim französischen Adel im 18. Jahrhundert. Nachdem die Kinder aufgezogen waren, konnte sich die Dame entsprechend dem Stil der Zeit einen Geliebten nehmen. Französische Toleranz herrscht auch heute oft bei der Scheidung. Nachdem man sich gütlich geeinigt hat, trennt man sich freundschaftlich bei einem kleinen Fest mit Freunden und früheren Hochzeitsgästen. Nur die Kinder müssen diesmal zuhause bleiben.

EHRE

bedeutet Respekt vor sich selbst.

Meister Pe Leng

Ehre ist ein zweischneidiger Wert. Es gibt die nach außen wirkende Ehre. Sie resultiert aus dem Bewusstsein der eigenen Würde und des Selbstwertes innerhalb einer Gesellschaft. Damit verbunden sind die Berufs-, Familien-, Standes-, aber auch die Ganovenehre. Wer ihre ungeschriebenen Regeln bricht, wird für den Ehrverstoß bestraft, indem eine Kollektivstrafe über ihn verhängt wird, die bis zum Ausschluss aus der Gemeinschaft und bis zum Ehrenmord führen kann. So wurde zum Zeichen seiner unehrenhaften Entlassung aus der französischen Armee Hauptmann Dreyfus' Säbel zerbrochen. Wertschätzung durch andere zeigen Redewendungen wie „Es ist mir eine Ehre, Sie einladen zu dürfen", „Wir haben ihn bei seiner Ehre gepackt" oder „Er wurde mit Ehren überhäuft". Ehrverletzungen zwischen Mitgliedern früherer Standesgesellschaften wurden kompensiert, indem der Beleidigte den Beleidiger zum Duell auf Pistole, Degen oder Säbel forderte. Berühmte Duellopfer waren Ferdinand Lassalle, Hauptinitiator der ersten sozialdemokratischen Parteiorganisation, und der in seine Schwägerin verliebte russische Dichter Puschkin, der von seinem Schwager erschossen wurde. Archaische Blutopfer gibt es bis heute, wie die Ehrenmorde an islamischen Mädchen durch ihre Väter und Brüder zeigen. Hinter äußerlichen Ehren verbergen sich nicht selten kleine Gauner und manchmal auch Verbrecher großen Stils, wie die jüngste Vergangenheit zeigt. Das Ehrgefühl, das aus Respekt vor sich selbst eigene Werte und Unwerte gegeneinander abwiegt, bestimmt die Integrität des Menschen. Ein Musterbeispiel ist Mark Twain. Nach Fehlinvestitionen und durch den Bankrott seines Verlages ruiniert, zeigte Mark Twain, dass Ehre für ihn mehr als ein schönes Wort war. Um seine Gläubiger nicht in den Ruin mitzureißen, meldete der 60-Jährige nicht etwa Konkurs an, sondern brach zu fünf Lesereisen rund um den Globus auf. Mit den hart erarbeitenden Honoraren zahlte er nach vier Jahren seine ungeheure Schuldenlast ab.

EHRENWORT

ist das einzige Wort, das nie gebrochen werden darf.

Arthur Schopenhauer

Das macht das Ehrenwort so wertvoll. Zugleich ist es eine Verpflichtung, die selbstzerstörerisch wirken kann. Durch das Ehrenwort oder die schriftliche ehrenwörtliche Erklärung steht der Erklärende mit der Gesamtheit seiner Person für die Richtigkeit der Aussage ein. Uwe Barschel wies in einer Pressekonferenz am 18. September 1987 alle gegen ihn erhobenen Vorwürfe zurück und sagte: „Über diese Ihnen gleich vorzulegenden eidesstattlichen Versicherungen hinaus gebe ich Ihnen, gebe ich den Bürgerinnen und Bürgern des Landes Schleswig-Holstein und der gesamten deutschen Öffentlichkeit mein Ehrenwort – ich wiederhole: Ich gebe Ihnen mein Ehrenwort! –, dass die gegen mich erhobenen Vorwürfe haltlos sind." Als sich Barschels Ehrenwort als Lüge herausstellte, musste er kurz darauf vom Amt des Ministerpräsidenten zurücktreten. Auch die Erteilung der Doktorwürde ist an das Ehrenwort an Eidesstatt geknüpft. Bei anderen akademischen Arbeiten ist es ebenso

Brauch, durch schriftliche Erklärung zu bekunden, dass die Arbeit ohne Hilfe Dritter verfasst wurde. Daher war im Fall Karl-Theodor zu Guttenberg die Aufregung so groß, denn er hatte „gelogen und betrogen", wie ihm SPD-Oppositionsführer Thomas Oppermann öffentlich im Parlament vorwarf. Altbundeskanzler Helmut Kohl wiederum brachte durch Berufung auf sein Ehrenwort sich selbst in schwere Bedrängnis, als er bei der CDU-Spendenaffäre die ihm bekannten anonymen Parteispender nicht benannte. Die Vorwürfe lauteten, „politische Entscheidungen bei Waffenlieferungen und dem Verkauf der Mineralölraffinerien in Leuna" seien käuflich gewesen. Kurioserweise hatte Kohl durch dieses nicht gebrochene Ehrenwort sich selbst Schaden zugefügt. Er musste auf Druck der CDU-Spitze vom Amt des Ehrenvorsitzenden zurücktreten, und sein Ansehen war nachhaltig beschädigt. Der französische Marschall Turenne wurde eines Nachts in Paris von Kriminellen ausgeplündert. Der Marschall bot den Wegelagerern für die Rückgabe eines Ringes, der ihm ein teures Andenken war, 100 Louisdor an, die sie bei ihm abholen sollten. Da die Summe wesentlich größer war als der Wert des Ringes, waren sie einverstanden. Zwei Tage später erschien tatsächlich einer der Kriminellen im Palais des Marschalls, der Befehl gab, das Geld zu übergeben. Nachdem der Straßenräuber verschwunden war, erzählte Turenne seinen Gästen die Geschichte. Als Empörung darüber aufkam, dass er den Kriminellen nicht sofort hatte verhaften lassen, sagte Turenne: „Man muss ein gegebenes Versprechen unter allen Umständen halten."

EHRFURCHT

ist der Angelpunkt der Welt, Ehrfurcht gegenüber der Natur, dem Mitmenschen und Gott.

Johann Wolfgang von Goethe

Ehrfurcht ist ein Wort, das gar nicht mehr so recht in unsere respektlose Zeit passt. Und doch empfindet jeder Ehrfurcht in seinem Herzen. Denn jeder sehnt sich nach etwas Höherem, das über seiner begrenzten Sicht und Einsicht existiert. Die edle Wortschöpfung verbindet Verehrung mit Furcht und bezieht sich immer auf eine höhere Macht. Diese kann geistig, real oder ideell sein. Nach dem Brockhaus von 1896 ist Ehrfurcht „der höchste Grad der Ehrerbietung, das Gefühl der Hingabe an das, was man als größer empfindet als sich selbst, sei es eine Person oder eine geistige Macht, welche über den Personen steht, wie Vaterland, Wissenschaft, Kirche, Staat, Menschheit, Gottheit". Das, wovor wir Ehrfurcht haben, kann verschieden sein. Aber es gibt z.B. Koryphäen, die vielen Ehrfurcht einflößen, wie der Dalai Lama oder auch der altersweise Alexander Van der Bellen. Menschen dieser Art strahlen Weisheit aus. Wahre Weisheit ist die größte geistige Macht. Weise wie Sokrates oder Konfuzius, Buddha oder Jesus von Nazareth oder Franz von

Sales prägen für Jahrhunderte das geistige Klima unserer Welt. Sie setzen moralische Maßstäbe, die die Grenze zwischen Barbarei und Humanität kennzeichnen. Auch jedes vollendete Kunstwerk ruft in uns Ehrfurcht hervor, weil es in seiner Schönheit die ersehnte Harmonie in Form eines Gedichtes, eines Bildes, eines Bauwerks oder einer Komposition darstellt. „Die Ehrfurcht vor dem Leben begreift also alles in sich, was als Liebe, Hingabe, Mitleiden, Mitfreude und Mitstreben bezeichnet werden kann", sagt Albert Schweitzer. Eine andere Art, Ehrfurcht auszudrücken, zeigte sich am 7. Dezember 1970 bei Willy Brandts Kniefall vor dem Ehrenmal der Helden des Ghettos in Warschau. Willy Brandt, der kein Täter gewesen war, kniete dort aus Ehrfurcht vor den Helden und bat um Vergebung für die Schuld, die Deutschland anderen angetan hatte.

EHRLICHKEIT

ist das Einzige, was höher steht als Leben, Liebe, Tod, als alles andere. Sie allein ist beständig.

Katherine Mansfield

Ein ehrlicher Mensch ist jemand, der nicht lügt und nicht stiehlt. In den letzten 50 Jahren gab es eine Bedeutungserweiterung. Mit „ehrlich" bezeichnet man auch Menschen, die klar zu sich selbst stehen, Fehler zugeben und nichts beschönigen. Der moralische Wert Ehre basiert auf dem ehrlichen Verhalten, dem Ehrlichsein. Menschen, denen dubioser Umgang mit der Ehrlichkeit nachgewiesen wird, werden gesellschaftlich geächtet. Denn unehrliches Verhalten zerstört die moralischen Grundlagen der Gemeinschaft. „Keine Zeit ist so schlimm, dass man nicht ehrlich sein könnte", sagt Shakespeare im „Timon". Da jeder in seinem Leben hin und wieder unehrlich ist, wissen wir den Wert der Ehrlichkeit umso höher zu schätzen. Ein Fliesenleger in Hannover entdeckte bei der Renovierung einer Wohnung hinter einer Blende Goldbarren, Münzen und Silberbesteck im Wert von mehr als 100.000 Euro. „So viel Gold und Silber habe ich noch nie in der Hand gehabt", sagte der 38-Jährige. Das Wohnungsbauunternehmen übergab den Schatz den Erben des verstorbenen Mieters der Wohnung. Solch ehrliche Handlungen machen Mut angesichts der vielen noblen Gauner, die skrupellos in öffentliche Kassen und dem Bürger in die Tasche greifen. Gestern erzählte mir mein Versicherer, wie er in einem Bankomaten 100 Euro gefunden hatte. Er gab das Geld bei der Polizei ab. Ein paar Wochen später erhielt er einen Dankesbrief mit 10 Euro. Eine Freundin von mir hatte das Geld dort liegen lassen. Die Höhe des Betrages sollte für einen ehrlichen Menschen keine Rolle spielen. Allerdings steigt die Verlockung mit der Höhe der Summe, wie ein Ausspruch Talleyrands zeigt. Als ein Mitglied der königlichen Verwaltungskommission auf seine strengen Grundsätze pochte, sagte Talleyrand lächelnd: „Ich stehe für mich bis zu einer Million ein.“ Ehrlichkeit ist ein Wert, der leicht unterhöhlt werden kann. Darum sollte man besonders behutsam damit umgehen.

EID

ist die Grundlage unseres Rechtssystems.

Johannes Heimrath

Das Wort bedeutet in den germanischen Sprachen ursprünglich „Rede stehen“ (vor Gericht), „aussagen“. Der uralte Brauch, vor Gericht vereidigt zu werden, lebt bis heute fort. Der Eid gilt zur Bekräftigung der Aussage. Wer den Eid leistet, ist zur Wahrheit verpflichtet und – bei erwiesenem Meineid – zum Tragen der Konsequenzen. Der Eid ist dem Schwur verwandt oder sogar mit diesem identisch. Der berühmte Eid des Arztes Hippokrates verpflichtete die antiken Mediziner zur „Einhaltung ihrer Berufsehre und -pflichten“. Sie schworen, Kranke vor Schaden zu bewahren, und verpflichteten sich zur Verschwiegenheit. Wer den Eid ablegte, bezog Gott bzw. Götter mit ein. Meineid galt als eines der schlimmsten Verbrechen. Im Alten Testament schwört Gott bei sich selbst Abraham gegenüber, dessen Geschlecht zu segnen und es zu mehren wie die Sterne des Himmels. Gott fordert ebenfalls im Alten Testament die Menschen auf, nicht bei seinem Namen falsch zu schwören. In der germanischen Rechtskultur musste die Eidesformel durch die Berührung des Gegenstandes, bei dem geschworen wurde, bekräftigt werden, z.B. auf das Schwert. Damit wurden die Zauberkraft des Eides erzeugt und die transzendenten Mächte miteinbezogen. Heute legt z.B. der US-Präsident seinen Amtseid mit der Hand auf der Bibel ab und bekräftigt diesen mit den Worten „So wahr mir Gott helfe". Soldaten leisten den Fahneneid. Der Gründungsmythos der Schweizer Eidgenossen berichtet, dass die Vertreter der Kantone Uri, Schwyz und Unterwalden auf dem Rütli, einer Bergwiese am Vierwaldstättersee, 1291 einen Bund gegen die Habsburger Territorialherren und deren „böse Vögte" gründeten. Schiller lässt sie in seinem Drama „Wilhelm Tell" schwören: „Wir wollen sein ein einig Volk von Brüdern, in keiner Not uns trennen und Gefahr. Wir wollen frei sein, wie die Väter waren, eher den Tod, als in der Knechtschaft leben. Wir wollen trauen auf den höchsten Gott und uns nicht fürchten vor der Macht der Menschen. Der uralte Eid der Eidgenossen gilt noch heute.

EINFACHHEIT

ist der Mut zum Wesentlichen.

Helmar Nahr

Unsere Gesellschaft wird immer komplizierter. Ebenso das Steuersystem oder die Verwaltung. Auch im privaten Bereich wird alles schwieriger. Der Grund liegt darin, dass jeder zu viel an Dingen besitzt. Wir ertrinken in Dingen, die wir nicht brauchen, die ständig gepflegt, sortiert und reduziert werden sollten, weil sie ständig mehr werden. Jedem geht es wie König Midas, der alles, was er berührte, in Gold verwandelte. Genauso nimmt unser Reichtum, ohne dass es uns recht bewusst wird, ständig zu. Meine Mutter prägte die Weisheit: „Was wir nicht haben, brauchen wir nicht." Der schlichte Satz löst viele komplizierte Dinge im Handumdrehen. Statt das 27. Hemd zu kaufen, ist es besser, nachzuschauen, ob nicht ein vergessenes neues im Schrank ist. Statt Berge von Lebensmitteln zum Wochenende zu besorgen, sollte man eine Forschungsreise durch Speisekammer und Kühlschrank unternehmen. Dort entdeckt man überraschend Kostbarkeiten wie Kaviar oder griechisches Olivenöl, einen Jahrhundertwein „für einen besonderen Anlass", wohlgereiften Parmesan usw. Einfachheit ist etwas Wunderbares, weil man sie mit dem Einsatz geringster Mittel erreichen kann. Einfachheit ist, im Gegensatz zu Kargheit, Geiz und Ärmlichkeit bzw. Überladenheit und Überfluss, die stimmig-ausgewogene Mitte zwischen Zuviel und Zuwenig. Dass weniger mehr ist, wird jedem klar, der die Qual der Wahl im Supermarkt hat oder eine überladen-protzige Barockkirche mit der Schlichtheit eines griechischen Tempels vergleicht. Wer seine Bedürfnisse reduziert, spart nicht nur Geld, sondern hat plötzlich viel Zeit, um stressfrei sein Leben zu genießen. Und so geht es in vielen Bereichen. Ein wirkungsvoller Text besteht aus klaren, einfachen Sätzen. Ein wohlproportioniertes klares

Kunstwerk spricht uns mehr an als ein überladenes Farb- und Formgemisch. „Die Genialität einer Konstruktion liegt in ihrer Einfachheit", sagt Sergej P. Koroljow. „Kompliziert bauen kann jeder." Und leben auch. Wer sein Leben vereinfacht, lebt besser.

EINSAMKEIT
bedeutet Frieden.

Antike Weisheit

Wer denkt nicht hin und wieder daran, dem Stress des modernen Lebens zu entfliehen, um sich auf der berühmten einsamen Insel selbst wiederzufinden? Der Wert selbstgewählten Alleinseins ist unbestritten. In der Stille der Waldeinsamkeit blühen wir auf und vergessen das Davonrasen der Zeit. In der Einsamkeit scheint die Zeit stillzustehen. „Kein Gestern, kein Morgen, nur Heute und keine Sorgen", erfasst Tom Waits die Stimmung in einem Song. Nach einer jüngsten Umfrage sehnen sich 80 Prozent der Bundesbürger nach einem Häuschen im Grünen. Manche verwirklichen ihren Traum vom Leben auf dem Land oder finden das Haus ihrer Träume auf einer Insel im Süden. Dort verbringen sie beglückt ihren Urlaub. Manche steigen ganz aus, wie Ernst, ein ehemaliger Grillbudenmanager, der mit 46 in eine Sinnkrise geriet, den Job aufgab und mit seinen Ersparnissen auf der Insel La Gomera landete. Hier mietete er die Reste eines Hirtenhauses, wo er nun mit seinem Hund und fünf Hühnern ohne Strom, Post und Telefon lebt. „Ich bin kein Aussteiger, ich bin ein Einsteiger ins Leben", sagt er lachend. In den ersten sechs Monaten war das Alleinsein eine Herausforderung: „Ich habe viel geweint … Es war wie Drogen- oder Alkoholentzug." Manchmal ist er wochenlang allein. Hin und wieder kehren Wanderer, angelockt vom Schild „Herzlich willkommen beim Eremiten! In 80 Metern Kräutertee und Kaktussuppe!" bei ihm ein. Dann kocht er auf. Die Gäste geben, was ihnen das Essen wert ist. Davon lebt Ernst – und von den Geschichten, die sie ihm erzählen. Hermann Hesse wurde 1919 zu einem der ersten Aussteiger des 20. Jahrhunderts, als er ins Tessin zog. Auf der Suche nach sich selbst entdeckte er den Buddhismus und wurde Vegetarier. Die neue Lebenssituation verwandelte ihn völlig. „Einsamkeit ist der Weg, auf dem das Schicksal den Menschen zu sich selber führen will", meinte er. Das Ergebnis der Selbsterkundung war sein Roman „Siddhartha" mit dem er viele Menschen beglückte.

EMANZIPATION

ist Zurückführung der menschlichen Welt, der Verhältnisse, auf den Menschen selbst.

Karl Marx

Das lateinische Wort *emancipatio* bedeutet „Freilassung". Dadurch wurde der Sklave oder der erwachsene Sohn vom römischen Familienoberhaupt aus dem *man-*

cipium, dem durch Handauflegung ins Eigentum Übergegangenen, in die Freiheit entlassen. Die Philosophen der Aufklärung verwandelten den Akt der Freilassung in das Recht auf politische und soziale Selbstbefreiung. Daraus entwickelte sich z.B. die Juden- oder die Frauenemanzipation. Ebenfalls vom Emanzipationsgedanken ausgelöst wurde die Befreiung der Sklaven und Leibeigenen. Während diese seit dem 18./19. Jahrhundert tatsächlich Freiheit, Wahlrecht usw. erhielten, wurde Frauen die Gleichberechtigung verweigert. Der erste Emanzipationsversuch im 12./13. Jahrhundert durch die Frauenorganisation der Beginen, die keine Nonnen waren, jedoch in eigenen Kommunen lebten und im kirchlichen Rahmen agierten, scheiterte. Der zweite Versuch geschah nach der Französischen Revolution, wo die Ideale von Freiheit und Gleichheit seltsamerweise nur für Männer galten. Kämpferinnen wie Olympe de Gouges wurden mundtot gemacht, indem man sie umbrachte. Zu Beginn des 20. Jahrhunderts kämpften im englischsprachigen Raum die Suffragetten um das Recht auf Wahl, Bildung, Privateigentum und Erwerbsarbeit. Erst am 1. Juli 1958 wurden die Frauen durch das „Gesetz über die Gleichberechtigung von Mann und Frau" in der BRD emanzipiert. Sie durften nun ein Bankkonto eröffnen und ihr in die Ehe eingebrachtes Vermögen selbst verwalten; der Mann durfte das Dienstverhältnis seiner Frau nicht mehr fristlos kündigen und nicht mehr über das Vermögen und das Einkommen aus der Erwerbstätigkeit der Frau verfügen. Seit 1977 darf die Frau ohne Einverständnis des Mannes erwerbstätig sein. Das Letztentscheidungsrecht des Ehemanns in allen Eheangelegenheiten wurde aufgehoben. Erst seit 1994 gibt es die Regelung, dass beide Ehepartner ihren alten Familiennamen beibehalten können.

ENTSCHLOSSENHEIT

im Unglück ist immer der halbe Weg zu Rettung.

Johann Heinrich Pestalozzi

Der französische Philosoph René Descartes meint, die Unentschlossenheit sei das größte aller Übel. Der Unentschlossene findet weder bei Tag noch bei Nacht Ruhe. Seine widersprüchlichen Gedanken vertreiben Ruhe und Schlaf. Seine Aufgeregtheit führt zu leeren Entschlüssen, die sich wiederum auf Körper und Psyche auswirken. Rastlos wägt er die Folgen der verschiedenen Entscheidungsmöglichkeiten ab, ohne dabei von der Stelle zu kommen. Lediglich in Gedanken zu handeln, verändert nichts. Wer eine Entscheidung fällt, befreit seine Seele und seinen Geist von der schweren Last. Daher ist es besser, möglicherweise eine falsche Entscheidung zu treffen als gar keine. Die Entschlossenheit, sich für ein Ziel zu entscheiden und dieses Ziel beharrlich zu verfolgen, bringt einen voran. „Der Langsamste, der sein Ziel nicht aus den Augen verliert, ist immer noch schneller, als jener, der ohne Ziel herumirrt", sagt Gotthold Ephraim Lessing und beweist damit, dass entschlossenes Handeln jedem unentschlossenen Lavieren vorzuziehen ist. Denn wer das Ziel kennt, findet den Weg. Egal, ob der Weg einfach ist oder durch Abgründe, Zweifel und Hindernisse führt. Die Entschlossenheit bringt voran. Der berühmte Gordische Knoten bestand, der antiken Überlieferung nach, aus kunstvoll verknoteten Seilen, die am Streitwagen des Königs Gordias von Phrygien durch Götterhand befestigt waren. Sie verbanden das Zugjoch des Zeus geweihten Wagens mit der Deichsel. Dem Orakel nach würde derjenige, der diesen Knoten lösen konnte, Herr über Asien werden. Viele mächtige, kluge Krieger versuchten, die Aufgabe zu lösen, doch keinem gelang es. Bis auf Alexander dem Großen, der 334 v. Chr. zum Entsetzen der Zeuspriester kurzerhand das Schwert zog und den magischen Knoten mit einem entschlossenen Schlag durchtrennte. Kurz darauf begann sein Siegeszug durch Asien, der mit der Eroberung des Perserreiches begann. Die Durchtrennung des Gordischen Knotens ist ein besonders schönes Sinnbild dafür, dass entschlossenes Handeln zum Erfolg führt.

ERFAHRUNG

ist die einzige Schule, in der auch Dummköpfe etwas lernen können.

Benjamin Franklin

Es gibt drei Formen der Erfahrung. Erstens: Erlebnisse, die ein Mensch selbst macht. Zweitens: die Summe aller Ereignisse, die einen Menschen Lebenserfahrung lehren. Drittens: die Erfahrung in einem Handwerk, einer Kunst, einer Wissenschaft usw., die ihn zum Könner macht. Henry Ford, ein Farmersohn, der nur die Dorfschule besuchte und es trotzdem zum Automobilkönig brachte, hielt Erfahrung und Urteilskraft für das wichtigste Gut des Menschen: „Nimm die Erfahrung und die Urteilskraft der Menschen über 50 aus der Welt heraus, und es wird nicht viel übrig bleiben.“ Seltsamerweise verzichten viele Firmen genau auf das, was Ford für das Wichtigste hält, indem sie erfahrene ältere Mitarbeiter in Frührente schicken. Der Verlust an reichem Wissen und Können ist enorm. Und es ist ja eigentlich klar: Wer nichts weiter im Leben geleistet hat, als brav ein Studium nach vorgegebenen Aufgaben zu absolvieren, kann trotz Fleiß und Intelligenz relativ wenig. Erst die Summe vieler Erfahrungen befähigt zu klaren, langfristigen Entscheidungen und handwerklichem Können. Erfahrung ist ein großer Wert, den der Laie im Allgemeinen nicht erkennt, weil er von der Sache zu wenig versteht. Der Maler Adolph Menzel ließ einmal einen Kunden monatelang auf die Zeichnung zweier gekreuzter Säbel warten. Der Herr wurde ungeduldig, mahnte zunächst zurückhaltend, dann massiver. Schließlich kam er leicht verärgert in Menzels Atelier. Menzel antwortete nicht auf die Vorwürfe, ging zur Staffelei und entwarf in einer Viertelstunde auf geniale Weise das gewünschte Bild. Der Kunde war begeistert, stammelte seinen Dank und wagte dann die Frage: „Aber warum musste ich so lange auf die Zeichnung warten?" Menzel öffnete eine große Mappe und sagte: „Blättern Sie!" Der Herr staunte, als er fast hundert Vorstudien fand. Dank seiner großen Erfahrung wusste der Maler, dass ein Meisterwerk nicht aus dem Ärmel zu schütteln ist.

ERFOLG

ist nie von Dauer. Wer eine vorbildliche Mausefalle erfindet, muss damit rechnen, dass die Mäuse der nächsten Generation von Natur aus klüger sein werden.

Albert Einstein

Das Wort Erfolg kennzeichnet das Erreichen selbstgesetzter Ziele nach dem immer gleichen Prinzip, wie Heiner Lauterbach meint: „Fleiß, Ausdauer, Begabung und Glück." Der Erfolg ist die Folge von unablässiger Anstrengung, ehrlicher Begeisterung für die Sache, Zielstrebigkeit und dem unerschütterlichen Glauben, alle

Hindernisse und Zweifel überwinden zu können. Erfolgswille steckt andere Menschen an, weil der Handelnde die unumstößliche Überzeugung des Gelingens abstrahlt. Nun beklagen sich viele Menschen, dass sie ihr Lebensziel nicht erreicht hätten. Ein Beamter leidet darunter, dass er kein Arzt geworden ist. Ein Kunsterzieher bejammert sein verpfuschtes Leben, weil er eigentlich lieber Künstler wäre usw. Warum sind sie es nicht geworden? Weil alles seinen Preis hat, wie der Philosoph Epiktet einleuchtend sagt. Der Beamte hätte ein hartes Medizinstudium durchstehen, der Kunstlehrer auf sein sicheres Einkommen, die vielen Ferien verzichten und sich auf dem freien Markt als Künstler durchkämpfen müssen. Die Musen sind sehr eifersüchtige Damen. Sie dulden nicht, dass man sie mit anderen Frauen betrügt. Als eine enthusiasmierte Dame dem Geiger Yehudi Menuhin zurief: „Ich würde mein Leben dafür hingeben, so spielen zu können wie Sie", sagte der Virtuose: „Genau das habe ich getan." Es gibt Menschen, die trotz großer Begabung nicht an ihr Ziel gelangen. Ein Komponist hofft auf den „großen Coup" seines Lebens, um reich zu werden. Er wird vergeblich weiterhoffen, weil das Hoffen zum Reichwerden nicht ausreicht. Man muss es wollen. Im Grunde seines Herzens will er jedoch nichts weiter, als schöne Musik zu komponieren – und dafür bekommt er Anerkennung. Der wahre Wert des Erfolges besteht nicht im großen Coup, sondern es sind die alltäglichen kleinen Erfolge, die unser Leben reich und wertvoll machen.

ERINNERUNG

ist das einzige Paradies, aus dem wir nicht vertrieben werden können.

Jean Paul

Das heitere Land der Kindheit, die erste Liebe, die Entdeckung der Farbe, eine große Jugendfreundschaft – alle positiven Erlebnisse und Erfahrungen machen uns reich. Es ist, als ob der Zauber der Vergangenheit unser jetziges Sein vergoldet. Als Selma Lagerlöfs Familiensitz Mårbacka verkauft werden musste, war es, als ob ihre Kindheit mit verkauft werden sollte. Daher setzte sie alles daran, dieses Gut zurückzugewinnen. Das gelang ihr dank der Honorare aus ihren weltweit gefeierten Büchern wie z. B. „Nils Holgersson". In ihren Erinnerungen „Mårbacka" beschwor sie ihre Kindheit so wunderschön herauf, dass meine Tochter sich bis heute daran freut. Ich las ihr das Buch vor, als sie fünf Jahre alt war. Goethe ächzte am 27. August 1831 mit dem Berginspektor Mahr den Kickelhahn zum Jagdhaus hinauf. Dort hatte Goethe 51 Jahre zuvor für acht Tage gewohnt und einen kleinen Vers an die Wand geschrieben. Sie fanden ihn neben einem Fenster: „Über allen Gipfeln ist Ruh, in allen Wipfeln spürest du kaum einen Hauch; die Vögelein schweigen im Walde. Warte nur, balde ruhest du auch. – D. 7. September 1780." Goethe las, Tränen rannen über seine Wangen und er sagte wehmütig: „Ja, warte nur, bald ruhest du auch!" Sieben Monate später starb er. Ich hatte ein ähnlich aufrührendes Erlebnis. Ein Freund, den ich Jahrzehnte nicht gesehen hatte, rief mich an. Wir waren als Jugendliche begeisterte Sänger und Musiker gewesen. Am Ende des Telefonats sagte er: „Ich muss dir jetzt noch ein Lied vorsingen." Er legte den Hörer aufs Klavier und sang. Mit jedem Vers und jedem Akkord beschwor er die Erinnerung an unsere Jugend hervor. Jahrzehnte waren sekundenschnell überwunden. Es war, als ob wir nebeneinander säßen. Ich roch das Kiefernharz und das blühende Heidekraut, sah den Sternenhimmel über der Senne und hört das Murmeln der Emsquelle. Die Erinnerung hatte eine lang verstummte Saite in mir zum Schwingen gebracht.

ERKENNTNIS

ist die Summe aus dem, was wir gelernt, und aus dem, was wir vergessen haben.

Marie von Ebner-Eschenbach

Erkenntnis bezeichnet einerseits das Erkannte, d.h. das Ergebnis, andererseits den Prozess des Erkennens. Es gibt die intuitive (unmittelbare) und die diskursive (mittelbare) Erkenntnis. Diese ist das Ergebnis eines Denkprozesses, der eine Sache in seinen Teilen durchläuft und so als Ganzes erkennbar macht. Wer zum ersten Mal feststellt, mit welchen Akkorden man eine Gitarre zum Klingen bringt, hat dieses erkannt. Beim nächsten Spielen auf dem Instrument weiß er es. Erkenntnis ist blitzartiges Verstehen. Wissen entsteht durch Erinnerung. Die Bibel erzählt: Als Adam und Eva gegen Gottes Verbot die Früchte vom Baum der Erkenntnis aßen, konnten sie plötzlich zwischen Gut und Böse unterscheiden. Der Sündenfall bestand im Verlust der Harmonie von Schöpfer und Geschöpf. Mit dem Unrecht, das sie taten, zerstörten sie die ursprüngliche Gerechtigkeit, den paradiesischen Urzustand. Zur Strafe für die „Erbsünde" des ersten Menschenpaares wurde der Mensch sterblich. Allerdings ist es die Erkenntnis, die dem Menschen außerhalb des Paradieses das Überleben sichert, weil durch sie er in der Lage ist, das Erkannte zu nutzen, um sein Wissen zu erweitern. Wer etwas erkennt, was bisher niemand erkannte, sei es eine neue Art der Energieerzeugung, eine schnellere Informationsübermittlung oder – in früheren Zeiten – eine erfolgreichere Jagdmethode oder die höhere Mathematik, bringt die Menschheit mit seiner Erkenntnis auf eine höhere Entwicklungsstufe. Für den chinesischen Weisen Lü Bu We ist „die wertvollste Erkenntnis diejenige, die die Persönlichkeit vollkommen macht. Man kann aber seine Persönlichkeit nicht anders vervollkommnen als durch lernen." Oft wirken diese Lernschritte auf andere komisch. Als Benjamin Franklin, der Erfinder des Blitzableiters, bei den ersten Versuchen mit Luftballons spöttisch gefragt wurde, welcher Nutzen aus solcher Spielerei erwüchse, sagte er: „Ja, wozu kann ein neugeborenes Kind schon gleich nützlich sein?"

ERSTAUNEN

ist das Höchste, wozu der Mensch gelangen kann.

Johann Wolfgang von Goethe

Staunen oder Verwunderung ist ein beglückendes Gefühl, wenn man etwas unerwartet Großartiges erlebt, das nicht bisher erfahrenen Denkmustern entspricht. Wilhelm Röpke sagt in seiner „Lehre von der Wirtschaft": „An der Schwelle jeder wissenschaftlichen Betrachtung der Welt steht die Verwunderung." Und für Theodor Fontane ist „Anstaunen auch eine Kunst. Es gehört etwas dazu, Großes als groß zu begreifen." So ging es den Dichtern, Philosophen und Künstlern der Renaissance, als sie die Größe der antiken Kunst- und Geisteswelt für sich entdeckten und zum Vorbild ihrer eigenen Schöpfungen machten. So ging es J. J. Bodmer, als er 1746 mit „angenehmer Bestürzung" die mittelalterliche Minnelyrik wiederentdeckte und sich an den „höfischen Sitten, den zärtlichen Empfindungen, den ehreliebenden, menschanständigen Gedanken" der Minnesänger entzückte. So ging es mir als Kind, als ich zum ersten Mal am Lied „Abend wird es wieder" staunend die Kunst der Komposition erkannte. Für Aristoteles beginnt die Philosophie mit dem Staunen *(thaumázein)*, das selbstverständlich erscheinende Dinge, über die es bisher bloße Meinungen *(dóxa)* gab, hinterfragt und erstaunliche, bisher nicht erkannte, neue Wahrheiten zutage bringt. Das Abwägen von althergebrachter Meinung und der Erkenntnis neuer

Wahrheit führt zu Wissen. Die Wissbegier erzeugt die Wissenschaft, die das erstaunlich unerwartet Neue verständlich darstellt und so allgemein bekannt macht. Der große Wert im Erstaunen liegt in der Entdeckerfreude. Nachdem der griechische Wissenschaftler Eratosthenes (ca. 276–194 v. Chr.) beinahe genau den Erdumfang bemessen hatte, gelang es dem Seefahrer Magellan durch seine erste Weltumseglung 1519–1522, den Beweis für die Richtigkeit dieser Theorie zu erbringen. Staunen „ist das Grundgefühl, das an der Wiege von wahrer Kunst und Wissenschaft steht. Wer es nicht kennt und sich nicht wundern, nicht mehr staunen kann, der ist sozusagen tot und sein Auge erloschen", sagt Albert Einstein.

ETHIK

ist ins Grenzenlose erweiterte Verantwortung gegen alles, was lebt.

Albert Schweitzer

Das Wort stammt vom altgriechischen ēthos („Gesinnung"). Damit ist das sittliche Verständnis gemeint. Cicero schuf durch die Übersetzung des Begriffs *êthikê* die lateinische Entsprechung *philosophia moralis*. Ethik, Moral und das deutsche Wort Sittlichkeitslehre bedeuten dasselbe. Mit Ethik wird die *praktische Philosophie* bezeichnet, die sittliche Maßstäbe für das menschliche Handeln setzt. Das Gegenstück ist die *theoretische Philo-*

sophie zu der Logik, Erkenntnistheorie u. a. gehören. Ziel der Ethik ist die Entwicklung allgemeingültiger Normen und Werte zur Bewertung guter und schlechter Handlungen nach Vernunftkriterien. Immanuel Kant schuf dafür die verblüffend einfach klassische Formulierung: „Was soll ich tun?“ Denn täglich ist jeder mit der Frage nach dem konfrontiert, was sittlich vertretbar ist. Darf ich bei Rot über die Ampel gehen oder gebe ich dadurch Kindern ein schlechtes Beispiel? Man bekommt ein verlockendes, aber zweifelhaftes Angebot. Es widerspricht zwar den eigenen moralischen Kriterien, aber so viel Geld für ein wenig Korruption ist nie wieder so leicht verdient usw. Wer die eigenen moralischen Maßstäbe verletzt, beschmutzt seine Seele und verrät seine nach außen hin vertretenen Werte. Dadurch mindert er den eigenen Wert. Ethische Prinzipien sind nicht moralinsaure Gestrigkeiten, sondern machen das Leben lebenswert. Wer korrekt handelt, trägt zur Stabilität und zum Wohl der gesamten Menschheit bei. Darum ist der kleine Steuerhinterzieher ein ebenso großes Übel wie Mächtige, die unethisch handeln. Für Hans Küng besteht die einzige Überlebenschance einer menschenwürdigen Welt, „wenn in ihr nicht länger Räume unterschiedlicher, widersprüchlicher oder gar sich bekämpfender Ethiken existieren. Diese eine Welt braucht ein Ethos; diese eine Weltgesellschaft braucht keine Einheitsreligion und Einheitsideologie, wohl aber einige verbindende und verbindliche Normen, Werte, Ideale und Ziele.“

FAIRNESS

ist die Kunst, sich in den Haaren zu liegen,
ohne die Frisur zu zerstören.

Gerhard Bronner

Der Begriff geht auf das englische Wort *fair* zurück. Fairness drückt eine nicht gesetzlich geregelte Vorstellung persönlicher Gerechtigkeit aus. Die deutsche Entsprechung ist anständiges Verhalten anderen gegenüber. Das bedeutet: Wenn jemand etwas von Rechts wegen zustünde, jemand anderer aber leer ausginge, dann verzichtete ein anständiger Mensch auf einen Teil dessen, was er bekäme. Eine solche Geste sorgt für Frieden und Freundschaft. Ein leuchtendes Beispiel für Fairness geschah vor ein paar Jahren in Schweden. Zur Erinnerung an König Gustav Wasas legendären Skilauf, als er die schwedischen Häuptlinge zum Unabhängigkeitskampf gegen die Dänen aufrief, wird alljährlich der „Gustav-Wasa-Lauf" ausgetragen. Er führt über eine Strecke von 85 Kilometern. Trotz dieser großen Entfernung wollte es einmal der Zufall, dass der schwedische Meisterläufer Utterström und Hedlund, der Olympiasieger, beim Wettlauf auf die Sekunde genau durchs Ziel gingen. Da nicht vorgesehen war, den Lauf zu wiederholen, musste das Los entscheiden. Die goldene Medaille fiel Hedlund zu, die silberne Utterström. Doch Hedlund war damit nicht einverstanden. Beide Medaillen wurden halbiert und danach wieder so zusammenfügt, dass jeder eine halbgoldene und halbsilberne Medaille bekam. Wenn jeder Mensch sich diese Geschichte zum Vorbild nähme, gäbe es auf der Welt weniger Hass, Neid und Streit. Ich selbst habe einmal eine ähnlich freudige Überraschung erlebt, nachdem ich mich bei einem Freund mit einer größeren Summe an einem Unternehmen beteiligt hatte. Während für mich wenig herauskam, bekam mein Freund dafür Preise und öffentliche Anerkennung. Nun, es war mein Fehler gewesen, und ich vergaß das Ganze, bis mir ein paar Jahre später mein Freund meine investierte Summe auf den Euro genau zurückzahlte. Ich wollte sie nicht annehmen, doch er bestand darauf. Solche Fairness vergisst man sein Leben lang nicht.

FAMILIE

ist die älteste aller Gemeinschaften.

Jean-Jacques Rousseau

Das lateinische Wort *familia* bedeutet „Hausgenossenschaft". Damit wurde nicht die heutige Familie bezeichnet, sondern der Besitz eines Römers, des *pater familias.* Dazu gehörten seine Ehefrau, Kinder, freigelassene Sklaven und das Vieh. Der *famulus* war der Haussklave. Mit *pater* und *familia* wurde nicht ein Verwandtschafts-, sondern ein Herrschaftsverhältnis bezeichnet. Der leibliche Vater hieß *genitor.* Das Idealbild der heutigen Familie ist eine durch Abstammung, Ehe oder Partnerschaft verbundene Verwandtengruppe. Das Hauptmerkmal ist das Zusammenleben von mindestens zwei Generationen, das drei elementare soziale Funktionen erfüllt: Die enge Verbindung zwischen Eltern und Säugling sorgt für Nestwärme und Entfaltung der Kinder und trägt entscheidend zur Entwicklung geistiger und sozialer Fähigkeiten der nachfolgenden Generation bei. Durch ökonomische Stabilität ist für Schutz und Pflege minderjähriger Kinder, aber auch für alte oder kranke Familienangehörige gesorgt. Die familiäre Lebensgemeinschaft sorgt für die soziale Positionierung in der Gesellschaft. Das deutsche Grundgesetz stellt die Familie unter besonderen staatlichen Schutz und räumt ihr besondere Rechte wie Unterhalts-, Adoptions-, Vormundschafts- und Erbrecht ein. Je unsicherer die wirtschaftlichen Umstände sind, umso größeren Wert besitzt die Familie als Hort von Sicherheit und Geborgenheit. Dauerhafte, nach dem Idealbild des 19. Jahrhunderts geprägte familiäre Beziehungen sind jedoch immer seltener. Durch den Wandel der Lebensformen seit den 60er-Jahren entstehen neben der herkömmlichen Familie alternative Lebensgemeinschaften, von der Homoehe über Rentner-Wohngemeinschaft, Alleinerziehungshaushalt, Wochenendbeziehung, Patchworkfamilie bis zur kinderlosen Ehe usw. Der Familienbegriff hat sich also verändert. Nicht aber ihr Wert. Denn Familie – in welcher Form auch immer – symbolisiert Gemeinschaft, Zusammenhalt, Verlässlichkeit, Nähe, Liebe und Treue.

FLEISS

ist die beste Form der Leidenschaft.

Thomas Mann

Fleiß gilt als bürgerliche Tugend, die, obwohl skeptisch betrachtet, immer mehr an Wertschätzung gewinnt. Ist Erfolgsstreben der Motor der Industriegesellschaft, so ist Fleiß der Treibstoff, der den Menschen als Rädchen im Wirtschaftsgetriebe vorantreibt und beschleunigt. Das Wort kommt vom Althochdeutschen *vliz* und bedeutet „Kampfeseifer", „Streit" und auch „Ärgernis". Wahrscheinlich steckt das Urwort fließen mit darin, denn wer im guten Fluss ist, bringt sich und seine Sache weiter. Erst der beständige Einsatz führt zum Ziel. „Vor den Erfolg setzen die Götter den Fleiß", sagt ein antikes Sprichwort. Der Beispiele für den Wahrheitsgehalt gibt es viele. Als Dr. Samuel Johnson 1747 den Plan zu seinem „Wörterbuch der englischen Sprache" vorlegte, fragte der Verleger, wie lange er für das Buch brauchen würde. „Drei Jahre", sagte der berühmte Gelehrte, worauf Adams erstaunt sagte: „Aber die Französische Akademie, die aus 40 Mitgliedern besteht, hat 40 Jahre gebraucht, um ihr Wörterbuch zusammenzustellen." Johnson brauchte zwar acht Jahre, doch die Leistung war so gewaltig, dass alle englischen Wörterbücher bis heute auf seiner Arbeit basieren. Ebenfalls bienenfleißig war Voltaire, der mit weit über 700 einzelnen Texten eines der umfangreichsten und umfassendsten Werke der Literatur- und Geistesgeschichte hinterließ. Georges Simenon schrieb mehr als 1000 Kurzgeschichten, 187 Groschenromane, 76 Maigret-Romane, 130 Romane ohne Maigret. Geriet er in schöpferische Ekstase, verfasste er 80 bis 100 Seiten pro Tag. Das war so rätselhaft, so unheimlich, dass manche Simenons Existenz bezweifelten und hinter seinem Namen eine Schreibfabrik vermuteten. Nicht minder erstaunlich ist, dass nach Ende des Zweiten Weltkrieges völlig verwüstete Städte wie Berlin oder Warschau innerhalb weniger Jahrzehnte neu aufgebaut wurden. Das vollbringt der Fleiß. Trotzdem sollte man darüber nicht das Leben vergessen. Denn man hat nur eins.

FLEXIBILITÄT

ist die Kunst des Baumes, sich dem Sturm anzupassen, ohne zu brechen.

Meister Lü

Das schöne dichterische Bild gibt genau die Qualität der Flexibilität wieder. Das lateinische Wort *flectere* bedeutet „biegen", „beugen". Flexibel sein heißt biegsam sein. Das Leben besteht aus ständiger Veränderung. Daher müssen sich auch unser Handeln und unser Denken nach den Umständen richten. Ein Kapitän, der sein Schiff nicht den Gegebenheiten anpasst und stur dem geplanten Kurs folgt, gerät in Gefahr, Schiffbruch zu erleiden. Das berühmteste Beispiel dafür ist der Untergang des „praktisch unsinkbaren“ Luxusliners RMS Titanic. Trotz Eisbergwarnung ließ der Kapitän das Schiff mit Höchstgeschwindigkeit laufen, um einen Überfahrtrekord nach New York aufzustellen. Mangelnde Flexibilität führte zur Katastrophe. Wer nicht auf die sich ständig verändernden Bedingungen reagiert, gerät in Gefahr zu scheitern. Firmen, für die wir arbeiten, können morgen in Konkurs gehen. Einnahmen, die als sicher gelten, plötzlich wegfallen. Ehen zerbrechen. Schicksalsschläge können unser stabiles Beziehungsgeflecht ins Wanken bringen. Bewährte Geschäftsverbindungen können aufgrund eines Personalwechsels kaputtgehen. Das, was heute so sicher scheint, stellt sich morgen als Illusion heraus. Daher bildet Flexibilität eine Sicherheit im Leben. Wer nur nach vorgefassten Prinzipien lebt – außer im Bereich der Tugend! – wird morgen darben und das essen müssen, was er heute verschmähte. Es gibt Starrköpfe, die glauben, alles müsse nach ihrer Vorstellung geschehen. Mein Freund, der verstorbene Dichter Peter Rühmkorf, sagte einmal: „In den 70er-Jahren glaubten wir, die Welt sei ein riesiges Literaturseminar – und wir merken gar nicht, dass die Welt an uns vorüberrauschte.“ Fortuna, die Göttin des Glücks, dreht unablässig am Glücksrad, lässt Nobodys in die Höhe steigen, macht Arme reich, Reiche arm, Unglückliche glücklich usw. Ein kluger Kopf weiß das und nutzt wachen Geistes jede Gelegenheit, die sich bietet, um sich sicher durchs Meer des Lebens zu bringen.

FREIHEIT

ist die Macht, die wir über uns selber haben.

Hugo Grotius

Während die meisten Philosophen davon ausgehen, dass der Mensch frei ist, dass ihm alle Möglichkeiten offenstehen und dass er sein Leben selbst gestalten kann, behaupten die Stoiker, der Mensch habe Wirklichkeit nur sehr wenige Entscheidungsmöglichkeiten. Fast jeder stehe unter dem Kommando anderer, sei Sklave der eigenen Triebe, Leibeigener seiner Krankheiten oder Gefangener seiner Psychosen. Kurzum, kein Mensch sei völlig frei. Natürlich gibt es verschiedene Abstufungen der Freiheit. Ein in die Zwänge der Wirtschaft verstrickter Topmanager verfügt über mehr Freiheit als eine Sklavin im Sudan, eine politische Gefangene in Nordkorea ist unfreier als ein Leiharbeiter in Hamburg. In Demokratien hat der Bürger die Freiheit der Wahl seiner Regierung, in Russland nur scheinbar und in Saudi-Arabien gar nicht. Auch wer einen freigewählten Arbeitsplatz besitzt, kann täglich vor der Entlassung zittern, um kein Hartz-IV-Empfänger zu werden. Freiheit ist relativ. Die stoischen Philosophen meinen, man könne sich trotz äußerer Unfreiheit innere Freiheit schaffen, indem man, was in der Macht des einzelnen Menschen steht, von dem, was nicht in seiner Macht steht, trennt. Epiktet sagt: „In unserer Macht stehen unser Denken, unser Handeln, unser Begehren und unser Vermeiden – alles, was aus uns selbst erzeugt und unser Werk ist. Nicht in unsere Macht gegeben sind unser Körper [weil wir erkranken können], unser Besitz, unser Ansehen und unsere äußere Position [weil wir sie schnell verlieren können]." Wer diese beiden Bereiche trennt, kann trotz äußerer Unfreiheiten erträglich leben, weil er weiß, dass an seinem Los wenig zu ändern ist. So wie derjenige, der wenig verdient, trotzdem gut leben kann, sofern ihn nicht der Neid auf reichere Menschen auffrisst. Zudem kann man versuchen, Unfreiheit und Ungerechtigkeit durch Veränderung der politischen Zustände zu verringern oder gar zu beseitigen. Freiheit ist der Spielraum, den uns die Macht lässt, aber Machtverhältnisse sind veränderbar.

FREUDE

ist die Leidenschaft, durch die wir besser werden.

Heinrich von Stein

Und durch die es uns besser geht. Manchmal trifft uns die Freude wie ein Blitzschlag aus heiterem Himmel. Wir wissen nicht warum, aber plötzlich fühlen wir uns beseelt. „Freude schöner Götterfunken, Tochter aus Elysium, wir betreten feuertrunken, Himmlische, dein Heiligtum … Alle Menschen werden Brüder, wo dein sanfter Flügel weilt …", dichtet Schiller. Man merkt, die Freude durchglüht ihn, und der Funke springt auf Beethoven über, der die wunderbare Melodie zu den herrlichen Worten findet. Die Musik wiederum springt über auf Millionen von Menschen, und die europäischen Staatschefs erklären das Lied einmütig zur Europahymne, weil sie davon ebenso ergriffen sind. So wirkt Freude. Sie begeistert und steckt an. Wer sich freut, sieht die Welt mit verzauberten Augen. Was schwer schien, wird leicht. Freude macht das Herz leicht. Freude lässt singen. Freude lässt tanzen. Freude ist ein Zustand, in dem wir uns den Göttern nah fühlen. „Freude bedeutet das Wohnen in sich selbst", meint Goethe. Sogar Arthur Schopenhauer, der Prophet des Pessimismus, wusste den Wert der Freude zu schätzen, wenn er mit seinem geliebten Pudel spielte und darüber die von ihm verachteten „Zweifüßler" vergaß. Während die meisten Philosophen Freude und Glück als temporären Erscheinungen skeptisch gegenüberstanden, war Epikur überzeugt, dass das Göttergeschenk Freude das gesamte Menschenleben verschönen sollte. So entwickelte er seine Philosophie der Freude. Diese resultiert aus dem vernünftigen Umgang mit den Triebkräften des Menschen. Die Dreieinigkeit Frieden, Freiheit und Freude hielt er für das größte Gut des Menschen. Und wie kann man Freude schenken? Indem man als Gastgeschenk gute Laune mitbringt, kleinen Kindern ein Lied vorsingt, mit ihnen Bilder malt und spielt, alten Menschen seine Aufmerksamkeit und Zeit schenkt, eine Dame mit einem Blumenstrauß erfreut, jemandem zuhört, wenn er Geschichten erzählt und nachsichtig über Witze lacht, die man schon kennt. So einfach ist das.

FREUNDLICHKEIT

ist eine Sprache, die Taube hören und Blinde lesen können.

Mark Twain

Laut Aristoteles bildet Freundlichkeit die mittlere Position zwischen Gefallsucht und Streitlust: „Der Freundliche begegnet seinem Mitmenschen liebenswürdig, zeigt Interesse an ihm und geht auf ihn ein. Rücksichtsvoll gegenüber anderen versucht er, sich so zu benehmen, dass er niemals Anstoß erregt und sich den Regeln des Anstands entsprechend korrekt verhält." Zarin Katharina die Große übte sich täglich im freundlichen Umgang zu ihren Mitmenschen, indem sie jedem ein strahlendes Lächeln schenkte. Das Lächeln macht glücklich – den Lächelnden ebenso wie den Angelächelten. Die Wärme der Freundlichkeit bringt verhärtete Herzen zum Schmelzen, taut Vorurteile auf und bringt starrsinnige Gedanken in Bewegung. Der Dalai Lama sagt aus dieser Erkenntnis heraus: „Freundlichkeit ist meine wahre Religion." Wer sich selbst Gutes tun will, ist zu anderen Menschen freundlich. Freundlichkeit weckt im Menschen die besten Eigenschaften. Ein indisches Märchen erzählt von einem Hund, der in einem Zimmer umherirrte, dessen Wände aus Spiegeln bestanden. Die vielen Hunde, die er sah, machten ihm Angst. Er fletschte die Zähne und knurrte. Alle Hunde in den Spiegeln fletschten ebenfalls die Zähne und knurrten. Der Hund raste in

Panik umher, bis er tot zusammenbrach. Hätte er nur ein einziges Mal freundlich mit dem Schwanz gewedelt, hätten ihm alle seine Spiegelbilder freundlich geantwortet. Freundlicher Umgangston in einem Büro, einer Familie oder einer Schule verwandelt alle Mitglieder. Man spürt bereits beim Hereinkommen die fröhliche Ungezwungenheit des Umgangs untereinander. Es gibt Menschen wie Harry Belafonte oder Michelle Obama, deren fröhliche Freundlichkeit Millionen andere über Sprach- und Ländergrenzen hinweg ansteckt. „Freundlichkeit in Worten schafft Vertrauen. Freundlichkeit im Denken schafft Tiefe. Freundlichkeit im Geben schafft Liebe", sagt der chinesische Weise Lao Tse.

FREUNDSCHAFT

ist eine Seele in zwei Körpern.

Aristoteles

Und sie beruht auf gegenseitiger Wertschätzung, Zuneigung und Vertrauen. Liebe ist vom Verlangen nach körperlicher Vereinigung begleitet. Mit der sexuellen Befriedigung schwindet die Anziehungskraft. Bei der echten Freundschaft wächst die geistig-seelische Harmonie durch den Umgang, und die Verbindung verfeinert sich. Diese höchste Form der Freundschaft unterscheidet sich von der Nutz- und der Zweckfreundschaft, die stets auf Berechnung basieren und daher besser „Arrangement" genannt werden sollte. Nun ist gegen Bekanntschaften dieser Art nichts einzuwenden, denn entweder muss man unter Freunden oder unter Feinden leben. Das Meiste und Beste, was wir haben, hängt von anderen ab. Daher sollte man versuchen, täglich einen Freund zu gewinnen. Aber erst in Notsituationen zeigt sich, wer zu den wirklichen Freunden gehört. Das sind stets wenige, aber diese gehen für einen durchs Feuer, wie Schiller in seiner schönen Ballade „Die Bürgschaft" zeigt. Voraussetzung für eine vollkommene Freundschaft sind ähnliche Bewertungen von Tugenden und Wertvorstellungen auf beiden Seiten. Vertrauen und gleiche Interessen in einigen Kernbereichen sowie die gegenseitige Teilhabe am Leben des anderen entwickeln sich zur Gewohnheit und dem Bedürfnis, mit dem Freund seine Zeit zu verbringen. „Ein Freund ist ein Geschenk, das man sich selbst macht", sagt Robert L. Stevenson. Wer einen wahren Freund findet, sollte die Freundschaft pflegen, denn ein Freund ist wertvoller als Gold. Zu einer echten Freundschaft gehört auch die Streitkultur. Psychologen haben festgestellt, dass enge Freunde mehr miteinander streiten als oberflächlich miteinander bekannte Menschen. Der Grund dafür liegt darin, dass sich Menschen, die sich über Jahre und Jahrzehnte gut kennen, einander sicher sind und nicht übervorsichtig in ihren Äußerungen sein müssen, weil Freundschaft wie Heimat ist, weil man sich nicht erklären muss und weil der Freund den Freund nimmt, wie er ist. Denn der Kern der Freundschaft besteht in der Großzügigkeit.

FRIEDEN

ist das Meisterwerk der Vernunft.

Immanuel Kant

Wir kennen die schrecklichen Bilder von Kriegsschauplätzen mit Toten, Verletzten, vergewaltigten Frauen, Kindern auf der Flucht, Verwüstung, Elend. Warum gibt es Krieg? Weil habgierigen Menschen der Frieden unwillkommen ist. Er ist das Ende lukrativer Regierungsaufträge über Kriegsgüter. Krieg bringt den Kriegsgewinnlern der Rüstungsindustrie ungeheure Gewinne. Wenige Leute verdienen prächtig. Danach, wenn alles wiederaufgebaut wird, verdienen sie erneut. Der Zweite Weltkrieg hat rein wirtschaftlich so viel Kapital verschlungen, dass jede Familie auf der Welt ein Auto und ein Haus davon hätte geschenkt bekommen können. Da der Krieg die Menschen seit Urzeiten in Angst und Schrecken versetzt, ist die Friedenssehnsucht groß. Die *Pax Romana* wurde zum Leitbild des umfassenden Friedens zur römischen Kaiserzeit. Mit dem Untergang des Römischen Reiches zerbrach diese Friedensordnung. Aber immer wieder bemühten sich kluge Menschen, Konzepte für ein friedfertiges Miteinander zu entwickeln. Die Friedensbotschaft des Christentums zählt ebenso dazu wie aufrüttelnde Schriften großer Denker wie Erasmus von Rotterdam oder Immanuel Kant. Ein Kuriosum bildet die „Gesellschaft zur Bekämpfung der Nüchternheit". Hier tranken der

Soldatenkönig Friedrich Wilhelm von Preußen und August der Starke von Sachsen im Kreis des Hochadels um die Beilegung kriegerischer Konflikte zwischen Preußen und Sachsen. Sie tranken um des Friedens willen! Frieden ist tatsächlich machbar, wie drei Beispiele zeigen. In Schweden herrscht seit 1814 der am längsten andauernde Frieden. In der Schweiz gab es seit 1848 keinen Krieg mehr. Auch die Europäische Union ist ein Instrument zur Erhaltung des Friedens, wofür ihr 2012 der Friedensnobelpreis verliehen wurde. Großen Staatsmännern wie Adenauer oder de Gaulle verdanken wir beinahe 70 Jahre Frieden. Frieden kostet Geld. Aber tausendmal weniger als Krieg. Cicero sagte: „Ich mahne unablässig zum Frieden; dieser, auch ein ungerechter, ist besser als der gerechteste Krieg.“ Frieden beginnt zuhause.

GASTFREUNDSCHAFT

besteht aus ein wenig Wärme, ein wenig Nahrung und großer Ruhe.

Ralph Waldo Emerson

In der Geschichte „Wo die Liebe ist, da ist auch Gott“ erzählt Leo Tolstoi vom Schuster Martin, der träumt, dass ihn Gott besuchen würde. Er steht sofort auf und putzt gründlich das Haus, um den Gast würdig zu empfangen. Aufgeregt schaut er durchs Fenster, um den hohen Besuch nicht zu übersehen. Es erscheint ein Mann in kaputten Schuhen. Martin lädt ihn ein und repariert die Schuhe. Dann entdeckt er eine frierende Mutter mit ihrem Kind. Er bittet sie zum Aufwärmen herein und setzt ihnen Suppe vor. Später beobachtet er einen hungrigen Jungen, der einen Apfel stiehlt. Martin bezahlt den Apfel von seinem wenigen Geld. Er wartet nervös und ist schließlich enttäuscht, weil Gott nicht gekommen ist. Da hört er eine Stimme: „Schuster Martin, ich war doch heute schon ein paar Mal bei dir zu Gast und ich hatte mich sehr wohl gefühlt." Das Wesen der Gastfreundschaft besteht aus freundlicher Gesinnung, die anderen Menschen und oft sogar gänzlich Fremden entgegengebracht wird. Gastfreundschaft ist eine Tugend der Weitherzig-, aber nicht Selbstlosigkeit, denn ihr Grundprinzip besteht in der Gegenseitigkeit: Jeder, der großzügig Gastfreundschaft gewährt, erhofft für sich selbst in einer ähnlichen Situation gastfreundliche Aufnahme. Bei den Nomaden Vorderasiens bedeuteten Verletzungen des Gastrechtes Ehrverlust des Gastgebers. Oft war die Dauer des Gastrechtes genau festgelegt, z. B. drei Tage und vier Stunden. In dieser Zeit gehörte der Gast zum Stamm. Nach christlichem Brauch ist Gastfreundschaft eine Gottesgabe, die befähigt, anderen Menschen freundlich entgegenzutreten und sie zu umsorgen. Das Gastrecht ist etwas Sakrosanktes. Dadurch können Gast und Gastgeber in eine Zwangslage geraten, wie Albert Camus in der Geschichte „Der Gast" zeigt, die in den 1950er-Jahren im Algerienkrieg spielt. Ein Polizist übergibt einem Lehrer gegen dessen Willen einen Häftling mit der Aufforderung, diesen zur nächsten Präfektur zu bringen. Der Lehrer nimmt den Verhafteten als Gast auf und gerät dadurch in das Dilemma zwischen rechtsstaatlicher Verpflichtung und Gastrecht. Am folgenden Tag zeigt er dem Häftling an einer Weggabelung den Weg zur Präfektur und den Weg in die Freiheit. So gibt er die Qual der Entscheidung an den Gast weiter. Der Häftling weiß, dass das Gastrecht fordert, seinen Gastgeber nicht zu schädigen. Er wählt den Weg des Ehrenmannes und begibt sich freiwillig ins Gefängnis.

GEBET

ist ein Asyl für jeden Kummer.

Johannes Chrysostomos

Das Wort ist eine Ableitung von „bitten". Das Gebet ist in vielen Religionen ein zentraler Ausdruck des Glaubens in laut gesprochener, gesungener oder stiller Form und wendet sich an ein transzendentes Wesen. Es unterscheidet sich von anderen religiösen Praktiken durch die persönliche direkte Ansprache an einen Gott, eine Göttin oder Gottheit, setzt also die Existenz eines persönlich vorgestellten höheren Wesens voraus, wie sie im Christentum, im Islam oder Judentum existiert, nicht aber

z. B. im Buddhismus oder Taoismus. Gebete wurden von namentlich feststellbaren Urhebern formuliert, z. B. Religionsstiftern, Heiligen und anderen religiös Inspirierten, können aber auch spontan von Gläubigen kreiert werden. Manche Gebete werden in der Familie oder Glaubensgemeinschaft über Jahrtausende tradiert, etwa das „Vaterunser". Es gibt Bittgebete, Dankgebete, Lobgebete, Trostgebete und sogar – im Alten Testament – Fluchpsalmen gegen gottlose Feinde, wie den Psalm 109, der den Tod des Feindes herbeiführen soll. Ein Trostgebet von großer dichterischer Schönheit ist der 23. Psalm: „Der Herr ist mein Hirte; mir wird nichts mangeln. Er weidet mich auf einer grünen Aue und führet mich zum frischen Wasser. Er erquicket meine Seele; er führet mich auf rechter Straße um seines Namens willen. Und ob ich schon wanderte im finstern Tal, fürchte ich kein Unglück. Denn du bist bei mir, dein Stecken und Stab trösten mich. Du bereitest mir einen Tisch im Angesicht meiner Feinde. Du salbest mein Haupt mit Öl und schenkst mir voll ein. Gutes und Barmherzigkeit werden mir folgen mein Leben lang, und ich werde bleiben im Hause des Herrn immerdar." Andere Gebete haben philosophische Dimensionen wie das berühmte Gelassenheitsgebet des amerikanischen Theologen Reinhold Niebuhr: „Gott, gib mir die Gelassenheit, Dinge hinzunehmen, die ich nicht ändern kann, den Mut, Dinge zu ändern, die ich ändern kann, und die Weisheit, das eine vom anderen zu unterscheiden."

GEDÄCHTNIS

ist das Tagebuch, das wir immer mit uns herumtragen.

Oscar Wilde

Ein gutes Gedächtnis ist eine wertvolle Gabe. Wir bewundern Menschen, die darüber verfügen. Darunter gibt es Genies wie Friedrich Rückert, der 50 Sprachen fast so schnell lernte wie andere Leute Gedichte, u.a. Tatarisch, Kurdisch, Lettisch, Aramäisch. Übertroffen wurde er von Sir John Browning, der 200 Sprachen beherrschte und über 100 davon auch sprach. Kardinal Mezzofanti, der niemals Italien verließ, beherrschte 38 Sprachen, sprach weitere 30 fließend und kannte 50 Dialekte aus verschiedenen Sprachen. Der Sinologe Emil Krebs beherrschte 68 Sprachen in Wort und Schrift und befasste sich mit 111 Sprachen (ohne Dialekte). Nach seinem Tod 1930 wurde sein Gehirn untersucht. Er hatte nicht ein generell anderes Gehirn als die Normalbevölkerung, sondern nur ein sehr besonderes Broca-Areal, was seine spezielle Sprachbegabung mit hoher Wahrscheinlichkeit auf die ungewöhnliche Ausprägung dieser Gehirnstruktur zurückführen ließ. Es gibt das sensorische Gedächtnis, das Informationen für Millisekunden bis Sekunden festhält. Das Kurzzeitgedächtnis, das Informationen etwa 20–45 Sekunden speichert, und das Langzeitgedächtnis, das Erinnerungen über Jahre abrufbar macht. Das Gedächtnis kann trainiert werden. Dazu gehört das Lernen von

Gedichten ebenso wie die richtige Ernährung. Je ausgewogener man sich mit viel Obst und Gemüse und wenig gesättigtem Fett ernährt, umso besser wird die Denkfähigkeit. Beeren, Weintrauben und Rotwein enthalten Antioxidantien, die das Erinnerungsvermögen stärken. Der Hirnforscher Kirk I. Erickson zeigte in einer neunjährigen Studie, dass „die ausdauerndsten Spaziergänger ihr Risiko für Gedächtnisschwund über Jahre hinweg halbierten". Wer wöchentlich zehn bis 16 Kilometer geht, verfügt über mehr graue Hirnmasse als Faulpelze. Regelmäßiges Fitnesstraining in mittleren Lebensjahren führt zum „Erhalt der Hirnmasse, der Denkprozesse und des Gedächtnisses im späteren Alter".

GEDULD

ist die Kunst, zu hoffen.

Friedrich Schleiermacher

Geduld und Gelassenheit sind miteinander verwandt; der Unterschied besteht darin, dass Gelassenheit etwas mit loslassen zu tun hat. Wer eine schwere Last loslässt, hängt nicht mehr daran. Konstantin Wecker erzählte mir, dass er als Kokainabhängiger zum Schluss nur noch auf den erlösenden Herzinfarkt wartete, um von seiner Sucht befreit zu werden. Als ihn der Staatsanwalt verhaftete, wäre er ihm vor Dankbarkeit fast um den Hals gefallen. Er wusste: Jetzt ist der Stress vorbei. Darum sah er dem

Strafprozess gelassen entgegen. Wer die Dinge ohne Unruhe, Verlangen oder Begierde betrachtet, beherrscht die Kunst der Gelassenheit. Geduld ist das Gegenteil. Wer etwas erhofft oder erwartet, ist angespannt oder nervös. Der Erwartungsdruck setzt ihm zu. Er muss sich in Geduld üben. Das fällt den meisten Menschen schwer. Aber man kann die Dinge meistens nicht erzwingen. „Du kannst noch so oft an der Olive zupfen, sie wird nicht schneller reif", sagt ein toskanisches Sprichwort. Nächtelanges Studieren und Tausende mühselige Kreuzungsversuche mit Bohnen und Erbsen brachten Gregor Mendel auf die Spur des Geheimnisses der Vererbung. Statt, wie seine zeitgenössischen Wissenschaftler, nur zu betrachten und zu beschreiben, erforschte Mendel geduldig in exakt geplanten Experimenten das Leben und kam durch Manipulationen dem Geheimnis des Seins auf die Spur. Sein größtes Kunststück bestand darin, dass er durch schlichtes Zählen seinen Ergebnissen einen übergeordneten Sinn gab. Die Publikation seiner jahrzehntelangen Forschungsarbeit „Versuche über Pflanzenhybriden", schickte er an 133 Institutionen. Die Resonanz war gleich null. Mendel, ein Muster an Engelsgeduld, erschütterte das nicht, weil er wusste, „meine Zeit wird schon kommen". Wohl wahr, denn heute kann man ihn zu Recht als den Urvater der Genetik bezeichnen. „Unter 20 Fällen macht 19-mal fester Wille und Geduld das sogenannte Unmögliche ganz über alle Erwartungen leicht möglich", wusste Fürst Pückler.

GEFÜHL

findet, Scharfsinn weiß die Gründe.

Jean Paul

Seit der Antike versuchen Gelehrte herauszufinden, was genau unter Gefühl zu verstehen ist. Das Wort *fühlen* ist wahrscheinlich sinnverwandt mit „tasten" und bezeichnete zunächst alle körperlichen und seit dem 18. Jahrhundert im Deutschen auch seelische Empfindungen. Die altgriechische Entsprechung von tasten ist *pas-cho,* das eine Fülle von Bedeutungen ausdrückt, z.B. neutrale Empfindungen wie: einen Eindruck bekommen, erfahren, erleben, in Stimmung versetzen, begehren. Positive Empfindungen wie: Gutes tun bzw. empfangen, sich wohl fühlen, eine Wohltat genießen, Belohnungen erhalten. Negative Empfindungen wie: Leid erfahren, Übles erdulden, Mühsal ertragen. Gefühle, sind also Erfahrungen und Eindrücke, die individuell wahrgenommen werden. Man könnte auch von Werterfahrungen sprechen. Gefühle signalisieren uns, ob wir uns in einer Situation, in Gesellschaft bestimmter Menschen oder an einem Ort wohlfühlen oder nicht. Gefühle zeigen uns an, ob wir auf gesellschaftliche Verhaltensnormen positiv oder negativ reagieren und ob wir uns zugehörig fühlen. Gefühle bestimmen wesentlich unsere Wertmaßstäbe. Gefühle signalisieren bei körperlicher und seelischer Belastung Erschöpfung oder Glücksmomente und warnen uns frühzeitig vor Gefahren. Das Sprachgefühl lässt uns die

Schönheit eines Textes oder den Verstoß gegen Sprachregeln erkennen. Descartes unterschied sechs Grundgefühle: Liebe, Hass, Verlangen, Freude, Traurigkeit, Bewunderung. Spinoza fand drei: Freude, Traurigkeit und Verlangen. Für den Dalai Lama sind positive Gefühle die Basis eines glücklichen Lebens, und er empfiehlt, jeden Morgen das Leben mit dem Satz zu beginnen: „Ich möchte diesen Tag zu einem positiven, sinnvollen Tag machen." Großen Künstlern ist es gegeben, positive Gefühle so auszudrücken, dass sie anderen Menschen das Leben verschönern, wie z. B. in diesem kleinen Haiku von Michel de Chassecourt: „Sogar mein Schatten tanzt vor Freude an diesem schönen Frühlingstag."

GELASSENHEIT

ist die angenehmste Form des Selbstbewusstseins.

Marie von Ebner-Eschenbach

Gelassenheit bedeutet das Loslassen von der Ichbezogenheit und allen Emotionen, um Platz zu schaffen für geistige und seelische Klarheit. Sie dient der Selbstfindung und der Erkenntnis, dass es unvernünftig ist, an Unerreichbarem und Unveränderbarem etwas ändern zu wollen, wie z. B. am eigenen Tod, dass Glück nicht planbar ist oder dass man Erfolg nicht erzwingen kann. Gelassen lebt, wer bewusst in der Gegenwart lebt. Weder die Schatten der Vergangenheit noch die Sorgen vor der Zukunft machen demjenigen das Leben schwer, der sich auf das Hier und Jetzt konzentriert. Wohl jedem, der darüber nachdenkt, ist klar, dass Gelassenheit ein großer Wert ist, weil sie uns die Tyrannei der Triebe und Affekte fernhält und Seelenfrieden sowie vernunftmäßiges Handeln ermöglicht. Zudem ist Gelassenheit eine wichtige Voraussetzung für ein gelungenes Leben. Deshalb spielt sie in den Überlegungen vieler Philosophen eine wichtige Rolle. Wie alle Fertigkeiten im Leben des Menschen ist auch die Gelassenheit erlernbar. Zum Lernprozess gehört die Einsicht, dass Misserfolg etwas Normales ist. „Geduld und Zeit macht möglich die Unmöglichkeit", sagt eine Volksweisheit. Ein Wolfsrudel hat im Schnitt erst nach neun Angriffen auf eine Rentierherde Erfolg. Wer sich das bewusst macht, wird Niederlagen gelassener und vielleicht sogar mit einem Lächeln hinnehmen. Hilfreich ist es auch, sich von Emotionen auszuklinken und in die Rolle des Beobachters zu schlüpfen. Kaiser Marc Aurel gab sich jeden Morgen klare Verhaltensweisen für den Umgang mit anstrengenden Menschen. Wer durch Übung seine innere Balance erreicht hat, ist seelenruhig und frei von Ängsten, durch äußere Dinge geschädigt zu werden. Er tadelt weder seine Mitmenschen, noch ärgert er sich über andere, noch regt er sich über das auf, was er sowieso nicht ändern kann. Ein ausgeglichener Mensch ist stets hilfsbereit und versucht freundlich und entspannt, Schlechtes ohne erhobenen Zeigefinger zu verbessern.

GELD

ist die zerbrechlichste aller Illusionen
von Sicherheit.

Ron Kritzfeld

Und in den Augen sehr vieler Menschen ein großer Wert. Geld ist etwas Lebendiges, und wie alles Lebendige ist es schwer zu bändigen. Wem es durch Unvorsichtigkeit oder Missgeschick verloren geht, der weiß seinen Wert umso höher zu schätzen. Wer es durch Spekulation, Glücksspiel oder Betrug gewinnt, sehnt sich nach mehr. Und je mehr er hat, umso größer ist seine Sorge, es zu verlieren. Kurzum: Geld stimuliert und strapaziert die Nerven. Eigentlich sollte es eine Wohltat sein, sich davon zu trennen, weil wir es gegen einen Genuss oder etwas Lebensnotwendiges tauschen. Aber ist das so? Der unsichere Umgang mit dem magischen Stoff, mit dem man scheinbar alles kaufen kann, der manchen arrogant und stolz macht, viele in Verzweiflung stürzt, nicht schlafen oder sogar zum Verbrecher werden lässt, hat große Geister von Buddha – der auf seinen gesamten Besitz verzichtete – bis zu Karl Marx – der ständig dem Geld nachjagte – beschäftigt. Michel de Montaigne erlebte erstaunliche Veränderungen damit. Im ersten Lebensabschnitt, der 20 Jahre dauerte, standen ihm nur zufällige Mittel zur Verfügung. Da gab er das Geld „fröhlich und unbekümmert“ aus. „Nie ist es mir besser gegangen als damals.“ In der zweiten Phase besaß er Geld. Er legte Ersparnisse an, wurde knausrig und misstrauisch, und seine Angst wuchs, es zu verlieren. Ständig grübelte er nur noch über Geld. Sein Reichtum machte ihn unglücklich. Durch glückliche Fügung wurde er von dieser fixen Idee befreit und stimmte in der dritten Phase „die laufenden Ausgaben und Einnahmen aufeinander ab“. Von da an lebte er unbeschwert in den Tag hinein. Es genügte ihm, etwas zu haben, womit er seine einfachen Bedürfnisse befriedigen konnte, wie sie sich ergaben, und er hatte keine Angst mehr, dass es ihm an Geld fehlen könnte. Der Dichter Hafiz brachte das Problem mit dem Geld sehr schön auf den Punkt: „Niemandes Herr, niemandes Knecht, und ein kleines, aber regelmäßiges Einkommen, das ist das Glück des Menschen.“

GENIE

ist ein Blitz, dessen Donner Jahrhunderte währt.

Knut Hamsun

Das Wort stammt vom griechischen *ginomai* („werden“, „entstehen“). Das lateinische *genius* bedeutete ursprünglich „der Erzeuger“ und bezeichnete einen Schutzgeist, der Männern überragende schöpferische Kraft verlieh. Starb der Mann, starb auch sein Schutzgeist. Unter Genie versteht man heute einen Menschen mit kreativen Fähigkeiten, der geistige oder künstlerische Leistungen erbringt, die es vorher nicht gab. Nach Gottfried Wilhelm

Leibniz schafft das Genie „mögliche Welten“, wird dadurch selbst zum Schöpfer und zu einer Art Gott, z.B. zum *poeta alter deus* – zum Dichter als zweitem Gott. Galt die Geniebezeichnung zunächst nur für Künstler, erweiterte sie Kant, indem er das Genie als Instanz bezeichnete, die „der Natur der Kunst die Regeln“ vorschreibt. Seitdem gibt es auch „geniale Wissenschaftler“. Es gibt Universalgenies, die große Wissensgebiete mit neuen Ideen inspirierten – wie Aristoteles, Leonardo da Vinci, Goethe oder Leibniz –, und Genies auf Spezialgebieten – wie Bach, Platon, Shakespeare, Picasso, Newton, Mozart, Haydn, Kant, Tesla, Robert Oppenheimer, John Locke, Rousseau, Fellini, Michelangelo oder Darwin. Manchen wie Karl Marx oder Sigmund Freud wird der Geniestatus nicht übereinstimmend zugebilligt. Das Wesensmerkmal eines Genies ist – im Gegensatz zum Talent – immer seine Schöpferkraft. Ein Klaviervirtuose kann es zu Weltruhm bringen. Aber er spielt nur von anderen komponierte Musik. Ein Genie formuliert Ideen, die niemand zuvor hatte. Mozart wurde einmal ein 13-jähriges Klavierwunderkind zugeführt, das keck sagte: „Ich möchte gern auch so komponieren wie Sie! Verraten Sie mir doch, wie das geht.“ Mozart sagte: „Da musst du erst älter werden und noch viel lernen!“ Der Junge meinte darauf: „Aber Sie haben doch auch schon mit 13 komponiert!“ Mozart lächelte: „Das stimmt! Aber ich habe nicht gefragt, wie es gemacht wird.“ Das war Antwort eines Genies auf die Frage eines Talents.

GENÜGSAMKEIT

ist das wahre Glück.

Johann Wolfgang von Goethe

Seltsamerweise sind – trotz des Schwelgens im Luxus – viele Menschen unzufrieden mit dem, was sie haben. Die Gier nach mehr macht sie unglücklich oder treibt sie in den Burnout. Gier führt zu Neid, Hass, Verkrampfung und unstillbarem Hunger nach mehr, was wiederum zu Kriegen führen kann. Zunächst in der Form von Wirtschaftskriegen, danach oft zu Auseinandersetzungen mit Waffengewalt. Demosthenes antwortete auf die Frage der Athener, wie sie sich am besten vor ihren Feinden schützen könnten: „Indem ihr genügsam bleibt und keiner mehr sein will als sein Nächster." Das ist ein großartiger Gedanke, der natürlich den Maximen unserer Leistungsgesellschaft mit ihrem Glauben an das allein seligmachende Wirtschaftswachstum zuwiderläuft. Die Frage ist ja, wer die Hohenpriester dieses Glaubens sind und warum sie ihn unablässig predigen. Jede Priesterkaste will Macht. Macht ist heute Wirtschafts- und Finanzmacht. Wer die Schlüsselpositionen besitzt, mehrt seinen Reichtum. Dieser Reichtum wiederum weckt die Gier nach mehr. Dieses ewige Mehrhabenwollen führt zur Ausbeutung von Mitmenschen und Ressourcen, Ausrottung von Tierpopulationen, Massentierhaltung, Korruption und Zerrüttung aller bewährten moralischen Werte. Das Gegenmittel zur ausufernden Gier ist Genügsamkeit. Je einfacher jeder von uns lebt, umso weniger zerstören wir unsere Umwelt, umso weniger Tiere werden getötet, umso weniger Energie wird verbraucht usw. Genügsamkeit ist der beste Zugang zur Achtsamkeit und Sammlung des Geistes. Genügsamkeit schärft den Sinn für den vernünftigen Umgang mit der eigenen Zeit. Wer des „Genügens Genüge kennt, hat immer genug" lehrt eine östliche Weisheit. Deshalb wählten große Lehrmeister der Menschheit wie Buddha, Jesus von Nazareth, Franz von Assisi oder Gandhi den Weg der einfachen Lebensführung. Denn Genügsamkeit ist die Wurzel von Frieden und Freiheit.

GERECHTIGKEIT
ist das Recht des Schwächeren.

Joseph Joubert

Wenn ein Mächtiger sich aufgrund seiner Stellung Vorteile verschafft, die der Durchschnittsbürger nicht in Anspruch nehmen kann und darf, wird das als Ungerechtigkeit empfunden. Eine Legende erzählt, wie 1787 ein Müller dem König von Preußen selbstbewusst entgegentrat und auf die Rechtssicherheit pochte. König Friedrich II., durch das Geklapper der Mühlenflügel im Schlosspark Sanssouci gestört, wollte dem Müller die Mühle abkaufen. Doch der weigerte sich. Der König drohte: „Weiß Er denn nicht, dass ich Ihm kraft meiner königlichen Macht die Mühle wegnehmen kann, ohne auch nur einen Groschen dafür zu bezahlen?" Der Müller erwiderte gelassen: „Gewiss, Euer Majestät, das könnten Euer Majestät wohl tun, wenn es – mit Verlaub gesagt – nicht das Kammergericht in Berlin gäbe." Hier wird Preußen als Staat geschildert, dessen Untertanen der Rechtssicherheit völlig vertrauten. Gerechtigkeit wird weltweit als Grundnorm menschlichen Zusammenlebens betrachtet. Daher berufen sich in allen Staaten Gesetzgebung und Rechtsprechung auf sie. Sie ist in der Ethik, in der Rechts- und Sozialphilosophie sowie in der Moraltheologie ein zentrales Thema bei der Suche nach moralischen und rechtlichen Maßstäben und für die Bewertung sozialer Verhältnisse. Wer gerecht sein will, hat die Pflicht, sich selbst gegenüber entsprechend zu handeln. Wer Unrecht tut, schadet sich selbst. Darum wird jeder einsichtige Mensch freiwillig auf ungerechte Handlungen verzichten, denn ohne Gerechtigkeit kann das menschliche Zusammenleben auf Dauer nicht funktionieren. Die Gerechtigkeit schafft Vertrauen des Bürgers in den Staat und der Bürger untereinander. Der Verhaltensforscher Frans de Waal hat nachgewiesen, dass Gerechtigkeit zu den angeborenen Tugenden des Menschen gehört. Der Urinstinkt signalisiert jedem Menschen, dass er, wenn er Unrecht begeht, gegen sich selbst und seinen Nächsten sündigt.

GESETZ

ist König über alles.

Pindar

Das Bedürfnis nach Rechtsnormen ist uralt. Die älteste schriftlich tradierte Gesetzessammlung ist der in sumerischer Sprache verfasste Codex Ur-Nammu. Er entstand im Auftrag Königs Ur-Nammu von Ur in Mesopotamien um 2100 v. Chr. Gesetze dienen zur beständigen und unabänderlichen Regelung von Rechten, Pflichten und Strafen, die ein Gesetzgeber zum Wohle der Gemeinschaft erlassen hat. Das Wort ist abgeleitet von „gesetzt". Es bedeutet eine vom Staat festgesetzte, „rechtlich bindende Vorschrift". Daher spricht man im Gegensatz zur *Rechtsprechung* beim Gesetzgebungsvorgang um *Rechtsetzung*. Der griechische Dichter Pindar (ca. 522 bis ca. 445 v. Chr.) entstammte zwar einer adligen Familie, studierte jedoch im demokratischen Athen. Die weltoffene demokratische Lebensform inspirierte ihn wohl zu seiner bemerkenswerten Definition des Begriffs „Gesetz". Wenn das Gesetz der König ist und damit mächtiger als der Mächtigste im Staat, dann ist jedes Mitglied der Volksgemeinschaft vor der Willkür anderer geschützt, und es herrschen Friede und Wohlstand. In Zeiten, in denen Diktatoren oder absolutistische Fürsten herrschen, ist jedes Gesetz in Gefahr, gebrochen zu werden. Daher müssen in einem Rechtsstaat unablässig die Gesetze gepflegt und ihre Einhaltung kontrolliert werden. Obwohl jedem klar ist, dass „Gesetze den Spinnweben gleich (sind), wo die kleinen Fliegen und Mücken innen hängen bleiben, die Wespen und Hornissen hindurchdringen" wie Christoph Lehmann 1662 sagte. Sobald die Rechtssicherheit schwindet, machen sich Unsicherheit und Chaos breit, die das gesamte Staatsgefüge ins Wanken bringen können. Dann ist es nur noch ein kleiner Schritt bis zum Faustrecht oder zur Diktatur. Aus diesem Grund stellt der Internationale Strafgerichtshof in Den Haag, in dem erstmals Verbrechen gegen die Menschlichkeit verhandelt werden können, einen so großen Fortschritt dar. „Ein Volk soll für das Gesetz kämpfen wie für seine Mauer", sagte der griechische Philosoph Heraklit.

GESUNDHEIT

ist dasjenige Maß an Krankheit,
das es mir noch erlaubt, meinen wesentlichen
Beschäftigungen nachzugehen.

Friedrich Nietzsche

Die Weltgesundheitsorganisation definiert es anders, nämlich als „einen Zustand des vollständigen körperlichen, geistigen und sozialen Wohlergehens und nicht nur das Fehlen von Krankheit und Gebrechen". Ich neige eher zu Nietzsches Auffassung, denn jeder Mensch hat seine Wehwehchen oder chronischen Leiden mit denen er, wie mir ein befreundeter Arzt einmal sagte, „leben muss".

Nichts ist schlimmer, als wenn sich eigentlich gesunde Menschen gehen lassen und nach und nach aus Frustration über ihr sinnlos verbrachtes Leben krankjammern. Der französische Philosoph Voltaire beschloss, glücklich zu leben, weil es besser für die Gesundheit ist, obwohl er sich ständig halbkrank durchs Leben schleppte und mit „83 Jahren und 83 Krankheiten" noch einmal nach Paris fuhr, wo er triumphal gefeiert wurde. Blaise Pascal, ein anderer großer französischer Philosoph und Mathematiker, ging noch einen Schritt weiter. Obwohl er ständig unter Koliken, Kopfschmerzen, Schlaflosigkeit und Zahnfleischentzündung litt, verzichtete Pascal auf jede Bequemlichkeit, kümmerte sich um alle Bedürfnisse selbst und war trotzdem die Heiterkeit in Person. Er nahm sogar einen kranken Armen bei sich auf, um diesen zu pflegen. Pascal pries Gott für seine Krankheiten, denn Krankheit, sagte er, „ist der einzige eines Christen würdige Zustand". Der fröhliche Philosoph hatte förmlich Angst, wieder gesund zu werden. Gesundheit ist, wie das meiste im Leben, eine Sache der Definition. Der Tübinger Kunsthistoriker Hansmartin Decker-Hauff sagte mir einmal heiter: „Ich lebe jetzt mit meinem Krebs" und blühte so auf, dass er noch eine Handvoll Bücher schreiben und viele Vorträge halten konnte. Krankheit muss also nicht unglücklich machen. Sie kann sogar positiv für den sein, der sie als Signal des Körpers und der Seele erkennt, um sein Leben zu ändern. Besser ist es natürlich, gut auf seine Gesundheit zu achten, weil sie einer der größten Werte ist, die wir besitzen.

GEWISSEN

ist die Stimme der Seele.

Jean-Jacques Rousseau

Gewissen hat etwas mit Wissen zu tun. Wer wissentlich gegen seine persönlichen oder die gesellschaftlichen Grundsätze der Moral verstößt, wird von schlechtem Gewissen geplagt. Die innere Stimme mahnt bereits bei Planung der schlechten Tat, diese nicht auszuführen. Wer ihr nicht folgt, lädt Schuld auf sich. Dieses schlechte Gewissen belastet manchmal so stark, dass eine schlechte Tat noch auf dem Sterbebett bereut wird. Oder die Schuldgefühle den Täter in den Wahnsinn treiben, wie in Shakespeares Drama „Macbeth“: Nach einer gewonnenen Schlacht eilt der Feldherr Macbeth voraus, um seiner Frau den Sieg und die Ankunft König Duncans mitzuteilen. Unterwegs prophezeien ihm drei Hexen, dass er König von Schottland, sein Freund Banquo aber Stammvater von Königen werden soll. Die machthungrige Lady Macbeth überredet ihren Mann, König Duncan zu ermorden, um selbst König zu werden. Nach dem Mord färbt Lady Macbeth die Kleider der Wachen mit Blut, um den Verdacht auf sie zu lenken. Entsetzt flüchten Duncans Söhne ins Ausland. Der kinderlose Macbeth wird König von Schottland. Doch er kann sich seiner Königswürde nicht erfreuen. Vor Sorgen und Angst zerfressen dingt er Mörder, um Banquo, den Mitwisser der Prophezeiung, und dessen Sohn zu töten. Banquo wird ermordet, sein Sohn kann entkommen. Banquos ruheloser Geist erscheint mahnend auf dem Gastmahl vor Macbeth' Augen. Zermürbt vom schlechten Gewissen wird Lady Macbeth wahnsinnig. Umhergeisternd versucht sie, sich das unsichtbare Blut der Gemeuchelten von den Händen zu waschen, bis sie an ihren Schuldgefühlen stirbt. Zum Schluss wird Macbeth von Macduff, dem Sohn des ermordeten Königs, im Zweikampf getötet. Dieses Drama umreißt in dichterisch eindringlicher Form den Horror schlechten Gewissens. „Welche Strafe ist größer als die Wunde des Gewissens?", fragte Ambrosius von Mailand. Unser Gewissen ist unser Schutzengel, der uns vor selbstzugefügten Qualen zu retten versucht.

GEWOHNHEIT

ist der große Führer im Menschenleben.

David Hume

Das althochdeutsche Wort *wonēn* hat die Grundbedeutung „zufrieden sein" und ist mit „Wonne" verwandt. Gewohnheit ist die Macht, unter der sich die Menschen am wohlsten fühlen. Es gibt Gewohnheiten im Denken, Fühlen, Handeln, Verhalten und in der Haltung, und sie können negativ wie positiv sein. Kinder, die spielerisch ihre Muttersprache lernen, haben dadurch ebenso großen Gewinn, wie Jugendliche, denen gezielt Verhaltensweisen, Denkprozesse oder handwerkliche Fähigkeiten beigebracht werden. Nützliche Gewohnheiten erleichtern das Leben, weil sie nicht hinterfragt werden müssen. Wer Autofahren gelernt hat, erledigt alle technischen Handgriffe automatisch. Gewohnheit bildet die Voraussetzung für das Denken, das wiederum die Basis für jedes Können ist und somit die Kultur eines Volkes prägt. Im Talmud, dem jüdischen Lehr- und Weisheitsbuch, heißt es: „Achte auf deine Gedanken, denn sie werden Worte. Achte auf deine Worte, denn sie werden Handlungen. Achte auf deine Handlungen, denn sie werden Gewohnheiten. Achte auf deine Gewohnheiten, denn sie werden dein Charakter. Achte auf deinen Charakter, denn er wird dein Schicksal." Gewohnheit bewirkt, dass durch sie hervorgerufene Handlungen schneller zustande kommen als solche, die durch bewusste Überlegung und Entscheidung erfolgen. Das Abweichen von der Gewohnheit führt zu inneren Spannungen. Wer schlechte Gewohnheiten ändern will, muss große Denk- und Emotionsarbeit leisten. „Angewohnheiten kann man leider nicht aus dem Fenster schmeißen", sagt Mark Twain. „Man muss sie die Treppe hinunterprügeln – Stufe für Stufe." Deshalb ist jemand, der z. B. das Rauchen aufgibt, ein Held, der sich selbst überwunden hat. Es gibt auch kollektive schlechte Gewohnheiten, die eine Gemeinschaft oder Nation durch Konzentration seiner Kräfte ändern kann. So überwand z. B. Deutschland seinen Militarismus oder wurde aus der einst autoritären evangelischen Kirche eine liberalere Glaubensgemeinschaft.

GLAUBE

kann Berge versetzen.

Apostel Paulus

Das Wort kommt vom indoeuropäischen **leubh*. Es bedeutet „begehren“, „liebhaben“, „für lieb erklären“, „gutheißen“, „loben“, „etwas für wahr halten“. Es hat also mit Vertrauen zu tun. Wer glaubt, vertraut. Daher ist Glaube in den Religionen ein elementarer Begriff, auf dem das ganze Glaubensgebäude aufbaut. Menschen, die den Überzeugungen einer religiösen Gemeinschaft folgen, werden als Glaubende bezeichnet. Der Wert des Glaubens besteht in der vollkommenen Überzeugung, die Wahrheit gefunden zu haben. Wer am Glauben zweifelt, gilt als Sünder, der auf den rechten Weg zurückgeführt werden muss. Als der große jüdische Denker Spinoza nicht mehr den Denkmustern althergebrachter Moral folgte, versuchten die besorgten Häupter der Gemeinde, ihn mit 1000 Gulden Jahresgehalt zu bestechen, falls er dem Glauben seiner Väter treu bliebe. Er lachte und behauptete, die Bibel sei nichts weiter als Menschenwerk und die Gebote des Ritus' völlig vernunftwidrig. Daraufhin wurde über den 23-Jährigen der große Bannfluch verhängt, der mit der Formel schließt: „Er sei verflucht bei Tag und bei Nacht! Er sei verflucht, wenn er schläft, und sei verflucht, wenn er aufsteht! Er sei verflucht bei seinem Ausgang und sei verflucht bei seinem Eingang! Der Herr wolle ihm nie verzeihen! Er wird seinen Grimm und Eifer gegen diesen Menschen lodern lassen, der mit allen Flüchen beladen ist, die im Buche des Gesetzes geschrieben sind. Er wird seinen Namen unter dem Himmel vertilgen." So wurde ein junger Mann behandelt, dessen ganze Schuld darin bestand, ein eigenständiges geistiges Leben zu führen. Spinoza nahm es gelassen und lebte völlig uneigennützig und bedürfnislos für seine Studien. Er glaubte an seinen guten Stern, verdiente sein Geld als Brillenschleifer und ließ sich nach seiner Verbannung aus Amsterdam in Den Haag nieder. Religiöser Glaube gibt einen engen Rahmen der Sicherheit. Glaube an seine eigenen Fähigkeiten gibt Selbstvertrauen, das zu großen Leistungen befähigt.

GLAUBWÜRDIGKEIT

bedeutet Vertrauensvorschuss.

Michel de Chassecourt

Hier geht es um Verlässlichkeit und um Vertrauenswürdigkeit eines anderen Menschen. In dem Film „Der Gefangene von Alcatraz" wird das Leben des Totschlägers Robert Stroud erzählt, der in seiner über 50-jährigen Haftzeit zum anerkannten Vogelkundler wird, als er beim Hofgang einen verletzten Vogel findet, ihn aufpäppelt und dressiert. Der neue Gefängnisdirektor erlässt neue Verordnungen und verbietet Stroud unter anderem die Vogelhaltung. Dem Häftling wird alles genommen, was sein Leben hinter Gittern lebenswert machte. Zwischen ihm und dem Direktor köchelt der Hass. Eines Tages meutern die Häftlinge gegen die brutalen Haftbedingungen, und Stroud gehört zwangsläufig zu den Rebellen. Als der Aufstand niedergeschlagen ist, rufen der Direktor und sein Stellvertreter in den Trakt, ob die Aufständischen die Waffen tatsächlich niedergelegt hätten. Als Stroud bejaht, zweifelt der Vizedirektor daran. Der Direktor aber sagt sinngemäß: „Stroud hasst mich. Aber er hat mich niemals belogen, sondern mir stets die Wahrheit ins Gesicht gesagt. Ich vertraue ihm." Das ist ein Beispiel von Glaubwürdigkeit in reiner Form. Oft wird Glaubwürdigkeit auf eine harte Probe gestellt, weil viele Menschen mit diesem großen Wert leichtfertig umgehen. Sie wecken Hoffnungen, ohne daran zu denken, diese und ihre gegebenen Zusagen zu erfüllen. Sie lassen Menschen, die ihnen vertrauen, im Regen stehen. Viele Spitzenpolitiker jeder Couleur geben vollmundig Wahlversprechen, ohne sie später einzulösen. Das ist, genau genommen, eine Art von Wahlbetrug, für den sich der Wähler bei der nächsten Wahl eigentlich rächen müsste. Denn wer seine Glaubwürdigkeit verspielt, gehört aus Amt und Würden gejagt. Nicht nur wegen des gebrochenen Versprechens, sondern weil er als Vorbild versagt hat und ein schlechtes Beispiel gibt. Daher spielt auch die Glaubwürdigkeit eines Zeugen vor Gericht zur Beweisführung eine wichtige Rolle. Glaubwürdigkeit besteht aus Urteilsfähigkeit, Erinnerungsvermögen und Wahrheitsliebe. Jemand, dem eine dieser Fähigkeiten abgeht, kann nicht glaubwürdig sein.

GLÜCK

Willst du einen Tag lang glücklich sein –
trink eine Flasche Wein. Willst du eine Woche lang
glücklich sein – schlachte ein Schwein.
Willst du ein Jahr lang glücklich sein – heirate.
Willst du ein Leben lang glücklich sein –
leg einen Garten an.

Chinesische Weisheit

Für die Chinesen besteht Glück im Handeln. Erstaunlich ist ihre Ansicht, dass Glück für überschaubare Zeiteinheiten planbar ist und passiv erschaffenes Glück wie Weintrinken kürzer währt als aktiv erschaffenes Glück, wie das Hegen und Pflegen eines Gartens. Die Idee ist gut. Tatsächlich herrscht ja, sobald Energie für eine Geburtstagsfeier gebündelt wird, an diesem Tag Frohsinn. Glück ist in beschränktem Maße machbar. Diese Anschauung basiert auf der Philosophie des chinesischen Weisen Konfuzius. Sie ist erstaunlich eng mit der Lehre des evangelischen Reformators Johannes Calvin verwandt. Nach Calvin sind Sünden, die man begeht, weder durch Beichte noch durch wiedergutmachende Werke abbüßbar. Daher ist das oberste Ziel die Vermeidung jeglicher Sünde. Der gute Calvinist geht mit den Hühnern zu Bett, steht mit den Vögeln auf und arbeitet den ganzen lieben langen Tag. Weil er seine Zeit nicht verplempert, kein Geld verjubelt usw., wird er allmählich zu Wohlstand kommen. Das Glück dieses Wohlstands schenkt ihm Gott für sein sündenfreies, gottgefälliges Leben. Die weitherzige katholische Kirche weiß, dass jeder Mensch trotz guter Vorsätze kleine Sünden auf sich lädt. Durch die Beichte kann er zugleich Sündenlast und Seele erleichtern. Weil der Mensch an seinem Glück arbeiten kann – „Jeder ist seines Glückes Schmied“, weiß das Sprichwort – könnte man sagen: Glück ist eine Tugend. Wer sich beim Aufstehen sagt, der Tag wird zwar schwer, aber mit ein wenig Glück werde ich ihn meistern, zeigt seinen Mitmenschen ein fröhliches Gesicht. Sie lächeln zurück, und eine Atmosphäre der Heiterkeit breitet sich aus. Montaigne war sich sicher: „Noch nie hat einer, der finster dreinblickt und abstoßend wirkt, etwas bewirkt.“ Das stimmt. Lächeln Sie Ihrem Glück entgegen.

GNADE

ist die Stütze der Gerechtigkeit.

Russisches Sprichwort

Das Wort ist mit dem indoeuropäischen **net*, dem altindischen *nath* und dem germanischen *neth* verwandt. Es bedeutet „um Hilfe bitten“. Daraus entstanden das althochdeutsche *ginada* und das mittelhochdeutsche *genade*. Gnade bezeichnet die wohlwollende, freiwillige Zuwendung eines Mächtigeren. In der christlichen Theologie ist die göttliche Gnade einer der wichtigsten Begriffe und wurde von Kirchenvätern, Reformatoren und Theologen so eifrig diskutiert, dass darüber Buchreihen entstanden, ohne dass eine Einigung erzielt wurde. Nach Apostel Paulus ist Gnade das Gegenteil von Gesetz, womit die Weisungen der fünf Bücher Mose gemeint sind. Im weltlichen Bereich ist Gnade das Gegenteil von Ungnade. Wer bei einem Fürsten in Ungnade fiel, hatte keine Chance, der gesellschaftlichen Ächtung zu entgehen. „Seit ich bei Hof in Ungnade gefallen bin, grüßen mich nicht einmal die Bauern mehr", war ein geflügelter Stoßseufzer. Ungnade bedeutete neben Achtungsverlust auch wirtschaftlicher oder sogar physischer Ruin durch willkürliche Haft, wie sie z. B. dem Dichter des weltberühmten Liedes „Die Forelle", Christian Friedrich Daniel Schubart, widerfuhr. Als er den Menschenhandel seines Landesherrn, des Herzogs von Württemberg, anprangerte, wurde er ohne Prozess in den feuchten Kerker der Festung Hohenasperg gesperrt. Als er nach zehn Jahren begnadigt wurde, war er ein seelisch gebrochener, gesundheitlich ruinierter Mann. Ein weiterer Gegensatz zur Gnade ist das Recht bzw. die Rechtsstaatlichkeit, die den Einzelnen vor Gnade bzw. Ungnade eines Mächtigen schützt. Heute ist es in den westlichen Demokratien nur noch selten der Fall, dass eine staatliche Autorität bestehendes Recht willkürlich außer Kraft setzt, um Gnade zu üben. Das Gnadenrecht steht in erster Linie einem Ministerpräsidenten oder dem Bundespräsidenten zu. Gnade außerhalb des gesetzlichen Rahmens zu üben – z.B. in Schule oder Familie – ist ein humaner Zug, der meistens zur Einsicht und Besserung des Übeltäters führt.

GOLD

ist nichtmagnetisches und
dennoch anziehendstes aller Metalle.

Ron Kritzfeld

Und es ist – wie das Geld – für viele Menschen besonders wertvoll. Das Wort stammt vom indoeuropäischen **ghel* („glänzend", „gelb"). Gold wird seit Jahrtausenden für Schmuck, kultische Gegenstände und, in Form von Münzen, als Zahlungsmittel verwendet. Von dem seltenen und wegen der Beständigkeit seines Glanzes begehrten Metall sind die Menschen seit Urzeiten bezaubert. Seinetwegen wurden, wie z.B. in Südamerika, blühende Reiche zerstört und ganze Völker versklavt. In Krisenzeiten treibt die Gier nach Gold dessen Preis in die Höhe. Sein Wert ist ebenso unbestritten wie seine Macht, die es über die Seelen der Menschen besitzt. In einer Satire parodiert der antike Fabeldichter Äsop den Wahnsinn der Goldgier: Ein Geizhals machte sein gesamtes Vermögen zu Gold, schmolz es zu einem Klumpen und vergrub ihn an einem geheimen Ort. Dort ging er jeden Tag hin, um sich an seinem Reichtum zu ergötzen. Einmal wurde er von einem Arbeiter bei der Anbetung seines Schatzes beobachtet. Als er fort war, öffnete der Arbeiter das Versteck und entwendete den Goldklumpen. Kurz darauf entdeckte der Geizhals den Diebstahl und begann, sich laut jammernd die Haare zu raufen. Ein Freund hatte Mitleid und riet ihm: „Sei doch nicht traurig. Als du dein Geld noch hattest, hast du es ja doch nicht gehabt. Nimm einfach statt des Goldes einen Stein, lege ihn an dieselbe Stelle und bilde dir ein, das sei dein Gold. Er wird dir den gleichen Nutzen bringen. Denn als dein Gold noch da war, hast du keinen Nutzen aus seinem Besitz gezogen." Besitz, den man nicht mit Nutzen verbindet, ist nichts wert. Der junge Dichter Puschkin löste dieses Problem auf originelle Weise. Auf einer Bootspartie mit Freunden an einem windstillen Sommertag war das Wasser so klar, dass man bis auf den Grund sehen konnte. Puschkin nahm verträumt ein paar Goldstücke in die Hand und ließ eines nach dem anderen ins Wasser gleiten, um sich an ihrem Glitzern zu erfreuen, während sie versanken.

GOTT

ist nahe, wo die Menschen einander Liebe zeigen.

Johann Heinrich Pestalozzi

Bücher über Gott füllen ganze Bibliotheken, seinetwegen werden Kriege geführt, zu seinem Lob gewaltige Kirchen und Tempel errichtet, werden Opfer vollzogen, Gebete gesprochen und Kunstformen entwickelt, werden Völker ausgerottet, versklavt oder bevormundet und geschehen großartige Taten der Nächstenliebe, wie auch seit Urzeiten Argumente für seine Existenz ersonnen werden. Klabund gibt in seiner „Literaturgeschichte“ einen der überraschendsten Beweise: „Als untrüglicher Beweis für das Dasein Gottes ragt das mystische Gebäude der Weltliteratur in Raum und Zeit, Traum und Ewigkeit. … Dichtung kommt von Gott und mündet in Gott. Sie schafft magisch die große Vereinigung zwischen Dingen und Geist, zwischen Denken und Sein, zwischen Welt und Schöpfer. … Das Jenseits ist nur das anders angeschaute Diesseits. Denn jenseits dieser Welt gibt es nichts. … Die Sterne leuchten auch den Toten, diese Blumen blühen auch für sie. Nur dass die verklärten Geister sie anders sehen. Mit übermenschlichen oder unmenschlichen Augen. So sehen auch die Dichter diese Welt mit über- oder unterirdischen Blicken. Gott ist der Geist. Und seine Geister sind die Dichter.“ Andere Bestrebungen, die Existenz Gottes oder von Göttern abzuleiten, gibt es bei den griechischen Philosophen, jüdischen, christlichen und arabischen Theologen. Die logischen Argumente dafür sind alle ähnlich: Das Sein oder die Bewegung aller Dinge setzt eine erste Ursache bzw. einen Schöpfer voraus. Und die Tatsache, dass wir uns ein perfektes, höchstes Wesen vorstellen können, ist der Beweis für seine Existenz, der wir ethisches Bewusstsein, Schönheit, Liebe oder spirituelle Empfindungen, kurzum unsere Humanität verdanken. Beinahe lustig sind Kants und Fichtes Überlegungen, dass der Glaube an Gott moralisch notwendig sei. Pascal sah im Gottesbeweis etwas ganz Pragmatisches, weil es vernünftig sei, „sicherheitshalber an Gott zu glauben, da dieser gegebenenfalls den Glauben belohnt und den Nichtglauben bestraft."

GROSSZÜGIGKEIT

ist das Wesen der Freundschaft.

Oscar Wilde

Der griechische Philosoph Aristoteles sieht in ihr eine Tugend, welche die vernünftige Mitte zwischen dem Geiz (die Armut der Reichen) und der Verschwendung (die Großmannssucht leichtfertiger Menschen) hält. Der Großzügige hat eine weite Seele, die keine Kleinlichkeit kennt, Wichtiges von Nebensächlichem trennt, über Bagatellen hinwegsieht und Fehler anderer großmütig verzeiht. Fürst Bismarck meinte: „Einen wirklich großen Mann erkennt man an drei Dingen: Großzügigkeit im Entwurf, Menschlichkeit in der Ausführung und Mäßigung im Erfolg." Großzügigkeit bedeutet, seinen Mitmenschen selbstlos und ohne Verpflichtung Hilfe, Beistand, Sachleistung und Unterstützung zu geben oder materielle und geistige Werte zukommen zu lassen, die über das normale Maß hinausgehen. Wenn Bill Gates, einer der Reichsten der Welt, 99 Prozent seines Vermögens für Hilfsprogramme zur Verfügung stellt, dann ist das eine Großzügigkeit, die weit über die Spendenfreundlichkeit anderer Reicher hinausgeht, die im Schnitt 1,9 Prozent ihres Vermögens spenden. Echte Großzügigkeit ist deshalb eine so große Tugend, weil ihre Schwester, die kluge Berechnung, unter dem Deckmantel der Freigiebigkeit nur aus einem Grund mit offenen Händen gibt: um etwas dafür zurückzubekommen. Der Großzügige rechnet mit keiner Gegenleistung, freut sich aber, wenn ihm durch eine Geste – und sei sie noch so klein – Dank erwiesen wird. Walther von der Vogelweide brachte das Wesen der Großzügigkeit auf den Punkt: „König Philippus, mancher, der dir nahesteht, behauptet, deine Taschen seien von Natur aus zugenäht; so kann man sein Vermögen auch vergraben ... Bedenkt: Ein guter Ruf ist leicht zu haben. Wie sprach der noble Sultan Saladin? ‚Des Fürsten Hände seien wie ein Sieb', mithin wird man ihn lieben und verehren ..." Der Großzügige vergisst jedoch im Geben nie das rechte Maß, damit er den Beschenkten niemals beschämt. Das erfordert großes Fingerspitzengefühl.

GÜTE

beim Denken erzeugt Tiefe, Güte beim Verschenken erzeugt Liebe, Güte in den Worten erzeugt Wahrheit.

Lao Tse

Das Wort bezeichnet eine freundliche, wohlwollende, nachsichtige Einstellung gegenüber anderen. Gütige Menschen erkennt man auf den ersten Blick an ihrem freundlichen Gesicht. Albert Schweitzer sagt in seiner „Lehre der Ehrfurcht vor dem Leben“: „Rechtes Denken lässt das Herz mitreden. Stete Gütigkeit vermag viel. Wie die Sonne das Eis zum Schmelzen bringt, bringt sie Missverständnisse, Misstrauen und Feindseligkeiten zum Schwinden. Was der Mensch an Gütigkeit in die Welt hinausgibt, arbeitet an den Herzen und an dem Denken der Menschen.“ Wer Böses mit Guten vergilt, wer seinen Feinden verzeiht, schafft Streit und Hader aus der Welt. Güte zeugt von innerer Größe und der Überwindung kleinlichen Egoismus'. Güte besteht aus den Elementen Gutes tun, Barmherzigkeit und Trost spenden. Strenge, Starrsinn, Rechthaberei und Unnachgiebigkeit bilden ihren Gegensatz. Da Güte ein großer Wert ist, sollte man auch mit ihr, wie mit allen anderen Werten, behutsam umgehen. Rasche Hilfe in Not zeugt ebenso von Güte wie der kluge Umgang mit milden Gaben. Wer zu viel schenkt, beschämt möglicherweise und legt anderen große Verbindlichkeiten auf. Wie soll sich der, der nicht so viel besitzt, jemals erkenntlich zeigen? Die große Feinheit beim Geben liegt darin, das Ersehnte zu erfüllen, aber den Beschenkten nicht zu überfordern. Auch Trost zeugt von Herzensgüte. Wer einen Verzweifelten in den Arm nimmt und tröstende Worte findet, lindert Schmerzen. Als die englische Schriftstellerin Nancy Mitford, eine umschwärmte Lady der englischen High Society, ihr erstes weißes Haar entdeckte, war sie tief deprimiert. Ein alter Freund nahm sie tröstend in den Arm und sagte: „Solange man die weißen Haare zählen kann, zählen sie nicht." Darüber musste Nancy Mitford so lachen, dass sie ihren Kummer vergaß. So kann ein humorvoll-gütiges Bonmot Kummer in Nichts auflösen.

GUTE LAUNE

ist das beste Kleidungsstück für jede Art von Gesellschaft.

Johannes Pieps

Alexander von Humboldt, der berühmteste Naturforscher des 19. Jahrhunderts, war nicht nur ein genialer Gelehrter, sondern auch ein stets gut gelaunter Salonlöwe. Wo er auftauchte, verwandelte sich das langweiligste Diner in eine Märchenwelt. Die geradezu unheimliche Fähigkeit, mit beinahe jedem sofort in persönlichen Kontakt treten zu können, öffnete Humboldt alle Türen. Um die geknüpften Beziehungen zu pflegen, schrieb er im Jahr zwischen 2500 und 3000 Briefe. Und weil er kein Egoist war, nutzte er seine weltweiten Verbindungen selbstlos auch für andere. Gute Laune ist ein Schatz, der Geber und Empfänger reich macht. Sein Kapital vermehrt sich, je mehr er davon ausgibt. Man kann die Perlen und Goldstücke der Freundlichkeit überall mit offenen Händen ausstreuen, sie werden nicht weniger. Sie schlagen Wurzeln und lassen neue Gute-Laune-Schätze wachsen. Ein freundliches Wort wirkt besänftigend bei einem Ehestreit.

Ein aufmunterndes Lächeln glättet Sorgenfalten im Gesicht eines Verzweifelten. Eine nette Geste öffnet Herzen und Türen. Die Magie der guten Laune wirkt ansteckend. Eine Firma, die von gut gelaunten Menschen geführt wird, prosperiert. Ein fröhlich-engagierter Lehrer weckt in seinen Schülern die Freude am Lernen. Und sogar in verzweifelten und manchmal lebensbedrohlichen Lagen, kann gute Laune Rettung in höchster Not bedeuten. Als 2010 33 chilenische Bergleute in 700 Metern Tiefe verschüttet wurden, retteten sie sich über Wochen hinweg durch die vielen klugen Aktionen der Menschen, die draußen auf sie warteten. Die Eingeschlossenen hielten eisern die Disziplin aufrecht, sie beteten, sangen und arbeiteten aktiv an ihrer Rettung mit. Das war alles höchst wichtig. Das Allerwichtigste aber waren die unerschütterliche gute Laune und der Optimismus, mit der Mario Sepúlveda unablässig die Lebensgeister seiner Mitgefangenen wachhielt. Wer sich jeden Morgen im Spiegel anlacht, macht sich und anderen das Leben leichter.

GUTER RUF

ist köstlicher als großer Reichtum.

Bibel, Sprüche Salomons

Eine gute Reputation zu erlangen, ist schwer. Ein guter Ruf ist das Ergebnis stetiger Anstrengung in Verbindung mit hervorragenden Eigenschaften, denn auch hier bewahrheitet sich der Satz: „Viele sind berufen, aber wenige sind auserwählt." Es gibt Karrieristen, die ihre Karriere gezielt planen, also Reputation als Mittel zum Zweck benutzen, indem sie z. B. durch frühen Eintritt in eine Partei, das passende Studium und durch Anbiedern an Mächtige auf sich aufmerksam machen. Diesen Typus findet man häufig unter Politikern. „Mehr Schein als Sein" ist ihre Devise. Eine solche Fassade des schönen Scheins kann aber leicht bröckeln, wie der Absturz einiger ganz großer Strahlemänner und -frauen aus höchsten Höhen in jüngster Zeit zeigt. Nichts ist schlimmer als der Verlust des guten Rufes. Ein ehemals umschwärmter, geehrter und begehrter Mensch wird durch seinen selbstverschuldeten Sturz zu einer Person, von der man sich abwendet. Der Zauber ist plötzlich verflogen, und zum Vorschein kommt ein kleines, verstörtes Bündel Mensch, das niemand bemitleidet, sondern jeder nur verachtet. Der wahre gute Ruf ist das Ergebnis beständiger Arbeit, ehrlicher Begeisterung und auch Selbstlosigkeit. Denn jemand, der nur seinen Vorteil sucht, wird irgendwann entlarvt werden und manövriert sich selbst ins Aus. Ist guter Ruf aber einmal erlangt, erhält er sich leicht, denn das Vertrauen, das von ihm ausgeht, verleiht Sicherheit. Die Parsen, eine ethnisch in sich geschlossene, aus Persien stammende Religionsgemeinschaft in Indien, die der Lehre des Zoroastrismus anhängt, ist eine Minderheit von ca. 200.000 Menschen. Die Parsen sind tolerant, weltoffen, wegen ihrer karitativen Werke geschätzt und meist wohlhabend. Ihr ausgezeichneter Ruf begründet sich darauf, dass jeder Vertrag, jede Vereinbarung, jedes gegebene Wort eingehalten wird. Diese Sauberkeit im Denken und Handeln schafft Ansehen über Generationen hinweg.

HANDELN

und hoffen ist unsere Pflicht im Unglück.

Boris Pasternak

Das althochdeutsche Wort *handalōn* bedeutet „mit Händen fassen", „bearbeiten". Heute bezeichnet es jede zielgerichtete Aktivität, sowohl das Tun als auch das Unterlassen. Das aktive „Handeln" unterscheidet sich damit vom nicht zielgerichteten „Verhalten". Nun gibt es Menschen, die rastlos tätig sind und trotzdem selten Erfolg haben, weil sie die Dinge nicht entschlossen angehen. Handeln heißt klar: Eine Sache in die Hand nehmen. Als ein Schüler den Maler Rembrandt fragte, wie er malen solle, sagte der Meister: „Nimm den Pinsel in die Hand und fang an." Wenn der Anfang schwerfällt, muss eben solange gefeilt werden, bis es leicht wird. „Sich regen bringt Segen", sagt ein Sprichwort. Ein eindrucksvolles Beispiel für die Wahrheit dieser Weisheit ist Dawn Loggins, die als 15-Jährige von ihren Eltern sitzengelassen wurde. Die Mutter war ständig arbeitslos, der Stiefvater zog mit der Familie auf der Flucht vor strafrechtlicher Verfolgung von einem US-Bundesstaat zum anderen. Sie wohnten häufig in Häusern ohne Strom und Wasser. Eines Tages waren Dawns Eltern einfach verschwunden. Obdachlos und ohne Geld nahm sie ihr Leben entschlossen in die Hand. Sie wohnte bei Freunden und ging wieder zur Schule. Engagierte Lehrer nahmen sich ihrer an. „Die Schule war für mich der sichere Ort. Aber es war sehr schwer, sich zu konzentrieren, wenn die Grundbedürfnisse nach Nahrung, Kleidung und ein Gefühl der Gemeinschaft nicht vorhanden sind." Mithilfe eines Betreuers schaffte sie den Schulabschluss. Ihr Geld verdiente sie als Hausmeisterin. „Ich glaube, viele Menschen waren so hilfsbereit, weil sie sahen, dass ich es wirklich wollte. Man kann einem Menschen noch so viele Hilfestellungen geben, wie man will. Es ist nichts wert, wenn derjenige nicht bereit ist, selbst hart zu arbeiten." Dawns entschlossenes Handeln wurde belohnt. Die 18-Jährige wurde von der Harvard Universität als Studentin aufgenommen und erhielt ein Stipendium. Statt ihr Schicksal zu bejammern, veränderte sie ihr Leben.

HARMONIE

entsteht durch Zusammenbringen der Gegensätze.

Heraklit

Das griechische Wort bedeutet „Eintracht", „Zusammenstimmung", „Einklang". Harmonie entsteht durch das richtige Verhältnis der Teile eines Ganzen. In der Musik ist die Harmonie das gleichzeitige angenehme Erklingen von Tönen, die an Höhe und Tiefe, Länge und Kürze verschieden, aber in wohlgesetzter Ordnung miteinander verbunden sind. Wer „Eine kleine Nachtmusik“ von Mozart oder den Song „Memory“ aus dem Musical „Cats“ hört, weiß sofort, was Harmonie ist. Der griechischen Sage nach ist Harmonia die Tochter des Kriegsgottes Ares und von Aphrodite, der Göttin der Liebe und der Schönheit. Ihre Geschwister sind Phobos, die Furcht, und Deimos, der Schrecken. Sie ist die Frau des Kadmos (Kosmos, „Welt“, „sinnvolle Ordnung“). Harmonia symbolisiert durch ihren Namen und in ihrem Charakter die Vereinigung zweier Gegensätze, welche die Voraussetzung für das Entstehen der menschlichen Kultur schafft. Als Mutter der Musen ist sie die Beschützerin der Wissenschaften und Künste. Harmonie in der bildenden Kunst entsteht durch die wohltuende Anordnung von Farben und Formen eines Gemäldes, Harmonie in Architektur und Design entsteht durch die optimale Verbindung der Proportionen mit dem Baustoff. Wo Harmonie von einem großen Künstler erzeugt wird, entsteht eine positive Stimmung. Ein Lied kann uns zu Tränen rühren, ein antiker Tempel uns vor Ehrfurcht verstummen, ein Film unsere Sorgen vergessen lassen, ein bewegender Roman uns tagelang gefangen nehmen, die Schönheit eines kleinen Gedichtes uns unser Leben lang begleiten. Harmonie heilt kranke Seelen und beflügelt gesunde. Als ich beim Gongkonzert meines Freundes Johannes war, versetzte ein Gong meinen Körper in angenehme

Schwingung und öffnete schlagartig meine Nebenhöhlen. Es war der Gong mit dem Namen Harmonie. Das heißt: Der Körper reagiert genauso auf Harmonie wie die Seele. So sorgt Harmonie für ein schöneres Sein in den Herzen und Seelen der Menschen.

HEIMAT

ist da, wo man sich nicht erklären muss.

Johann Gottfried Herder

Viele Menschen sind vom Fernweh geplagt und reisen, wann immer Zeit und Geldbeutel es erlauben, in fremde Länder. Manche wandern sogar aus und bauen sich im Land ihrer Träume eine neue Existenz auf. In der Fremde packt viele das Heimweh, wie die Autoren des berühmten Friesenliedes „Wor de Nordseewellen trecken an den Strand". Die Melodie entstand in der fernen Schweiz, wo ein Flensburger Glasergeselle dem Chorleiter in Zürich, Simon Krannig, das Gedicht „Mine Heimat" der pommerschen Dichterin Martha Müller-Grählert zeigte. Darin hieß es noch „Ostseewellen". Krannig, ein heimwehgeplagter Thüringer, komponierte die wehmütig-schöne Melodie. Als kurz darauf der Glasergeselle starb, erklang das Lied erstmals öffentlich an seinem Grab. Der norddeutsche Lyriker Fischer-Friesenhausen machte aus dem Song das „Friesenlied" mit den Nordseewellen, das so zur norddeutschen Nationalhymne mit dem Refrain „dor is mine Heimat, dor bün ick to Huus" wurde. Heimat stammt aus dem Germanischen *haima* und bedeutet liegen. Dort, wo das Haus, das Dorf, liegt, wo man als Kind in der Wiege lag, ist Heimat. Nach dem Wörterbuch der Brüder Grimm „das Land oder auch nur der Landstrich, indem man geboren ist oder bleibenden Aufenthalt hat", „der Geburtsort" und „das elterliche Haus und Besitztum". Heimat ist aber wesentlich mehr. Es sind die Gerüche der Kindheit, die Form der Landschaft, die Flora und Fauna, das Wetter, der Geschmack des Wassers, die Bräuche, Lieder und die Sprache oder der Dialekt, den die Menschen dort sprechen. Wer die Dialektfärbung seiner Kindheit hört, entspannt sich innerlich. Er muss nicht hellwach auf jede Nuance achten. Er versteht vieles allein aus dem Sprachklang heraus. Das Heimatgefühl wird in vielen Menschen stärker, je älter sie werden. Darum kehren Emigranten im Alter oft in die Heimat zurück, um dort ihren Lebensabend zu verbringen. Weil sie „dort zuhaus sind".

HEITERKEIT

ist der Himmel, unter dem alles gedeiht.

Jean Paul

Es gibt Menschen, die immer alles trüb sehen, immer das Gefühl haben, benachteiligt zu sein und denen seltsamerweise auch vieles misslingt. Es scheint, als ob sie Kummer und Trübsinn anzögen. Solche Pechvögel und Unglücksraben können die fröhlichste Runde in eine Trauergesellschaft verwandeln. Der Trübsalbläser Karl Marx jammerte so vehement über seine Erfolglosigkeit, seine Geldsorgen, seine Wehwehchen, dass jeder halbwegs fröhliche Mensch vor ihm die Flucht ergriff. Nur sein Freund Friedrich Engels, der die Heiterkeit in Person war, ertrug als einer von wenigen Marx' Jeremiaden, weil er das Genie in Marx verehrte. Engels genoss die Sonnenseite des Lebens und verlor seine Heiterkeit auch dann nicht, als der Kehlkopfkrebs ihm die Stimme raubte. Ein Freund staunte: „Er kann sich nur noch durch die Schreibtafel verständlich machen. Trotzdem ist er guter Stimmung. … Er macht die heitersten Witze." Im Buddhismus gilt Heiterkeit als ein Merkmal der Erleuchtung. Sie ist eine Folge des gelösten über den Dingen Stehens aus tiefer Einsicht in die wahren Dinge. Wer den stets heiteren Dalai Lama sieht, dem ist schlagartig die tiefe buddhistische Weisheit der Heiterkeit klar. Ist das Herz in Harmonie und Ruhe, so wird es unbeschwert. Da Heiterkeit ein Wert ist, der die Seele leicht macht, sollte jeder, auch der größte Melancholiker, täglich ein bisschen Heiterkeit üben. Aber wie? Wer ein Lied singt, wird fröhlich, wer einen Spaziergang macht, sieht die Welt sofort mit anderen Augen, wer mit Freunden lacht, vergisst seinen Welt- oder Geldschmerz. Der große persische Dichter Omar Khayam versetzte sich mit Rotwein in gute Stimmung und bedichtete schöne Frauen: „Geliebte, komm – die Nacht sinkt schon herab, durch deine Schönheit, deinen Frohsinn verscheuch die

Zweifel, die in meiner Seele dunkeln. Lass heiter uns den vollen Krug erheben und trinken – bevor die Welt aus unserm Staube lachend Weinkrüge für die andern macht." Mit dieser heiteren Lebensart wurde er 83 Jahre alt.

HILFSBEREITSCHAFT

ist eine der schönsten Blüten der Kultur.

Michel de Chassecourt

Der britische Kriegsheld Baden-Powell schied angewidert von der Brutalität des Krieges aus der Armee aus. 1907 organisierte er sein erstes internationales Jugendlager und veröffentlichte „Scouting for Boys", womit der Siegeszug der Pfadfinderidee rund um den Globus begann. In seinem menschenfreundlichen „Pfadfindergesetz" heißt es knapp: „Der Pfadfinder ist hilfsbereit." Baden-Powell wusste, dass der Wille zur guten Tat ebenso ansteckend wirkt wie der zur schlechten. Wo positive Eigenschaften wie Liebe, Freundlichkeit, Großzügigkeit, selbstlose Hilfe herrschen, prosperieren soziale Netzwerke, die das Leben menschenwürdiger machen. Nun ist es relativ einfach, einem Obdachlosen zehn Euro in die Hand zu drücken. Schwierig wird Hilfsbereitschaft, wenn man die eigene Existenz aufs Spiel setzt wie der Komponist Robert Stolz, als er zum Fluchthelfer für seine jüdischen Texter und politisch verfolgten Freunde wurde. Er ließ seinen Assistenten zum Schein der NSDAP beitreten, schmückte seinen Mercedes mit Hakenkreuzwimpeln und verbarg, dadurch gut getarnt, von der Gestapo Verfolgte im Auto. Auf diese Weise passierte er in 21 Fahrten unbehelligt die tschechische Grenze und rettete 21 Menschen. Das waren Heldentaten, die weit über Hilfsbereitschaft hinausgingen. Denn auf Fluchthilfe stand der Tod oder zumindest KZ-Haft. Als Robert Stolz selbst nach Paris flüchtete, verließ ihn seine Gattin Lilly unter Mitnahme des gesamten Bargelds, Schmucks, seiner Papiere und seiner Garderobe. Er wurde von der französischen Polizei verhaftet. Ein deutscher Auslieferungsantrag verschärfte die prekäre Lage. Aus dieser verzweifelten Situation rettete ihn Yvonne Louise Ulrich, indem sie den Pariser Präfekten mit 20.000 Francs bestach und Robert aus dem Gefängnis und vor der Deportation nach Deutschland rettete. Yvonne pflegte ihn gesund und besorgte einen Ersatzpass und ein Schiffsticket nach New York. So wurde Hilfsbereitschaft mit Hilfsbereitschaft vergolten.

HOFFNUNG

ist die zweite Seele der Unglücklichen.

Johann Wolfgang von Goethe

Das Wort ist relativ jung. Es stammt vom mittelniederdeutschen *hopen* und bedeutet vor Unruhe oder Erwartung „hüpfen". Das englische *hope* geht auf dieselbe altsächsische Wurzel zurück, wie z.B. ein Reim aus Drydens

Gedicht „Seltsamer Trug" zeigt: „Was hinter ihm, wünscht keiner sich zurück, doch jeder hofft vom Kommenden sein Glück." Die Hoffnung rettet uns davor, einfach aufzugeben. Die positive Erwartungshaltung lässt uns uns in Notsituationen an einen Strohhalm klammern, der sich oft als starke Hilfe erweist und tatsächlich Rettung bedeutet. Welcher Thriller, welcher Abenteuerfilm käme ohne das Prinzip Hoffnung aus? Erst wenn der Held den *point of no hope* überwunden hat, kann das gebannte Publikum auf das Happy End hoffen. Und in welchem Hollywood-Film ist die Hoffnung vergebens? Friedrich Nietzsche, ein ausgemachter Pessimist, hielt Hoffnung in Anlehnung an die Büchse der Pandora für ein übles Gottesgeschenk: „Zeus wollte nämlich, dass der Mensch, auch noch so sehr durch die anderen Übel gequält, doch das Leben nicht wegwerfe, sondern fortfahre, sich immer von Neuem quälen zu lassen. Dazu gibt er dem Menschen die Hoffnung: Sie ist in Wahrheit das übelste der Übel, weil sie die Qual der Menschen verlängert." Überraschend ist die mentale Einstellung zur Hoffnung in verschiedenen Ethnien und religiösen Glaubensrichtungen. Der katholische Christ hofft auf das ewige Leben. Bei den Protestanten ist in den Worten ‚Ich hoffe auf den Herrn' die Summe der ganzen christlichen Lehre enthalten, welche nicht auf Augenschein, sondern auf Hoffen beruht. Der Muslim hofft nicht auf Errettung, sondern trägt sein ihm zugeteiltes Schicksal *(kismet)* mit Ergebung. Der Buddhist hofft auf das Ende des Kreislaufs der Wiedergeburt, um im Nirwana zu verwehen. Der mentale Unterschied zwischen Österreich und Deutschland wurde beim Ausbruch des Ersten Weltkriegs deutlich. In Wien hieß es: „Die Lage ist hoffnungslos, aber nicht ernst.“ In Berlin: „Die Lage ist ernst, aber nicht hoffnungslos.“

HÖFLICHKEIT

ist die Blüte der Menschlichkeit. Wer nicht höflich genug ist, ist auch nicht menschlich genug.

Joseph Joubert

Höflichkeit ist ein wesentlicher Teil der Bildung und eine Art Magie, die die Gunst aller Menschen erobert, während Unhöflichkeit und Grobheit allgemeine Verachtung hervorrufen. Sie ist eine Tugend, die Respekt vor und bei anderen verursacht. Während Freundlichkeit den Umgang mit vertrauten Menschen kennzeichnet, ist die Höflichkeit durch überlieferte Umgangsformen und soziale Normen geprägt. Höflichkeit hat sich durch den Prozess der Zivilisation entwickelt. In der Minnesangkultur des Mittelalters erlebte sie eine ihrer schönsten Blüten, als die Hofgesellschaft die neue Form des kultivierten höflichen Umgangs am Adelshof miteinander erfand und feierte. Daher stammt die Bezeichnung, die sich über Jahrhunderte im ursprünglichen Sinn erhalten hat. Die neue Minnesangkultur wurde hauptsächlich von Damen entwickelt, um aus raubeinigen Rittern gebildete Menschen zu machen.

Bis heute haben viele der damals erfundenen Höflichkeitsnormen überlebt. So ist es verpönt, andere Menschen in Verlegenheit oder peinliche Situationen zu bringen. Ebenso werden heikle Themen ausgespart, wie etwa bei Tisch, wo man nicht über das Töten von Tieren spricht. Bösartiger Klatsch über Abwesende ist genauso geächtet wie aggressive Äußerungen über Anwesende. Bevor man eine Tür öffnet, wird respektvoll angeklopft. Damen und älteren Menschen wird der Vortritt gelassen, und Gäste werden bevorzugt bedient. Rüde Worte oder nicht stubenreine Witze sind geächtet. Rücksichtslosigkeiten sind ebenso zu meiden wie Rechthaberei oder Verstöße gegen die Kleiderordnung. Höflichkeit zwischen Gegnern ist umso wichtiger, um den eigenen Wert zu betonen und die Würde des Ortes zu wahren. Kant hält die Höflichkeit für die Basis aller Werte. Indem Kinder zur Höflichkeit erzogen werden, gehen die Tugenden, die sie zunächst äußerlich imitieren, ihnen nach und nach in „Fleisch und Blut" über.

HUMOR

ist, wenn man trotzdem lacht.

Otto Julius Bierbaum

Das lateinische Wort bedeutet „Saft", „Feuchtigkeit" und wurde in der Antike in Hinblick auf die richtige Mischung der Körpersäfte verwendet, die eine gute Stimmung erzeugt. Menschen mit Humor sind fröhlich, lachen häufig, bringen andere gern zum Lachen und nehmen die Dinge meistens von ihrer komischen Seite. Nun ist in jedem Land und in jeder Region der Humor ein anderer. Daher ist es schwierig, Humor in fremde Sprachen und Kulturen zu übersetzen. Manchmal ist Humor international verständlich wie bei Don Quixote, der mit seiner Lanze die Windmühlen stürmt, manchmal lässt sich Regionalhumor nicht einmal in die Nachbarregion übertragen. Ethnologen, die den Humor bei indigenen Völkern untersuchten, stellten fest, dass sie selbst zum Objekt unfreiwilligen Humors wurden, weil ihre Art, Humor zu untersuchen, auf die Beobachter einfach komisch wirkte. Es gibt viele Definitionen, was genau Humor ist. Im Deutschen sind Schwäche und Stärke durch Humor miteinander verbunden. Als humorvolles Lachen gilt, wenn es in einer Situation des Missgeschicks oder der Gefahr geschieht, sich nicht gegen Dritte wendet und Hoffnung auf die Bewältigung der Krise besteht. Sigmund Freud meinte: „Der Humor hat nicht nur etwas Befreiendes wie der Witz und die Komik, sondern auch etwas Großartiges und Erhebendes." Humorvolles Lachen ist ein freundliches, Mut machendes Lachen. In hoffnungslosen Situationen spricht man von Galgenhumor. Als der Perserkönig Xerxes 480 v. Chr. den Griechen beim Thermopylenpass drohte: „Ich habe so viele Bogenschützen, dass ihre Pfeile die Sonne verdunkeln werden!", antwortete König Leonidas von Sparta darauf: „Umso besser – dann kämpfen wir im Schatten!" Der große irische Autor Brendan

Behan bewahrte sich seinen Humor bis zum bitteren Ende, als er zur Nonne, die ihn pflegte, sagte: „Danke, Schwester. Mögen Sie die Mutter eines Bischofs werden." Der Wert des Humors besteht im Trost, den er spendet.

IDEALE

sind wie Sterne: Man kann sie nicht erreichen, aber man kann sich an ihnen orientieren.

Carl Schurz

Ein Ideal ist ein Vollkommenheitsmuster. Der Begriff leitet sich von der Idee her. Warum Materialismus und Idealismus oft als feindlicher Gegensatz verstanden wird, ist unverständlich. Sogar knallharte Realisten wie der Kolonisator Cecil Rhodes (nach ihm wurde Rhodesien – das heutige Simbabwe – benannt), der der Ansicht war, dass „Ideen ohne Geld" nichts wert seien, war im Grunde seines Herzens Idealist. Sein Traum war die Kap-Kairo-Linie, die die östliche Hälfte Afrikas von Kairo bis zum Kap der Guten Hoffnung dem Britischen Empire einverleibte. Und dieser Traum wurde Wirklichkeit. Idealisten sind Tagträumer, aber manche ihrer Träume werden wahr, weil Träumer nicht nur durch Mauern gehen und Berge versetzen können, sondern weil sie andere mit ihren Träumen verzaubern. Es ist nur die Frage konzentrierter Energie, ob aus einer für Normalsterbliche verrückten Idee Realität wird. Die gesamte Menschheitsgeschichte wird von Träumern bewegt. Columbus' Traum war der Seeweg nach Indien, und er entdeckte Amerika. Bill Gates träumte vom PC, den IBM als unrealistisch verworfen hatte, und wurde Multimilliardär. Gregor Mendel zählte Erbsen und wurde zum Vater der weltverändernden Genetik. Henry Thoreau schrieb die Kampfschrift „Von der Pflicht zum Ungehorsam gegen den Staat", und Gandhi setzte die Idee um und befreite Indien von der britischen Vorherrschaft. Marx und Engels verfassten das „Kommunistische Manifest", und 70 Jahre später wurde Russland kommunistisch. Margaret Sanger träumte vom Recht der Frau auf Kontrolle über den eigenen Körper und kämpfte erfolgreich für das orale Verhütungsmittel, das tatsächlich 1960 auf den Markt kam. Kein Wunder, dass es für Erzkonservative wie Talleyrand nichts „Gefährlicheres auf der Welt gibt als fanatische Idealisten". Denn je schöner ein Ideal von fern leuchtet, umso mehr entzündet es die Sehnsucht in den Menschen, weil sie nach schöneren Wirklichkeiten suchen.

IDEEN

sind mächtiger als Körperkraft.

Sophokles

Das griechische Wort *idéa* kommt von *idein* („sehen"). Mit Idee wird nichts Abstraktes, sondern etwas Sichtbares bezeichnet. Platon hat in seinem Höhlengleichnis die Welt ins Reich der flüchtigen Erscheinungen und ins Reich der Ideen, des ewigen Seins, eingeteilt. Das Reich der Erscheinungen ist eine Höhle, in der wir mit dem Rücken zum Feuer sitzen, während zwischen uns und dem Feuer wirkliche Gestalten vorbeiziehen. Wir sehen aber nur Schattenbilder an der Wand, die uns als Wirklichkeit erscheinen. Die Wahrheit hinter den für uns erkennbaren Schatten kann man nicht mit den Sinnen, sondern nur mit dem Verstand und großer Phantasie erkennen. Die tatsächliche Wirklichkeit besteht aus idealen Grundtypen, von denen die Einzeldinge nur Abbilder sind. Diese Grundtypen nennt Platon Ideen. Alles, was in der sinnlichen Wahrnehmung existiert, besteht aus vergänglicher Materie, die sich irgendwann auflöst, während das Urbild zeitlos ist. Alle Pferde sind erkennbar und sterben, wenn ihre Zeit gekommen ist, aber die geistige Urform lebt ewig. Sie ist die Idee der „Pferdheit". Die Ideen sind ewig, unteilbar und unveränderlich und existieren unabhängig von wahrnehmbaren Dingen. So gibt es die Idee der Gerechtigkeit, der Treue oder Wahrhaftigkeit usw. Wer ihr Wesen erkennt, wird trotz aller irdischen Unzulänglichkeiten diesen Ideen folgen, weil sie die Wirklichkeit hinter den Schatten sind, die uns die vollkommene Wahrheit zeigen. Daher ist für Platon das Wahre, Gute und Schönes eins. Und der kluge Mensch strebt danach, weil alles andere nur Kulissenzauberei ist, die vom Wesentlichen ablenkt. Das Schöne ist für Platon ein Erinnern an das vor der Geburt geschaute Urbild, an ein verlorenes Paradies, an das sich die Seele erinnert und zu dem sie zurückstrebt. Es ist das Licht, das unsere Seele erleuchtet und das alles in uns gedeihen lässt gleich der Sonne, deren Energie für das Gedeihen der irdischen Dinge sorgt. Platons grandiose Ideenlehre hat das gesamte westliche Denken geprägt.

ILLUSIONEN

sind das Einzige, was wir haben.
Wir dürfen sie nicht verlieren.

Eric Satie

Das lateinische Wort *illudieren* stammt von *ludere* („spielen"). Es ist damit, „ins Spiel werfen", „spielerisch hinwerfen", „sein Spielchen treiben" aber auch „verspotten," „veralbern", „verhöhnen", „täuschen" oder „betrügen" gemeint. Wer innerlich seine Gedankenspiele treibt, kann sich angenehmen Tagträumen hingeben, sich in Grübeleien verlieren oder Luftschlösser bauen. Mancher zaubert sich eine schönere Zukunft hervor und versenkt sich glücklich in die Welt großer Erwartungen. „Illusionen empfehlen sich dadurch, dass sie Unlustgefühle ersparen und uns an ihrer statt Befriedigungen genießen lassen", meint der Seelenexperte Sigmund Freud. Die Illusion schenkt uns angenehme Empfindungen und gaukelt uns ein schöneres Sein in der Zukunft vor. Und obwohl wir ahnen, dass sie allesamt unrealistisch sind, geben wir uns diesem süßen Selbstbetrug gerne hin. Denn kein errungener Erfolg, kein erreichtes Ziel kann so schön sein, wie die Vorstellung sie uns vorgaukelt. Wunschträume haben den Vorteil, dass sie ohne Anstrengung, Risikobereitschaft, Versagensängste, Feinde, Schweiß und Tränen jederzeit hervorgezaubert werden können. Aus demselben Grund nehmen uns historische Romane und oft noch mehr Filme, Musicals oder Theaterstücke gefangen. Sie sind in gewisser Weise die Fortsetzung unserer Wunschträume, diesmal statt von Traumgestalten von echten Menschen gespielt. Wir leben, lieben und leiden mit ihnen, und zum Schluss sind wir glücklich über das Happy End oder wir vergießen Tränen um den treuen Hund oder den Tod der Geliebten. Kein Wunder, dass dieses Traumgebilde von den meisten Philosophen, Schriftstellern und Künstlern als ein großer Wert bezeichnet wird. Für den Gefangenen, den Kranken, den Erfolglosen oder Verzweifelten ist die Illusion die selbsterzeugte Entrückung in eine schönere Welt. Daher sagt Mark Twain sehr klug: „Gib deine Illusionen nicht auf. Wenn du sie verloren hat, existierst du wohl noch, aber du hast aufgehört zu leben."

INSPIRATION

ist die plötzliche Lösung eines Problems, über das man lange nachgedacht hat.

Napoleon I.

Das lateinische Wort bedeutet Beseelung – oder genauer: Einhauchen – von *spiritus* („Leben", „Seele", „Geist"). Damit ist die Einwirkung des göttlichen Geistes auf den Geist des Menschen gemeint. In der Antike war es selbstverständlich, dass Priester, Priesterinnen, Weise, Künstler, Dichter und die vorsokratischen Philosophen unmittelbar von einer Gottheit Mitteilungen empfingen. Demokrit sagte: „Was auch immer ein Dichter mit Enthusiasmus [wörtlich: Einwohnung des Göttlichen] schreibt und mit göttlichem Anhauch bzw. Geist, das ist gewiss schön." Auch alle Religionsstifter beriefen sich auf göttliche Eingebung. Nach christlicher Lehre überkommt die Menschen plötzlich der Heilige Geist und inspiriert sie zu kreativen Ideen. Paul McCartney sagt: „Die Melodien sind plötzlich da. Man muss bereit sein, sie aufzuschreiben." Federico Fellini zeichnete in ungeduldiger Erwartung der Inspiration nackte Frauen. Rilke wartete einmal neun Monate lang auf Inspiration und lief gequält ziellos im Park umher. Als sie ihn plötzlich überkam, begann sein schwächlicher Körper zu zittern. „Es wurde mir, in einem Ansturm des Geistes, den ich körperlich kaum ertrug – so ungeheuer und unaufhaltsam war er – noch ein ganzes Buch Sonette geschenkt.“ Beethoven verstummte plötzlich im Gespräch, vergaß seinen Gesprächspartner, zog ein Notenblatt hervor und begann summend Noten aufzuschreiben. „Kein Künstler ist während der ganzen 24 Stunden seines täglichen Tages ununterbrochen Künstler; alles Wesentliche, alles Dauernde, das ihm gelingt, geschieht immer nur in den wenigen und seltenen Augenblicken der Inspiration“, sagte Stefan Zweig. Die Eingebung, der göttliche Funke ist es, der den Charakter des gesamten Projekts bestimmt. Der Fleiß, es auszuarbeiten, ist der zweite Schritt. Da Leonardo da Vinci ständig von Inspirationen übermannt wurde, beendete er nur ein einziges Bild: die berühmte Mona Lisa.

INTEGRITÄT

ist das, was man hat, wenn keiner zuschaut.

Siegfried Lowitz

Das lateinische Wort *integer* bedeutet „unversehrt“. Integrität ist die Übereinstimmung zwischen klar definierten Wertmaßstäben und der tatsächlichen Lebensführung. Heinrich Heine kennzeichnet die Differenz zwischen äußerem Schein und dubiosem Sein mit dem Vers: „Sie tranken heimlich Wein und predigten öffentlich Wasser.“ Ein integrer Mensch drückt seine persönlichen Wertvorstellungen in seinem alltäglichen Verhalten aus und widersteht zweifelhafter Vorteilsnahme aus Treue zu sich selbst. Das Gegenteil von Integrität ist Korruption. Das lateinische Wort *corruptus* bedeutet „bestochen“, um einen materiellen oder anderen Vorteil zu erlangen. Mit der Korruption in Wirtschaft, Politik usw. beginnt der moralische Zerfall einer Institution oder eines Staates. Daher ist es wichtig, dass Korruption von den Medien aufgedeckt und von der Justiz hart verfolgt wird. Korruption beginnt meistens ganz harmlos mit diskreter Verleumdung wie im folgenden Dialog, der zeigt, wie man sich Ohrenbläser vom Leib hält.

Zu Sokrates kam einmal ein Mann und sagte: „Du, höre, ich muss dir etwas Wichtiges über deinen Freund erzählen!“ – „Warte ein bisschen“, unterbrach ihn der Weise, „hast du schon das, was du mir erzählen willst, durch die drei Siebe gesiebt?“ – „Welche drei Siebe?“ – „So höre gut zu: Das erste ist das Sieb der *Wahrheit* … Bist du überzeugt, dass alles, was du mir sagen willst, auch wahr ist?“ – „Das nicht … ich habe es nur von anderen gehört.“ – „Aber dann hast du es doch sicher durch das zweite Sieb gesiebt? Es ist das Sieb der *Güte* …“ – Der Mann errötete und antwortete: „Ich muss gestehen … nein.“ – „Und hast du an das dritte Sieb gedacht und dich gefragt, ob es *nützlich* ist, mir das von meinem Freund zu erzählen?“ – „Nützlich … eigentlich nicht.“ – „Siehst du“, sagte der Weise, „wenn das, was du mir erzählen willst, weder wahr noch gut noch nützlich ist, dann behalte es lieber für dich!“ Integrität verhindert Unheil.

INTELLIGENZ

ist die Fähigkeit, die bewirkt, dass man Abstand nimmt.

Henry de Montherlant

Bereits in der Antike wurde von Wissenschaftlern beobachtet, dass es zwei Ebenen geistiger Fähigkeiten gibt: einerseits die vorhandene Bildung und andererseits die Fähigkeit, neues Wissen zu erwerben und damit umzugehen. Der IQ-reduzierte Antiheld Forrest Gump beweist, dass man mit starkem Willen und Konzentration von körperlicher Kraft trotz Intelligenzmangel Erfolg haben kann. Leichter geht es natürlich, wenn man einen großen Vorrat von Intelligenz in die Wiege gelegt bekommen hat. „Kluge Leute können sich dumm stellen. Das Gegenteil ist schwieriger", sagte Kurt Tucholsky. Nun haben zwei Menschen kaum die gleiche Vorstellung davon, was Intelligenz genau ist. Wie viele Genies beweisen, die in der Schule Versager waren, lassen gute Schulleistungen nicht unbedingt auf Intelligenz schließen. Erstaunlich ist, dass bei der Intelligenzvererbung der Mann eine untergeordnete Rolle spielt, denn Väter geben Intelligenz nur an Töchter weiter, nicht aber an Söhne. Die erhalten lediglich die Intelligenzgene auf dem X-Chromosom von ihren Müttern. Mitte des letzten Jahrhunderts erforschten ein paar Wissenschaftler die Faktoren, aus denen sich Intelligenz zusammensetzt. So wurde der Intelligenzquotient (IQ) erfunden. Er geht von einem

Durchschnittswert von 100 aus. Wer darunter bleibt, gilt in der modernen Arbeitswelt als Depp. Damit ist ihm der Einstieg in höhere Gesellschaftsklassen verwehrt, außer wenn er im freien Markt als Künstler oder Geschäftsmann großen Erfolg hat. Wer einen IQ von 130 erreicht, gilt als überaus begabt, und wer gar auf 140 kommt, ist fast ein Genie. Einige US-Wissenschaftler maßen den IQ berühmter Intelligenzbestien. Sie werteten alle verfügbaren Daten von 300 Frauen und Männern aus und erstellten mit Hilfe von drei unabhängigen Psychologen die Weltrangliste. Goethe bekam die Silbermedaille, Leibniz Bronze und Pascal erreichte den siebten Platz. Weltmeister wurde der Philosoph John Stuart Mill (1806–1873). Wer mit dem Geschenk der Intelligenz gezielt umgeht, kann Gutes bewirken.

INTUITION

ist Intelligenz mit überhöhter Geschwindigkeit.

„Tempo" Italia

Der Sinn des lateinischen *intueri* ist „betrachten", „erwägen" und bedeutet eigentlich „angeschaut werden". Daher stammt der passive Charakter des Wortes im Sinne von „Ahnung", „Eingebung", „Gespür". Jemand, der über gute Intuition verfügt, besitzt die Fähigkeit, mit dem richtigen Gespür, ohne die Dinge gründlich zu durchdenken, die Situation zu erfassen und zu richtigen Entscheidungen zu kommen. Dieses Gespür kann natürlich auch trügen und zu Katastrophen führen. Manch berühmten Feldherrn oder Politiker verließ plötzlich seine jahrelang erprobte Intuition, und er verlor Schlacht, Macht und sogar das Leben. Intuition ist bei einigen Menschen eine Urbegabung, die wohl kaum erlernt werden kann. Sie ist so etwas wie die Gabe des zweiten Gesichts. Eine zweite Form entwickelt sich bei jenen Menschen, die sehr viel wissen, über Erfahrung verfügen, geistige Arbeit geleistet haben und dadurch tiefe Einsicht in die Materie besitzen, um schnelle, rationale Schlüsse ziehen zu können. „Der Zufall trifft nur einen vorbereiteten Geist", sagte Louis Pasteur. Isaac Newton, ein Physiker mit überragenden Kenntnissen, sieht den berühmten Apfel fallen, vernimmt den Aufprall und hat den Geistesblitz, dass die Erde Anziehungskraft besitzt. Andere haben höchst empfindliche Sensoren, um Stimmungen, Heuchelei, wahre Freundlichkeit sofort erkennen zu können. Dieses Einfühlungsvermögen ermöglicht das sekundenschnelle Erfassen der emotionalen Situation, die Stimmung zu beeinflussen und sie in eine positive oder aggressive Richtung zu lenken. Erfolgreiche Politiker, Demagogen, Popstars oder Populisten kennen ihre emotionale Macht und wissen sie entsprechend zu nutzen. Frauen besitzen oft, im Gegensatz zu Männern, feinere Antennen, um die Gefühlszustände anderer Menschen wahrnehmen zu können. Menschen, die über die Gabe der Intuition verfügen, sind im Leben meistens erfolgreicher als andere.

IRONIE

ist das Körnchen Salz, durch welches das Aufgetischte erst genießbar wird.

Thomas Mann

Das griechische Wort Ironie *eironeía* bedeutet „Verstellung", „Vortäuschung". Damit ist eine rhetorische Taktik gemeint, bei der der Sprecher sich verstellt und dennoch zu erkennen gibt, sodass der wahre Sinn seiner Äußerung verstanden wird. Durch diesen rhetorischen Trick kommt humorvolle Leichtigkeit in das Gespräch. Als der Dichter Jean Paul noch Friedrich Richter hieß und unbekannt war, erzählte ihm ein damals angesagter Autor die Handlung seines geplanten neuen Werkes. Der junge Autor war davon so begeistert, dass er dem älteren Kollegen den Vorschlag machte, aus der guten Idee gemeinsam einen Roman zu schaffen. Der Ältere lehnte mit den Worten ab: „Für einen Karren ist es nie gut, wenn zum Pferd ein Ochse gespannt wird." Jean Paul schrieb liebenswürdig zurück, nannte den Vergleich exzellent, meinte jedoch: „Wie können Sie mich aber mit einem Pferd vergleichen?" Sokratische Ironie bezeichnet ein sich dumm machendes Verstellen, um einen sich überlegen fühlenden Gesprächspartner in die Falle zu locken, zu belehren oder zum Nachdenken zu bringen.

Ironie ist eine pädagogische Methode zu Wahrheitsfindung. Sokrates nannte seine gefinkelte Art, mit der er sein Gegenüber auf die Spur der Wahrheit brachte,

Maieutik („Hebammenkunst"). Mit scheinbar dummen Fragen zwang er seinen Gesprächspartner, eine Behauptung durch stets neue Fragen so lange zu überprüfen, bis die Wahrheit ergründet war. Diese pädagogische Methode zur Wahrheitsfindung ist äußerst wertvoll, weil der „Schüler" durch seine klugen Antworten auf vorgetäuschte naive Fragen zum Wissenden wird, der auf den ersten Blick das Gespräch leitet. Obwohl er zum Schluss zwangsläufig das Gegenteil dessen behaupten wird, was er am Anfang sagte, steht er verblüfft als Überlegener da, der er in Wirklichkeit gar nicht ist. Das Gegenstück zur gutmütigen Ironie ist der durch beißenden Spott geprägte Zynismus, der oft bewusst Gefühle anderer verletzt.

KLUGHEIT

bedeutet, vor dem Handeln gründlich nachzudenken.

Michael Winzer

Wer die Dinge überstürzt angeht und emotional reagiert, macht meistens Fehler, die nur mit viel Mühe korrigiert werden können. Der klug durchdachte Plan ist die Quintessenz der Sache selbst. Je besser er ist, umso zufriedenstellender wird das Ergebnis. Johann Sebastian Bach verlangte von seinen Kompositionsschülern, dass sie bereits zu Beginn einer Komposition genau wussten, wie lang diese werden sollte. Wer Bachs ausgezeichnetem Arbeitsprinzip folgt, gewinnt Klarheit über das, was er tut, weil er sein Ziel präzise definiert. Der nächste Schritt nach dem Entwurf der großen Struktur ist die Arbeit an den Details. Bei einem Wirtschaftsprojekt nennt man das Businessplan. Er enthält die Aufstellung für die benötigte Finanzierung und den Zeitplan, wann die einzelnen Schritte erfolgen sollen. Der kluge Planer rechnet aber Zeit-, Energie- und Finanzreserven ein, um unvorhersehbare Engpässe überwinden zu können. Wichtig ist, dass man sich nicht in unwesentlichen Details verliert, sondern stets den Überblick behält. In Bereichen, in denen man sich nicht auskennt, sollte man – unabhängig voneinander – den Rat von zwei, drei Fachleuten einholen. Aber: Der Fachmann ist stets nur so gut wie man selbst. Das bedeutet: Erst wenn man das Problem gründlich durchdacht hat und selbst weiß, wo die Schwierigkeiten liegen, kann der Experte Lösungen anbieten. Trotz guter Planung und Konzentration aller Kräfte kommt es vor, dass aus dem Projekt nichts wird. Ein sicher geglaubter Investor springt ab, ein Geschäftspartner wird krank, ein Genehmigungsverfahren lässt auf sich warten. Kurzum: Obwohl man sein Bestes gegeben hat, stagniert das erfolgversprechende Projekt. Was dann? Statt zu verzweifeln, sollte man es in der Schublade ruhen lassen, bis die Zeit dafür reif ist. Oft hat alles gestimmt – bis auf den richtigen Zeitpunkt. Die Kunst besteht darin, seine Ungeduld zu zähmen, bis sich die Dinge fügen. Auch das ist Klugheit.

KOMFORT

basiert auf Einrichtungen zur Vermeidung von Anstrengungen.

Carl Will

Das französische Wort bedeutet „Behaglichkeit“ oder „Bequemlichkeit“. Man denkt dabei an bequeme Sessel vor einem gemütlichen Kaminfeuer in der Runde entspannt-heiterer Freunde. So einfach ist ein Stündchen Glück herzustellen. Obwohl jeder von uns auf diese Weise täglich seine behagliche Stunde genießen könnte, tun es die Wenigsten. Der Komfort, der unser modernes Leben umgibt, wird kaum wahrgenommen, weil er selbstverständlich geworden ist. Daniel Defoe sagte tiefsinnig: „All unser Missvergnügen über das, was uns fehlt, scheint bloß aus dem Mangel an Dankbarkeit für das zu entspringen, was wir haben.“ Tatsächlich besitzt fast jeder von uns gewaltige Luxusgüter. Alberto Angela hat ausgerechnet, dass in jedem durchschnittlichen modernen Haushalt ein technologischer Komfort herrscht, den zur Kaiserzeit im alten Rom mindestens zwölf Sklaven zu bewältigen gehabt hätten. Für diesen großbürgerlichen Luxus sorgen heute Waschmaschinen, die die Wäscherinnen ersetzen. Durch Elektroherde, Mikrowellen etc. brauchen wir weder Köche noch Küchenhilfen. Wasserhähne ersparen Wasserträger. Das moderne WC funktioniert ohne Latrinenreiniger. Durch Staubsauger und Geschirrspüler können wir auf Reinigungskräfte verzichten. Die Zentralheizung funktioniert ohne Brennstoff heranschleppende Sklaven. Schreiber und Sekretäre hat der Computer ersetzt, Autos die Kutscher und Stallknechte. Warmwasserboiler machen das Personal für Warmwasserzubereitung unnötig. Wir fliegen zum Sonnentanken in den Süden, zur Vulkantour nach Island oder zum Shoppen nach Paris. Wir trinken die herrlichsten Weine aus aller Welt, lassen uns sogar im Winter köstliche Weintrauben oder Avocados schmecken, genießen fast fangfrischen Fisch aus dem Eismeer oder ein buntes Blumenbouquet aus Brasilien, während zur selben Zeit nebenan Menschen Hunger leiden und frieren. Und trotzdem behaupten viele, dass es ihnen schlecht geht.

KOMPROMISS

ist die Kunst, einen Kuchen so zu teilen, dass jeder meint, er habe das größte Stück bekommen.

Ludwig Erhard

Der Maler Wilhelm Trübner erzählte einem Freund, der ihn besuchte, er habe mit seiner Frau einen Kompromiss geschlossen. – „Einen Kompromiss?“ fragte der Gast. „Worum ging es denn?“ – Trübner lachte: „Alice wollte gern nach Baden-Baden, und ich wollte eigentlich in ein Ostseebad. Da haben wir einen Kompromiss geschlossen: Wir fahren nach Baden-Baden.“ Die Anekdote bestätigt

Ludwig Erhards Statement. Alice Trübner hat sich zwar durchgesetzt, doch so, dass Trübner ihrem Vorschlag schmunzelnd zustimmte. „Ein Kompromiss ist die Lösung eines Konflikts durch ein beidseitig freiwilliges Abkommen, auf Verzicht der jeweilig gestellten Forderungen“, heißt es in der Rechtssprache. Das lateinische Wort *compromissum* stammt aus dem römischen Recht und bedeutet, dass zwei Parteien „gemeinsam versprechen“ *(compromittunt),* sich einem Schiedsspruch zu unterwerfen. Eine Partei, die nach dem Schiedsspruch den Vergleich nicht anerkannte, verlor die zuvor beim Richter hinterlegte Pfandsumme. Ein Kompromiss ist ein Vergleich, der beiden Parteien ermöglicht, vor dem Gegner und nach außen hin das „Gesicht zu wahren“. Kompromisse werden geschlossen, um Konflikte friedlich beizulegen und die Kosten im Rahmen zu halten. Es gibt die Redewendung vom „faulen Kompromiss“, bei dem einer der Kontrahenten den Kürzeren zieht. Das Erzielen eines Kompromisses ist in der Demokratie ein vernünftiges Mittel, um durch überzeugende Argumente Ideen zu verwirklichen. Das Ziel ist, ein Übereinkommen zu erreichen, bei dem jede Seite auf einen Teil ihrer Forderungen verzichtet. Das nennt man Win-win-Lösung. Während im Mittelalter Kompromisse nur von sehr weitsichtigen Herrschern wie dem Stauferkaiser Friedrich II. vorgeschlagen wurden, kam es bei Grenzstreitigkeiten meistens zum Krieg. Einvernehmliche Lösungen unter gegenseitigem Nachgeben sichern den Frieden.

KONZENTRATION

ist die Bündelung des Willens auf eine bestimmte Tätigkeit.

Albert Einstein

Das lateinische *concentra* bedeutet „Zusammenziehung auf einen Punkt" und wird im Sinne von „gespannter Aufmerksamkeit" verwendet. Die Konzentration befähigt, durch Willenskraft die geistige und seelische Energie auf die Lösung eines aktuellen Problems zu lenken und kurzfristig eine Aufgabe zu bewältigen. Die Reformpädagogin Maria Montessori beobachtete ein dreijähriges Mädchen, das völlig in seine Beschäftigung versunken, ungestört von jeglicher Ablenkung, spielte. Diesen Ausdruck höchster Konzentration nannte Maria Montessori „Polarisation der Aufmerksamkeit". Konzentration erfordert geistige Anstrengung, die mit der Zeit nachlässt. Nun gibt es Dinge und Einflüsse, welche die Konzentrationskraft stärken können. Seelisch ausgeglichene, positiv gestimmte Menschen sind konzentrierter als psychisch belastete. Steht ein Mensch unter psychischer oder körperlicher Belastung ist er unkonzentrierter, und wer in einem Großraumbüro oder an einer lauten Straße arbeitet, muss mehr Energie aufbringen, um sich konzentrieren zu können. Förderlich für die Konzentration sind Omega-3-Fettsäuren, die z. B. in fettem Fisch vorhanden sind, und Alpha-Linolensäure, die in Rapsöl, Antioxidantien, in Beeren, Weintrauben und Rotwein vorkommen. Wer durchschnittlich zehn Gramm

Fisch pro Tag isst, dessen Hirnfunktionen bleiben besonders gut erhalten. Meditation, Tagträumereien, Mittagsschlaf, Entspannungsübungen und ein täglicher Spaziergang von 30 Minuten bewirken Wunder. Menschen von ungeheurer Konzentrationskraft waren z. B. Honoré de Balzac, dessen Hauptwerk „Die menschliche Komödie" mehr als 90 Romane und Novellen umfasst, Lope de Vega, der 1500 Theaterstücke, 500 Fronleichnamsspiele, drei Romane und 3000 Gedichte schuf, oder Thomas Alva Edison, der zwar kaum die Schule besuchte, aber trotzdem am Ende seines Lebens als Erfinder über 2500 Patente besaß. Von ihm stammt die Aussage: „Genialität besteht zu einem Prozent aus Inspiration und zu 99 Prozent aus Transpiration."

KREATIVITÄT

bedeutet, aus dem Chaos Ordnung zu schaffen.

Georg-Stefan Troller

Das lateinische Wort *creare* bedeutet „schöpfen", „erschaffen", „mit Leben erfüllen". Damit ist das Erschaffen von etwas Neuem gemeint. In den Mythen ist der Schöpfergeist im Allgemeinen ein Gott, der aus dem Nichts Neues schöpft, wie es z. B. zu Beginn des Alten Testaments heißt: „Am Anfang schuf Gott Himmel und Erde. Und die Erde war wüst und leer, und es war finster auf der Tiefe; und der Geist Gottes schwebte auf dem Wasser." Oft sind es aber auch Geister oder Abkömmlinge von Göttern, die außerordentliche schöpferische Fähigkeiten besitzen wie Orpheus, dessen Gesang sogar Pflanzen, Tiere und Steine zum Weinen bringt. Kreativität ist so alt wie die Menschheit. Einfallsreichtum und Erfindungsgabe haben die ersten Werkzeuge und den Gebrauch des Feuers genauso erzeugt wie das Wunder der Sprache, der Schrift, der Mathematik, der Architektur, der Tonkunst, wie den Computer oder die Demokratie. Kreative Geister schaffen das Notwendige zum Überleben ebenso wie die nützlichsten Dinge der Technik oder die schönsten Werke der Künste. Seltsamerweise möchte jeder Mensch kreativ sein. Das beginnt beim Kind, das lallend eigene Lieder singt oder sich am Bilderkritzeln begeistert. Auch jede Hausfrau ist kreativ, indem sie die Blumen liebevoll arrangiert. Der Häftling in der Zelle beginnt, Bilder oder Verse an die Zellenwände zu kratzen. Dieses unerklärbare Phänomen zeigt, dass in jedem Menschen die Sehnsucht lebt, etwas Schönes hervorzubringen. Joseph Beuys sagte daher: „Jeder ist ein Künstler." Das bedeutet natürlich nicht, dass jeder ein großer Erfinder oder Künstler ist. Trotzdem ist ein Hobbygärtner völlig glücklich, wenn ihm die Gestaltung seines kleinen Paradieses gelingt. Menschen mit gewaltiger Schöpferkraft wie Thomas Edison, der Erfinder Glühlampe, Albert Einstein, der Autor der Relativitätstheorie, oder das Malergenie Picasso sind deshalb so erstaunlich kreativ, weil bei ihnen die guten Einfälle schneller kommen als bei normalen Menschen.

KRITIK

ist es ganz allein, die unseren Geschmack läutern und ihm Feinheit und Sicherheit geben kann, durch die er sogleich die Schönheiten und Fehler eines Werkes einsieht, und ein feiner Geschmack ist nichts anderes als eine Fertigkeit, die Kritik jederzeit auf die beste Art anzuwenden.

Friedrich Nicolai

Das französische Wort *critique* kommt vom griechischen *kríno* („unterscheiden", „urteilen"). Wie das obige Zitat und die Übersetzung zeigen, ist mit Kritik *kritiké techne,* die „sachliche Kunst der Beurteilung" einer Person, eines Kunstwerkes oder Sachverhalts gemeint. Im wissenschaftlichen Bereich besitzt diese Auffassung der Kritik weitgehend Gültigkeit. In der Umgangssprache wird unter „kritisieren" der Hinweis auf Fehler, Fehlverhalten oder Missstände verbunden mit dem Appell verstanden, diese abzustellen. Der Wert der Beurteilung nach begründeten Kriterien ist klar. Man unterscheidet die positive Kritik, die in Lob, Ansehen oder Anerkennung besteht; in negative Kritik, die Handlungsweise oder Arbeit tadelt; in konstruktive Kritik, die Verbesserung bewirken soll; in destruktive Kritik, welche die Arbeit vernichtet bzw. an der Person kein gutes Haar lässt; und die Selbstkritik, mit der sich der Autor der Überprüfung seiner Arbeit oder des eigenen Verhaltens unterwirft. Der Kritiker Peter Rühmkorf hob das Gute eines Textes hervor und versuchte, die nicht gelungenen Teile gerecht zu beurteilen, ohne den Autor zu vernichten. So sagte er zum Beispiel: „Rilke ist gut, aber ich kann ihn nicht leiden.“ Denn jeder Kritiker ist Gefangener seiner Vorlieben und Vorurteile. Oft entgeht ihm der Wert einer Sache, weil es sich um eine ihm unbekannte Qualität handelt, wie viele Fehlurteile in der Geschichte zeigen. Während sich Verdi über vernichtende Kritiken ärgerte: „Ein Kritiker ist eine Ziege, die meckert, aber keine Milch gibt“, nahm Michelangelo Kritik völlig gelassen. Als er die Büsten von Giuliano und Lorenzo di Medici modelliert hatte, bekrittelte jemand die mangelnde Ähnlichkeit. Michelangelo antwortete lächelnd: „Wem wird das in zehn Jahrhunderten auffallen?“ Er kannte den Wert seiner Arbeit.

KULTUR

ist nichts Sichtbares, sondern das unsichtbare Band, das die Dinge zusammenhält.

Fritz Kurt Albrecht

Das lateinische Wort *cultura* bedeutet „Ackerbau“, „Pflege“, „Bearbeitung“, das Verb *colere* „wohnen“, „pflegen“, „den Acker bestellen“. Daher spricht man z.B. von Ackerbau- oder Wohnkultur. Im Umgang mit jemandem bedeutet es „bilden“, „verfeinern“. Unter Kultur versteht man die gesamten menschlichen Leistungen, die über die Sicherung des Grundbedarfs hinausgehen, also alles, was der

Mensch im Gegensatz zu der von ihm nicht geschaffenen Natur schöpferisch hervorbringt. Kulturleistungen entstehen einerseits durch Formung von Material wie bei der Technik, Malerei oder Baukunst, andererseits im Kreieren geistiger Systeme wie Musik, Mathematik, Recht oder Wissenschaft. Es gibt versunkene Kulturen wie die altägyptische, die durch die Pyramiden in ihrer Größe noch erahnbar sind, und solche, von denen nur Fragmente vorhanden sind, wie bei der Himmelsscheibe aus Nebra in Sachsen-Anhalt, der ersten Darstellung des Firmaments. Für Max Weber ist „Kultur ein vom Standpunkt des Menschen mit Sinn und Bedeutung bedachter endlicher Ausschnitt aus der sinnlosen Unendlichkeit des Weltgeschehens" also *jede* Kulturerscheinung „die Prostitution so gut wie die Religion oder das Geld." Nach dieser Begriffserklärung stellt sich die Frage, worin der Wert der Kultur besteht. Hier gibt Antonio Gramsci die tröstliche Definition: „Kultur ist Disziplinierung des eigenen inneren Ichs, Inbesitznahme der eigenen Persönlichkeit und die Erlangung eines höheren Bewusstseins, mit dem man dazu kommt, den eigenen historischen Wert zu verstehen, die eigene Funktion im Leben, die eigenen Rechte und Pflichten." Indem Energie in die Bewusstseins- und Persönlichkeitsformung gesteckt wird, z. B. durch Bildung und Staatswesen, wird der Mensch kultivierter und somit menschlicher. August Everding sagte sehr klug zu Politikern, die das Kulturbudget kürzen wollten: „Je mehr ihr bei der Kultur spart, umso größer werden später die Kosten im Sozialbereich werden."

KUNST

ist Lebenselixier.

Hubertus Wald

Der Verleger Campe hatte sich für 3000 Mark ein Gemälde mit einer Schwarzwaldlandschaft von Hans Thoma gekauft. Das war für die damaligen Hamburger Kaufleute sehr viel Geld. Daher nörgelte der sparsame Schwiegervater des Verlegers: „Du schmeißt mit deinem Geld nur so herum." Das war dem glücklichen Besitzer des Gemäldes egal: „Ach was", erwiderte er, „zehn Mal am Tag sehe ich mir das Bild mit Freuden an. Jeder Blick zwei Mark – da hat sich das Bild schon in einem halben Jahr amortisiert!" In dieser Anekdote wird das Verhältnis zwischen Kunst und Kommerz erfasst. Campe freut sich an der Kunst, taxiert zugleich den kommerziellen Wert, den das Bild für ihn besitzt, und schätzt es zudem als langfristige Geldanlage, deren Wert steigt. Aus diesem Grund sammeln viele Wohlhabende Kunstgegenstände und Bilder. Für weniger Wohlhabende gibt es zum Glück Kunstausstellungen, in denen sie sich an berühmten Skulpturen und Gemälden erfreuen können. Warum übt Kunst eine solche Faszination aus? Sie wirkt tatsächlich als Lebenselixier, als belebendes Element, wenn es dem Künstler gelingt, die vollkommene Harmonie zwischen Form und Farbe herzustellen. Aus diesem Grund ist Leonardo da Vincis „Mona Lisa" im Pariser Louvre förmlich umlagert, sind Ausstellungen berühmter Künstler monatelang Magnetpunkte, zu denen Besucher aus der ganzen Welt strömen. Je funktionaler und hässlicher die Welt wird, umso mehr sehnen wir uns nach Schönheit. Die Schönheit eines vollendeten Gemäldes, einer Skulptur springt den Betrachter direkt an und versetzt seine Seele in harmonische Schwingungen. Als ich mit einem Co-Autor in der Berliner Unibibliothek für ein Buch Illustrationen suchte, blätterten wir dickleibige Kunstbände durch. Plötzlich entfuhr uns beiden ein freudiges Seufzen. Wir waren auf das herrliche Gemälde „Die Malkunst" von Jan Vermeer gestoßen. Es ging eine solche Magie von dem Bild aus, dass wir uns sofort den Bildband über alle Gemälde von Vermeer holten und darin stundenlang schwelgten. Die Bilder machten uns glücklich.

LACHEN

ist eine großartige Medizin und hat nur positive Nebenwirkungen.

Sam Ewing

Die Gabe des Lachens bekommt der Mensch bei der Geburt geschenkt. Die Mutter lacht ihr Kind glücklich an. Das Glücksgefühl der Mutter ist das erste Gefühl, welches das Kind wahrnimmt. Es antwortet auf ihr Lächeln mit einem Lächeln, das irgendwann in ein fröhliches Lachen übergeht, und sorgt für die wichtige gefühlsbewegende Bindung zwischen Mutter und Kind. Lachen ist die natürliche Reaktion jedes gesunden Menschen auf lustige oder fröhliche Situationen. Nach überstandenen Gefahren kommt es zum befreienden Lachen. Oft entspannt das Lachen bei drohenden Konflikten und hilft, die eigene Angst zu überwinden. Lachen sorgt für Verständigung, öffnet die Herzen und erweckt Sympathie. Wer lachend durch die Welt geht, macht sich viele Freunde. Es gibt auch das bösartige Lachen, das Auslachen eines Unterlegenen oder auch das Hohnlachen als Waffe, mit dem eine kampfbereite Gruppe den Angriff beginnt. Medizinisch gesehen, besitzt das Lachen enorme Heilkraft. Es baut Stress ab, stärkt durch Ausschüttung von Hormonen das Immunsystem, die Lunge und die Bronchien. Es regt das Herz-Kreislauf-System, Zwerchfell, Stimmbänder, Gesichts- und Bauchmuskeln an, sorgt für den Anstieg des Sauerstoffgehalts im Blut und entspannt die Blasenmuskulatur, sodass mancher sich „vor Lachen in die Hose pinkelt", wie der Volksmund sagt. Beim Lachen werden im Gesicht 17 und am ganzen Körper 80 Muskeln bewegt. 20 Lachsekunden entsprechen der Muskelleistung von drei Minuten Schnellrudern. Weil Lachen die Durchblutung fördert, senkt sich nach der Anstrengung der Blutdruck. Durch häufiges Lachen wird die Herzinfarktgefahr halbiert. Zudem steigert es die Lebensfreude und verlängert das Leben. Da Jesus Christus nach Ansicht humorfreier Theologen niemals lachte, war im Mittelalter das Lachen für Christen verpönt. Gottlob besaßen einige Kirchenfürsten Humor, sodass das Lachen später wieder in die

Kirchen einzog. Sie wussten, dass „ein Tag ohne Lachen ein verlorener Tag" ist, wie später Charlie Chaplin sagte.

LEBENSKUNST

ist der liebevolle Umgang mit sich selbst.

Michel de Chassecourt

Was Lebenskunst ist, darüber gibt es verschiedene Vorstellungen vom französischen *Savoir vivre*, dem unbeschwerten Lebensgenuss, über den gelassenen Umgang mit allen Problemen, bis hin zum Anspruch, das eigene Leben zum Kunstwerk zu stilisieren, wie es Goethe oder Thomas Mann vorschwebte. Auf jeden Fall soll das Leben gestaltet werden, um es fruchtbar und harmonisch zu machen. Sokrates kam auf die Idee, Philosophie und Lebenskunst gleichzusetzen. Sein Schüler Platon bezeichnete Philosophie als „Fürsorge für die Seele". Die Stoiker entwickelten praktische Anleitungen, um durch tugendhaftes Leben, d.h. durch die Kontrolle der Gefühle und maßvollen Lebensstil, Gelassenheit zu erreichen, weil für sie Emotionslosigkeit die Voraussetzung für gleichbleibendes Glück bedeutete. Epikur lehrte in seiner Philosophie der Freude, den maßvollen vernünftigen Umgang mit sich selbst, um Unlust zu vermeiden. Michel de Montaigne baute seine Kunst, das Leben zu lieben, auf den Lebenskunstkonzepten seiner Vorgänger auf. Er empfahl, „lachend die Wahrheit zu sagen", nach

Herzenslust zu lieben, weil „Liebe eine fröhliche und springlebendige Gefühlsregung" ist, und empfahl den Frauen, mit dem Unterrock das Schamgefühl abzulegen und nach dem Sex wieder anzuziehen, sich die Stunden ebenso mit Büchern wie mit Freunden zu versüßen, fröhlich zu reisen, um sich neu zu inspirieren oder sich in die Einsamkeit zurückzuziehen, sobald einem die Gesellschaft langweilig wird. Die schönste Frucht seiner Gesundheit sah er in der „Lust am Genuss". Er schlief acht bis neun Stunden am Stück und ließ sich manchmal in der Nacht wecken, um den Genuss des Einschlafens erneut zu genießen. Er tanzte gerne mit schönen Frauen, ging mit Geld vernünftig um und meinte, dass man Krankheiten durch unhöfliche Behandlung verlängere. Den Tod fürchtete er nicht: „Habt ihr Euer Leben genutzt, seid ihr doch vollauf gesättigt – also trollt euch zufrieden davon."

LEIDENSCHAFT

ist eine Art Fieber des Geistes.

William Penn

Wie der „Sehnsucht" haftet auch dem Wort „Leidenschaft" ursprünglich etwas Negatives an, das sich jedoch ins Positive gewandelt hat. Das „Leiden Schaffende" ist jetzt eine das Gemüt des Menschen ergreifende Emotion, die alle Arten von Liebe und Hass oder spirituelles, politisches, ethisches Engagement ausdrückt. „Ein Mensch ohne Leidenschaft ist ein Steinbild ohne Leben. Keine große Tat geschah, deren Mutter sie nicht war", bringt der heilige Augustinus das Wesen der Leidenschaft auf den Punkt. Man kann leidenschaftlicher Dichter, Gärtner, Politiker, Liebhaber, Umweltschützer oder Rennfahrer sein. Das Wort wurde von Philipp von Zesen für die deutsche Sprache aus dem lateinischen *passio* geprägt. Große Leidenschaften sind wie Naturkräfte, „ob sie nutzen oder schaden, hängt bloß von der Richtung ab, die sie nehmen", sagt Ludwig Börne, und Mommsen ergänzt: „Ohne Leidenschaft gibt es keine Genialität." Die Philosophen der Stoa hielten die Beherrschung der Leidenschaften für wichtig, damit sie dem Menschen keinen Schaden zufügen können. Erst durch die Kontrolle durch den Willen lassen sich Leidenschaften positiv nutzen, z. B. wenn man selbstlos auf etwas Ersehntes verzichtet oder seine Wut bezähmt und großmütig vergibt. Denn Leidenschaft macht blind, unüberlegt und unvernünftig. Doch wer sie in den Griff bekommt, kann sie als Antriebskraft für großartige Leistungen nutzen. Dostojewski war vom Spielteufel besessen und verspielte mehrere Vermögen. Aus Angst vor dem völligen Bankrott schrieb er mit fliegender Feder dagegen an. Dieser Schreibwut verdankt die Menschheit seine brillanten psychologischen Analysen. Erst mit 50 besiegte er die Spielleidenschaft und schrieb nun geläutert seine großen Werke wie „Der Idiot" oder „Die Dämonen".

LERNEN

und Genießen sind das Geheimnis eines erfüllten Lebens. Lernen ohne Genießen verhärmt, Genießen ohne Lernen verblödet.

Richard David Precht

Die indoeuropäische Wurzel des Wortes „lernen“ ist **lais* („Spur“, „Furche“, „Weg“). Unser Wort „leisten“ lebt darin weiter, das ursprünglich „einer Spur folgen“, „etwas nachspüren“, „einem Gebot folgen und es ausführen“ bedeutete. Das gotische Wort *lais* meint „ich weiß“. Der Wissende hat etwas nachgespürt. Lernen hinterlässt Spuren im Gedächtnis. Dieses Lernen kann genussvoll sein, indem man sich z.B. sein Leben lang an eine schöne Melodie, eine liebevolle Handlung oder eine bezaubernde Landschaft erinnert, die man als Kind erlebte – oder auch schmerzhaft, wie z.B. das Verbrennen der Hand auf der heißen Herdplatte. Wer als Kind in eine Lernhölle gerät, wie Winston Churchill, der im Oberklasseninternat Sadisten ausgeliefert war, kann seelisch zerbrochen werden. Churchill wurde mehrmals grausam geschlagen, weil er den Sinn des hirnlosen Lernens nicht einsehen wollte. „Wo mein Interesse, meine Vernunft oder meine Phantasie nicht aufgerufen waren, wollte ich oder konnte ich nicht lernen.“ Er wurde ein ewiger Sitzenbleiber. In Kindern, in denen die Freude am Lernen geweckt wird, entfaltet sich eine Fülle von Begabungen wie z.B. bei Jean Paul. Der Fünfjährige bekam von seinem Vater, einem Pfarrer, auf originelle Art Lateinunterricht, indem er täglich sieben Stunden „Sprüche, Katechismen, lateinische Wörter und Grammatik" auswendig lernen musste. Nach und nach wurde ihm Latein vertraut, ohne dass er die Texte verstand. Das regte Wissbegier und Phantasie an. Nach ein paar Monaten erschloss sich ihm die Sprache von selbst, sodass er sich mit seinem Vater lateinisch unterhalten konnte. Wer das Glück hat, die Freude am Lernen zu entdecken, dem verschönert sie das Leben wie dem Australier Allan Stewart, der mit 97 sein viertes Studium abschloss. „Es ist nie zu spät, um deinen Horizont zu erweitern ... und etwas zu erreichen, was die Mühe wert ist." Denn Lernen bedeutet, Geist und Seele frisch zu erhalten.

LIEBE

ist das Bewusstsein, Freude zu geben und zu empfangen.

Honoré de Balzac

Liebe ist ein großer Wert und eine der stärksten Mächte der Welt. Städte wurden ihretwegen gegründet und Grabmäler wie das Taj Mahal errichtet, blühende Metropolen wie Troja vernichtet und Menschen aus Eifersucht ermordet. Liebe erschüttert die Seele von jungen wie von lebenserfahrenen Menschen. Als die 20-jährige Vanessa verzweifelt weinend das Gesicht im Schoß ihrer 70-jährigen Großmutter barg, strich ihr die alte Dame tröstend über das Haar: „Wieder die Liebe? Wieder Kummer, Leid, Sehnen und Tränen durch den bösen Amor?“ Vanessa hob schluchzend den Kopf: „Sag mir, Oma, wann hört das endlich auf?“ Die alte Dame blickte ihr lächelnd in die Augen und sagte: „Mein Kind, da musst du eine Ältere fragen …“ Omnia vincit amor, alles bezwingt der Gott der Liebe. Obwohl wir um die Gefahr des Liebesfeuers wissen, das unser Blut in Aufruhr bringt und unsere Seele verbrennt, sehnen wir uns ständig nach Liebe. Wenn sie abhandenkommt, fühlen wir uns gelangweilt, überflüssig, leer wie der 73-jährige Goethe, der, von einer Freundin nach seinem Befinden gefragt, stöhnte: „Es geht mir schlecht, denn weder bin ich verliebt, noch ist es jemand in mich.“ Das zeigt, dass Liebe sogar von Weisen als großer Wert empfunden wird. Aber sie ist – wie das Geld oder die Wahrheit – ein Wert, der zerstörerische Kraft entwickeln kann. Der 80-jährige Soziologe Ernest Bornemann beging aus Liebeskummer Selbstmord, weil seine Freundin weitere Liebhaber hatte. „Ich kann dieser Hörigkeit nicht entkommen, außer, wenn ich meinem Leben ein Ende mache.“ Andere nehmen die Liebe gelassener. Als sich der Komponist Franz Liszt und die Gräfin d'Agoult begegneten, flohen sie gemeinsam, obwohl Marie einen Ehemann und drei Kinder hatte. Ganz Paris hob entrüstet den Zeigefinger. Nur einer nicht, Maries Ehemann: „Marie hat recht. Wenn ihre Leidenschaft so stark ist, soll sie sich doch über die Konventionen hinwegsetzen.“ Die großherzig-verständnisvolle Haltung des Grafen d'Agoult ist selbstlose Liebe in ihrer edelsten Form.

LOB

ist ein Mittel, jemanden dahin zu bringen, dass er es verdient.

Gwen Arrach

Bei einem Gespräch war eine Dame voll des Lobes über den liberalen Politiker Dudley Long. Der berühmte englische Gelehrte Samuel Johnson bremste sie: „Nicht so überschwänglich, gute Frau! Dudley Long gilt wirklich nicht viel. Niemand richtet mit Lob so viel Unheil an wie Sie, denn übertriebenes Lob nimmt jedermann gegen den Betreffenden ein und fordert zum Widerspruch heraus.“ Oder manchmal sogar zu Schlimmerem: André Gide war ein zartbesaiteter Junge mit Sinn für Poesie und Musik. Als der Zehnjährige ein Gedicht aufsagen musste und es hervorragend vortrug, lobte ihn der Lehrer und gab ihm die beste Note. Durch das Lob zog sich Gide den Hass seiner Klassenkameraden zu. „Man verhöhnte mich, man quälte mich. ... Bisweilen kam ich in bemitleidenswertem Zustand zuhause an: mit stierem Blick, schmutzig, mit blutender

Nase, klappernden Zähnen und zerrissenem Anzug." Gides Mutter war entsetzt. Der Junge wurde krank vor Angst und fühlte sich erst im Bett vor der Schulhölle gerettet. Aber Krankheit dauert nicht ewig. Der Tag der Rückkehr kam näher. Die Angst steigerte sich so sehr, dass er beschloss, Ohnmachtsanfälle vorzutäuschen. Es ging wie geplant. Damit hatte er sich vor dem Mobbing der Mitschüler gerettet. Er wurde von Hauslehrern unterrichtet und kehrte erst sieben Jahre später aufs Gymnasium zurück. In diesem Fall bewirkte Lob eine Katastrophe, denn Lob ruft fast immer Neid hervor. Der Lobende sollte also genau überlegen, in welcher Form er Lob spendet – und vor wem. Die meisten Kinder und Erwachsenen sind für Lob stark empfänglich. Es beflügelt ihre Leistungen, sorgt für erhöhtes Selbstwertgefühl und fördert die Selbstsicherheit. Lob ist also sehr wertvoll für die Entwicklung eines Kindes und für die Arbeitsleistung in einer Firma. Man sollte jedoch darauf achten, dass es beim Loben halbwegs ausgeglichen zugeht. Wer dagegen für eine gute Leistung nicht gelobt wird, verbittert und lässt oft im Arbeitseifer nach, weil er für seinen Einsatz keine Anerkennung bekommt.

MACHT

hat Legitimität nur im Dienst der Vernunft.
Allein von hier bezieht sie ihren Sinn.
An sich ist sie böse.

Karl Jaspers

Das Wort bedeutet im Althochdeutschen „Können", „Fähigkeit", „Vermögen". Jemand, der viel unternimmt, um eine Schlüsselposition zu besetzen, und dort viele Fäden in der Hand hat, ist mächtig. Macht wird täglich im Zusammenleben ausgeübt. Machtverhältnisse sind immer ungleiche Verhältnisse, bei denen die eine Seite Macht besitzt, z. B. weil sie Lohn und Brot vergibt, über größeres Wissen verfügt, belohnen und strafen kann, und die andere Seite, die diese Machtausübung duldet oder erdulden muss. In Diktaturen sind die Menschen ohnmächtig der Gewalt gegenüber. In demokratischen Staatsformen wird die Macht durch Verfassung und Gesetz eingeschränkt und durch Parlament und Medien kontrolliert. Zumindest in der Theorie. Die Praxis sieht anders aus, weil in Hierarchien, ob staatlichen oder privaten, Macht nicht nur ausgeübt, sondern auch missbraucht wird. Macht ist nach Thomas Jefferson „die stärkte Versuchung auf Erden". Macht in der Schule bedeutet z. B., dass ein Kind durch einen ungerechten Lehrer zum Versager werden kann, durch einen liebevollen zum wertvollen Mitglied der Gesellschaft. Mein Freund Helmut, heute Soziologieprofessor, erlebte beides. Sein Lateinlehrer schikanierte ihn so, dass er Jahr für Jahr ein „Mangelhaft“ bekam. Sein Griechischlehrer hingegen förderte ihn, und so wurde er zum seit Jahrzehnten besten Griechischschüler des Gymnasiums. Die Situation war so grotesk, dass ihm der Direktor trotz der schlechten Lateinnote das Abiturzeugnis „schenkte“. Glücklich das Land, in dem der Regierungschef ein gewiefter, durchsetzungsstarker, integrer Demokrat ist, in dessen Charakter sich Wagemut und Berechnung, Phantasie und List, Güte und Ehrgeiz, Klugheit und Instinkt zu einer positiven Einheit mischen. Ein Menschenfreund, der die Macht liebt als Mittel zum Zweck, den Frieden zu sichern, der das Los der Bürger verbessert und ständig versucht, die Gesellschaft dem Ideal der Freiheit und Gerechtigkeit näherzubringen.

MÄSSIGKEIT

ist die Mutter aller Tugenden.

Hildegard von Bingen

In der Natur gibt es entweder Mangel oder Überfluss. Mangel führt zu Hungersnot, Überfluss zur Vernichtung wertvoller Ressourcen und Lebensmittel. Die Kunst besteht darin, das ausgewogene Maß zu finden. Daher wurden aus unseren Vorfahren, den Jägern und Sammlern, schließlich Hirten und Bauern, weil sie versuchten, sich durch Vorratswirtschaft gegen Hungersnöte zu wappnen. Das richtige Maß ist also eine hohe Kunst, die für alle Bereiche des Lebens gilt. Für den Philosophen Aristoteles ist es eine Kardinaltugend, weil sie bei allen übrigen Tugenden als Regulator wirkt. Jede Tugend kann durch Maßlosigkeit, Über- oder Untertreibung zur Untugend werden. Pindar teilte jedem Lebensabschnitt als sittliche Grundlage die eigene Kardinaltugend zu: dem Jüngling die Tapferkeit, dem Erwachsenen die Gerechtigkeit, dem Greis die Weisheit. Das ausgewogene Maß aber macht jede Tugend erst vollkommen und verleiht ihr Glanz und Kraft. Für Franz von Sales ist das Maßhalten die Basis für das vernünftige Leben schlechthin. Bei Nahrungsmitteln geht es z.B. nicht um Quantität, sondern um Qualität: „Nicht nur mit Appetit, sondern über alles Maß und jede Ordnung hinaus zu essen, ist umso verwerflicher, je größer die Maßlosigkeit ist …" Wie recht er hat, sieht man an den überernährten Menschen der Wohlstandsgesellschaft und an deren Gegenteil, den zaundürren Models und den bis zur Perfektion ausgemergelten Damen der Gesellschaft. Und so ist es in jedem Lebensbereich. Geld verdienen ist wichtig, maßlose Gier verwerflich. Sparsamkeit ist vernünftig, Geiz ein Laster. Im Bereich der Sexualität formulierte Luther das Mitte-Halten pikant: „In der Woche zwier, macht im Jahre 104, schadet weder ihm noch ihr." Viele mit großen Gaben Beschenkte verloren durch atemberaubende Erfolge das Maß und endeten in Verzweiflung oder Elend. Daher ist der Silvesterbrauch, gute Vorsätze zu fassen, vernünftig. Mäßig leben ist einer der wichtigsten Vorsätze, weil fast alle Schwierigkeiten durch Verstöße gegen das rechte Maß ausgelöst werden.

MATHEMATIK

ist das Alphabet, mit dessen Hilfe Gott das Universum beschrieben hat.

Galileo Galilei

Der griechische Begriff *mathēmatikē téchnē* bedeutet die „Kunst des Lernens". Da es für Mathematik keine allgemein gültige Definition gibt, könnte man sie auch als „Königin der Wissenschaften" bezeichnen. Die „Kunst des Lernens" besteht darin, dass sie den Schüler von ganz einfachen Aufgabenlösungen wie 1 + 1 = 2 in logischen Schritten zu immer schwierigeren Problemen und deren Lösungen führt. Dadurch besitzt sie großen Wert als Schulungsmethode für das logische Denken. Wer das Addieren lernt, kommt irgendwann zum Subtrahieren usw. Leonhard Euler schrieb ein einzigartiges Lehrbuch, mit dem er völlig ungebildeten Menschen die Mathematik nahebringen wollte. Damit es jeder verstehen konnte, diktierte er es seinem Kammerdiener. Wenn dieser etwas nicht verstand, formulierte es Euler verständlicher. Die Mathematik ist eine der ältesten Wissenschaften, die ihre erste Glanzzeit noch vor der Antike in Ägypten, Indien und China erlebte. Die griechischen Pythagoreer erkannten, dass Astronomie und Musik in gewisser Weise angewandte Mathematik waren. Sie entdeckten, dass die Tonabstände Quart, Quint und Oktave durch die einfachen Zahlenverhältnisse 3 : 4, 2 : 3, 1 : 2 ausgedrückt werden können. Das Prinzip des Geraden und Ungeraden führte sie zum System der Wertkategorien, wobei die 1 die gerad-ungerade Urzahl ist, welche die beiden Reihen aus sich erzeugt. Das Ungerade ist das Begrenzte, das Gerade das Unbegrenzte, weil es ins Unendliche teilbar ist. Dadurch erkannten sie den Dualismus als Weltprinzip: eines/vieles, Licht/Schatten, Gutes/Böses usw. Daher sagte Novalis: „Echte Mathematik ist das eigentliche Werkzeug des Magiers; das höchste Leben ist Mathematik; das Leben der Götter ist Mathematik; reine Mathematik ist Religion." Und was so esoterisch-kühn klingt, stimmt ja tatsächlich: Ohne Mathematik gäbe es keine Autos, keine Computer, keine Kathedralen, keine Statistik, keine Satelliten, keine Filme etc.

MEINUNGSFREIHEIT

ist das unveräußerliche Recht, zu sagen, zu denken und zu glauben, was man will.

Stieg Larsson

Die Meinungsfreiheit wurde erstmals 1789 in Artikel 11 der „Erklärung der Menschen- und Bürgerrechte" in Frankreich zu einem der „kostbarsten Rechte des Menschen" erklärt. Im Grunde baut jeder Rechtsstaat auf diesem Recht auf, das die Basis jeder Demokratie bildet. An der Meinungsfreiheit wird heute der Zustand einer Demokratie bewertet. Das Recht der Meinungsfreiheit gilt für jeden Staatsbürger, ob vom randalierenden Rechtsradikalen bis zum gesetzestreuen Bürger. Die Meinungsfreiheit ist ein Menschenrecht und wird in den Verfassungen demokratischer Staaten garantiert. Es ist ein Grundrecht, das die öffentliche Meinungsbildung bei Auseinandersetzungen mit der Regierung vor der Staatsgewalt schützt. Die Meinungsfreiheit garantiert zugleich die Informationsfreiheit und den Zugang zu wichtigen Informationen. Das Verbot jeglicher Zensur verhindert die Kontrolle der Meinungsbildung durch staatliche Organisationen. Daher sind nicht gesetzeskonforme Datenspeicherungen sowie Brief- und Telefonüberwachungen durch Geheimdienste demokratischer Staaten wie Großbritannien und der USA Rechtsbrüche, die von Gerichten verboten und deren Verantwortliche zur Rechenschaft gezogen werden müssten. Dass mutige Aufdecker solcher Rechtsbrüche, wie Edward Snowden, von genau den Geheimdiensten, die für diese kriminellen Aktivitäten verantwortlich sind, verfolgt werden, ist ein Skandal, den sich keine demokratische Gesellschaft gefallen lassen darf. Henry D. Thoreau schrieb bereits 1849 den Essay „Über die Pflicht zum Ungehorsam gegen den Staat“ aus Protest gegen die US-Verfassung, welche die Sklaverei billigte: „Sklaven sind keine US-Bürger, sondern dingliches Eigentum.“ Damit leistete er nach F. L. Platte „für die Unabhängigkeit des amerikanischen Denkens mehr als jeder andere Schriftsteller". Seine wichtigste Botschaft heißt: „Darf der Bürger auch nur für einen Augenblick und im geringsten Grad sein Gewissen dem Gesetzgeber überlassen? Wozu hat denn jeder Mensch ein Gewissen?" Das Recht auf Meinungsfreiheit bedeutet jedoch nicht, dass alles erlaubt ist. Jede Demokratie setzt Grenzen, wie weit Meinungsfreiheit gehen darf. So ist es z. B. verboten, andere Menschen in ihrer Ehre zu beleidigen oder sie zu verleumden. Ebenso ist es verboten, Kinderpornographie und die Darstellung sexueller Gewalt zu veröffentlichen. Verboten ist es auch, zu Verbrechen aufzufordern, Menschen aufzuwiegeln oder gegen eine Volksgruppe zu hetzen oder auch die Grenzen der öffentlichen Sicherheit zu überschreiten, indem z. B. „Feuer" an einem öffentlichen Ort gerufen wird, obwohl kein Notfall vorliegt. Meinungs- und Pressefreiheit sind ein so wichtiger Wert, dass sie gesetzlich geschützt sind.

MEISTERSCHAFT

zeigt sich in der Beschränkung der Mittel.

Johann Wolfgang von Goethe

Meisterschaft in einer Kunst oder in einem Handwerk erfüllt den Betrachter mit Freude oder ehrfürchtigem Staunen. Das Können des Meisters erkennt man auf den ersten Blick. Eine gotische Kathedrale ist ebenso ein Meisterwerk wie das Kinderlied „Schlaf, Kindlein, schlaf", der Smiley-Button auf seine Art genauso gelungen wie Vincent van Goghs „Sonnenblumen", Fellinis Film „La Strada" ebenso wie die „Kleine Nachtmusik" von Mozart oder „Pipi Langstrumpf" von Astrid Lindgren, ein klassisches Motorrad von Harley-Davidson ist ebenso eine Meisterarbeit wie die Kuppel des Petersdoms von Michelangelo. Wodurch ein Kunstwerk zu einem unvergänglichen Meisterwerk wird, ist ein Rätsel. Auch die investierte Zeit des Meisters hat nichts mit der Vollendung zu tun. Rilkes „Weise von Liebe und Tod des Cornets Christoph Rilke" entstand in einer Nacht, Goethe schrieb an seinem „Faust" 64 Jahre lang. Der Meister bestimmt den Maßstab, nach dem sein Werk entstehen soll und arbeitet mit aller Konzentration am Erreichen des selbstgesetzten Ziels. Da sich niemand so intensiv mit dem Kunstwerk beschäftigt hat wie sein Schöpfer, wirkt jede Kritik daran kleinkariert. Als Michelangelos „David" in Florenz aufgestellt werden sollte, meinte ein mächtiger Bürger, dass an der Nase des Standbildes wohl noch etwas wegzunehmen sei. Michelangelo hörte sich die Kritik an, nahm den Meißel und zugleich etwas Marmorstaub, und während er an der getadelten Nase zu verbessern schien, ließ er von dem weißen Staub in seiner Hand etwas herabrieseln. Der besserwisserische Ratsherr äußerte sich nachher sehr zufrieden über die von ihm vorgeschlagene Verbesserung. Oft entstehen auch Meisterwerke, deren Wert von den Zeitgenossen nicht erkannt wird. So z.B. die Bilder von van Gogh, die Lieder von Hugo Wolf oder die Dramen von Georg Büchner. Der Wert von Meisterwerken besteht in der Schönheit ihrer selbst und darin, Maßstäbe zu setzen, die anderen als Vorbild dienen.

MENSCHENRECHT

basiert auf Freiheit.

Yorick Huntinghall

Für Kant ist Freiheit der Kern des Menschenrechts, von dem sich alle anderen Menschenrechte ableiten. Es ist ein von politischen, sozialen, kulturellen und religiösen Umständen unabhängiges Vernunftrecht. Kein Staat darf die Menschenrechte verletzen, weil er sonst seine eigene Gesetzmäßigkeit infrage stellt. Somit werden die Menschenrechte „zur Legitimation" des Rechtsstaates. Der Europäische Gerichtshof für Menschenrechte kontrolliert Menschenwürde, Geltung der Rechte für alle Menschen in allen Ländern und Gebieten (unabhängig von ihrer internationalen Stellung), Recht auf Leben, Freiheit und Sicherheit, Verbot der Sklaverei oder Leibeigenschaft, Verbot der Folter oder unmenschlicher Behandlung, Anspruch auf Anerkennung als Rechtsperson, Gleichheit vor dem Gesetz, Anspruch auf Rechtsschutz, Verbot der willkürlichen Verhaftung oder Ausweisung, Anspruch auf öffentliches Verfahren vor einem unabhängigen Gericht, rechtsstaatliche Garantien: Unschuldsvermutung, keine

Strafe ohne Gesetz, Schutz der Privatsphäre, Recht auf Freizügigkeit (national und übernational), Asylrecht, Recht auf Staatsangehörigkeit, Recht auf Eheschließung, Schutz der Familie, Recht auf Eigentum, Religionsfreiheit, Recht freier Meinungsäußerung, Versammlungs- und Vereinigungsfreiheit, Recht, an der Gestaltung der öffentlichen Ordnung mitzuwirken, Recht auf soziale Sicherheit und Nahrung, Recht auf bezahlte Arbeit, Recht auf gleichen Lohn für gleichwertige Arbeit, Anspruch auf Erholung, Freizeit und bezahlten Urlaub, Anspruch auf ausreichende Lebenshaltung, Anspruch auf Sicherheit bei Arbeitslosigkeit, Krankheit, Invalidität, Verwitwung und Alter, Schutz für Mütter und Kinder, Recht auf Bildung, Recht auf Teilhabe am kulturellen Leben, Freiheit von Wissenschaft und Bildung. Außerdem werden die kollektiven Rechte der Völker laut Artikel 28 garantiert: „Jeder hat Anspruch auf eine soziale und internationale Ordnung, in der die in dieser Erklärung verkündeten Rechte und Freiheiten voll verwirklicht werden können."

MENSCHENWÜRDE

ist die Summe aller Grund- und Menschenrechte.

Anonymus

Die Väter des deutschen Grundgesetzes formulierten 1949 im ersten Artikel: „Die Würde des Menschen ist unantastbar. Sie zu achten und zu schützen ist Verpflichtung aller staatlichen Gewalt." Nach Hitlers „Machtergreifung" 1933 wurde die Weimarer Verfassung nach und nach außer Kraft gesetzt bzw. „durch neue Rechtsgrundsätze" ersetzt. Aus der „Menschenwürde" wurde „Recht ist, was dem Volke nützt". Damit war der Rechtsstaat ausgehebelt. „Nichtarier" und politische Gegner der Nationalsozialisten wurden in Konzentrationslager deportiert, das Erzählen politischer Witze oder das Hören von „Feindsendern" mit Gefängnis bestraft. Der deutsch-jüdische Romanistikprofessor Victor Klemperer kämpfte von 1933 bis 1945 um Menschenwürde, innere Freiheit und zum Schluss ums nackte Überleben. 1935 jagten ihn die Nazis aus dem Amt. Dank seiner „arischen" Ehefrau kam er nicht ins KZ, sondern durfte, nachdem man dem Ehepaar das Haus weggenommen hatte, im „Judenhaus" unter ständiger Angst und Not dahinvegetieren. Privates wissenschaftliches Arbeiten war ebenso untersagt wie das Ausleihen von Büchern. Er durfte nur noch zu bestimmten Zeiten auf die Straße gehen, keine öffentlichen Verkehrsmittel mehr benutzen, nur zu vorgeschriebenen kurzen Zeiten einkaufen. Besitz und Genuss von Zigaretten, Fleisch usw. waren bei Strafe verboten. Jeden Tag drohten Hausdurchsuchungen der Gestapo. Hunger, Kälte; Angst vor Misshandlung und Deportation waren ständig gegenwärtig. Seine kranke Frau rettete seine wissenschaftlichen Arbeiten und Tagebücher, indem sie diese zu einer Freundin in Sicherheit brachte. Bei Entdeckung wären Klemperer und die beiden Frauen zweifellos ins KZ deportiert worden. Klemperer und viele andere wurden unter dem NS-Terror systematisch ihrer Menschenwürde beraubt. Diese besteht nach Kant in der „Achtung vor dem anderen, der Anerkenntnis seines Rechts zu existieren und in der Anerkenntnis einer prinzipiellen Gleichwertigkeit aller Menschen".

MENSCHLICHKEIT

ist köstlicher als alle Schönheit der Erde.

Johann Heinrich Pestalozzi

„Edel sei der Mensch, hilfreich und gut", verdichtete Goethe den Humanitätsgedanken. Ein humaner Mensch ist im ideellen Sinn eine Persönlichkeit, die anderen Wohlwollen, Freundlichkeit, Hilfsbereitschaft, Güte usw. entgegenbringt, ohne dafür etwas zu fordern. Bei Jerusalem gibt es den „Garten der Gerechten". Dort werden Menschen nichtjüdischer Abstammung für „eine konkrete und sicher bezeugte Rettungsaktion für Juden oder Teilnahme an einer solchen" geehrt, die dabei nachweislich ein persönliches Risiko trugen und keine Gegenleistung für die gewährte Hilfeleistung erwarteten. Einer davon ist Oskar Schindler, der als Retter von über 1200 Juden durch Steven Spielbergs Film „Schindlers Liste" weltberühmt wurde. Ein anderer ist Chiune Sugihara, der als Konsul des japanischen Kaiserreiches in Litauen während des Zweiten Weltkriegs Tausenden von Juden das Leben rettete. Dazu umging er aus Humanität die Anweisungen seines Außenministeriums und versorgte ab Juli 1940 die verfolgten Juden mit einem zehn Tage gültigen Transitvisum für Japan durch die Sowjetunion. Um möglichst viele Verfolgte zu retten, arbeitete er täglich 18 bis 20 Stunden beim Ausstellen handschriftlicher Visa. Am 4. September 1940 wurde das Konsulat geschlossen und Sugihara musste seinen Posten verlassen. Trotzdem stellte er noch im Zug Visa aus und warf sie aus dem Fenster als der Zug bereits den Bahnhof Richtung Berlin verließ. Als Chiune Sugihara Jahrzehnte später gefragt wurde, warum er sich damals über die Vorschriften hinweggesetzt hätte, sagte er: „Die Flüchtlinge waren menschliche Wesen, und sie brauchten einfach Hilfe.“ Für diese humanitäre Tat ernannte ihn der Staat Israel zu einem der „Gerechten unter den Völkern“ und in seinem Geburtsort Yaotsu wurde von den Einwohnern eine Gedenkstätte zu seinen Ehren errichtet. Wenn jeder Mensch sich täglich anderen Menschen gegenüber ein wenig human benähme, wäre unsere Welt ein schönerer Ort.

MILDE

muss man walten lassen, solange es geht,
denn jeder kann sie brauchen.

Theodor Fontane

Das althochdeutsche Wort *milti* bedeutet „freundlich“, „gütig“, „freigebig“, „gnädig“. Im Hochmittelalter wird *milte* zu einer persönlichen Tugend des Ritters mit der Bedeutung von Freigiebigkeit und Milde gegenüber dem besiegten Feind. Das Wort lebt bis heute unter dem juristischen Begriff „mildernde Umstände" fort. Damit werden besondere Verhältnisse eines Verbrechens bezeichnet, für die eine übliche Strafe zu streng sein würde, z. B. das desolate Elternhaus des jugendlichen Straftäters, empfundene Reue, geleisteter Schadensersatz, Selbstanzeige, Alkoholeinfluss usw. In Form von Mildtätigkeit hat das Wort auch in seiner zweiten Bedeutung überlebt. Ein Beispiel ritterlicher Großzügigkeit erlebte der junge Naturforscher Alfred Brehm bei seiner Forschungsreise in den Sudan, als er vom deutschen Finanzier des Unternehmens im Stich gelassen wurde. Nachdem Brehm alles Wertvolle verkauft hatte und er mit seinen Bitten um einen Kredit bei den europäischen Sklaven-, Gold- und Elfenbeinhändlern auf taube Ohren stieß, wandte er sich in seiner Verzweiflung an den türkischen Generalgouverneur des Sudan, Latief-Pascha, der ihm bereits vier Monate zuvor eine große Summe geliehen hatte. Das Problem war, dass die Rückzahlungsfrist für diesen Kredit vorüber war. Brehm schilderte dem Pascha seine ausweglose Lage und bedauerte, sein Versprechen nicht erfüllt zu haben und nun erneut Geld zu benötigen. Der Pascha sagte darauf mit orientalischer Größe: „Du warst in Not und ich konnte dich, Gott sei Dank, daraus befreien. Du bist mir dadurch verbindlich geworden; ich will dir darum keine neue Not bereiten, sondern dir sagen, dass es zwischen mir und dir keine Verbindlichkeiten gibt." Brehm erhielt zudem die erbetene Summe und war sprachlos über so viel „Edelmut, reinste Menschlichkeit, Menschenliebe und Barmherzigkeit" des Türken, der ihn als „Bruder, Freund und Sohn" behandelt hatte. Seine europäischen „Freunde" hätten ihn glatt verhungern lassen.

MITLEID

ist die höchste Form der Liebe –
vielleicht die Liebe selbst.

Heinrich Heine

Die Unterscheidung zwischen Mitleid und Mitgefühl ist schwierig. Mitleid hat man mit einer bestimmten leidenden Person, Gruppe oder Nation, oder mit einem verletzten Tier, einem bedrohten Rudel oder einer gefährdeten Tierpopulation. Mitgefühl ist eine der Grundlagen der buddhistischen Weisheitslehre. Die alten buddhistischen Pali-Texte überliefern eine Aufstellung mit 25 heilsamen, konstruktiven Emotionen wie Glaube, Hoffnung, Selbstvertrauen, geistige Spannkraft oder Achtsamkeit. Sie sind wichtig, um vier positive Kräfte im Menschen zu entwickeln: Liebe, Gleichmut, Freude und Mitgefühl. Wer diese Kräfte in ein ausgewogenes Verhältnis bringt, ist ein weiser, zufriedener, glücklicher Mensch, in dessen Umgebung alles leicht und frei wird. Mitleid kann fürchterlich sein, wenn man den Schmerz eines geliebten Menschen oder Tieres teilt. Man leidet im wahrsten Sinne des Wortes mit. Mitgefühl ist umfassender, wie Chesterton feststellt: „Der heilige Franziskus hat alles vorweggenommen, was unsere moderne Denkart an äußerster Weitherzigkeit und an Mitgefühl in sich birgt: die Liebe zur Natur, die Liebe zu den Tieren, den Sinn für soziale Verpflichtung, den Blick für die geistigen Gefahren des Wohlstandes und selbst des Besitzes." Der Wert des Mitgefühls liegt in der Verantwortung, die jeder einzelne Mensch für unsere Erde, alle Lebewesen, alle Pflanzen und alle Mitmenschen hat. Wer verantwortungs-, acht- oder auch nur gedankenlos damit umgeht, macht sich schuldig. Daher bemüht sich jeder Buddhist, kein Lebewesen zu töten oder zu verletzen, Nichtgegebenes nicht zu nehmen, keine zweifelhaften sexuellen Beziehungen zu pflegen, weder zu lügen, noch leichtfertig zu reden und keine berauschenden Drogen zu konsumieren. Denn dadurch könnte man in Gefahr geraten, das Mitgefühl zu verlieren. Es gibt auch das Mitgefühl für Feinde, wovon ein Freund des Dalai Lama erzählte, der 18 Jahre in einem chinesischen Straflager verbrachte und es dort täglich aufrechterhielt.

MUSIK

heilt. Musik bringt Freude. Musik tröstet.

Yehudi Menuhin

Wurde Luther depressiv, nahm er die Laute und „sang gegen Teufel" an. Das war seine Selbsttherapie. Er hielt Musik für „die beste Gottesgabe". Bruder Sebastian, der Musikmeister des Klosters Königsmünster in Meschede, sagte auf meine Frage, ob ihm das viele tägliche Singen des gregorianischen Chorals nicht langweilig würde: „Im Gegenteil. Das ist für mich die reinste Medizin." Den Wert der Musik, und besonders den des Selbersingens, belegt eine wissenschaftliche Studie. Tägliches Singen stärkt das Immunsystem und erzeugt positive Gefühle. Wer singt, atmet instinktiv richtig und bringt Körper und Seele ins Gleichgewicht. Singen verbessert nachweislich die durch Stress geschädigten oder verkümmerten Nervenzellen, denn Musik entspannt die Gefäße, wie eine Untersuchung von Herzspezialisten der Universität Maryland zeigt. Und sogar das Hören der eigenen Lieblingsmusik stärkt das Herz-Kreislauf-System. Es wirkt gefäßerweiternd wie das Lachen. Zehn Studenten wählten die Musikstücke aus, die sie „am glücklichsten" machte. Dann spielte man ihnen vier unterschiedliche Musikproben vor. Dabei wurden jeweils Messungen am Oberarm vorgenommen. Beim Hören ihrer Lieblingsmusik erweiterte sich bei den Testpersonen der Durchmesser der Gefäße um 26 Prozent, bei lustigen Hörproben um 19 Prozent. Beim Klang von Entspannungsmusik vergrößerten sie sich jedoch nur um elf Prozent. Bei anstrengender Musik verengten sie sich um sechs Prozent. Obwohl in den Schulen immer weniger gesungen wird, erahnen instinktiv viele Menschen den positiven Einfluss von Musik. Darum singen sehr viele in Chören und haben dort ihre Freude. Außer der Freude am gemeinsamen Gestalten eines musikalischen Kunstwerkes lernt man nebenher, Disziplin zu wahren, anderen zu lauschen und Töne und Wörter präzise zu prononcieren. In diesem Sinne ist Musik tatsächlich die „Sprache der Engel", wie Thomas Carlyle meinte.

MUSSE

ist der schönste Besitz von allen.

Sokrates

Davon besaß Sokrates mehr als genug. Statt wie viele andere Menschen rastlos seinen Reichtum zu mehren, führte er mit Freunden Gespräche über den Sinn des Lebens und genoss die Früchte der Weisheit. Aus der Sicht des heutigen Wirtschaftsmenschen war er das Muster eines Müßiggängers – allerdings eines genialen, der das abendländische Denken grundlegend formte. Für Michel de Montaigne war er der „Meister aller Meister". Schon ein Philosoph der Antike musste Muße besitzen, denn Muße bildet die Voraussetzung für schöpferisches Denken. Das Zeichen des Philosophen war das *chileion*, der Wanderstab, auf den er sich beim Gespräch stützte. Sklaven oder Handwerker hatten für „würdevolle Muße" (Cicero) keine Zeit. War Muße in der Antike die Voraussetzung für ein kultiviertes Leben, galt sie in der folgenden christlichen Epoche als eines der sieben Hauptlaster des Mönchtums. Noch strenger wurde es im calvinistischen Protestantismus, der die Arbeit heiligte und jede Art von Müßiggang als aller Laster Anfang verdammte. Die protestantische Arbeitsmoral wurde so zur Basis des Frühkapitalismus. Genoss ein frommer Protestant nach dem sonntäglichen Kirchgang wenigstens etwas Freizeit, so sind heute die Grenzen zwischen Arbeit und Muße durch die Kommerzialisierung der Freizeit fast verschwunden. Selbst Urlaub artet oft in Stress aus, weil auch die Muße erlernt werden muss. Erst die Muße bringt Zeit zum Nachdenken und zur Erholung. Das kann durch Tagträumereien ebenso geschehen wie durch anregende Getränke, wie einmal Balzac einer Verehrerin erzählte: „Gestern Abend saß ich um neun am Schreibtisch. Nichts fiel mir ein. Ich trank einen Cognac – die Phantasie blieb stumm. Ich trank einen zweiten – nichts. Einen dritten, einen vierten. Nachts um zwölf war endlich der Abend gerettet." – „Da kam die Inspiration über Sie?" rief die Dame. – „Das gerade nicht – aber ich hatte 20 herrliche Cognacs getrunken und das Nichtstun genossen."

MUT

ist die Leiter zu allen Tugenden.

Clare Boothe Luce

Das mittelhochdeutsche Wort *muot* hat eine Fülle von Bedeutungen: Die Kraft des Denkens, Empfindens, Wollens, Sinn, Seele, Geist, aber – wie das englische *mood* – auch Gemüt, Stimmung, Gesinnung, Hochherzigkeit usw. Im Hochmittelalter wird es in der Minnesangkultur als *hôher muot* zur Tugend des Ritters im Sinne von edlem Stolz und Hochgestimmtsein. Erst Anfang des 16. Jahrhundert nähert sich „Mut" unserer heutigen Bedeutung. Mut drückt in jedem Fall eine ergreifende seelische Stimmung aus, wie Wortzusammensetzungen, wie Schwer-, Hoch-, Lang-, De-, Wankel-, Miss-, Sanft-, Frei- oder Großmut zeigen. Unser Wort „Mut" nimmt heute auch die Bedeutung des veralteten Wortes „Kühnheit" ein und wird zudem im Sinne von Optimismus gebraucht. Wer ist mutig? Jemand, der etwas im Vertrauen auf eigene Kraft und Fähigkeiten wagt. Das unterscheidet Mut von Tapferkeit, die für Durchhaltewillen steht. Der Mutige muss seinen Mut nicht unbedingt bei etwas Gefährlichem unter Beweis stellen. Es gehört ebenso Mut dazu, einen ungerecht behandelten Menschen zu verteidigen, wie eine gewohnte Lebensform zu ändern. Jeder, der die Sicherheit eines gewohnten Weges verlässt, zeigt Mut. Vincent van Gogh gab zum Entsetzen seines Vaters den Beruf des Arme-Leute-Predigers auf, um Maler zu werden. Er konnte zwar von seiner Kunst nicht leben, aber er verwirklichte mutig das, was in ihm steckte. Er blieb arm, ist aber heute weltberühmt, ebenso wie es Steve Jobs war, der durch seinen kompromisslosen Weg zum Multimillionär wurde. Mut ist tatsächlich die Leiter zu allen Tugenden, weil es ebenso Mut beweist, gezielt mäßig zu leben, wie „sich seines Verstandes zu bedienen“, wie Kant sagt. Wer den Mut besitzt, eigene Ängste zu überwinden, kommt in jedem Fall weiter, indem er in neue Gebiete und Lebensbereiche vordringt und Dinge über sich und die Welt erfährt, von denen er vorher kaum etwas ahnte. Dem Mutigen kommt das Glück entgegen, weil die Göttin des Glücks Mutige liebt und Ängstliche verabscheut.

MYTHOS

ist nie dagewesene Vergangenheit.

Ron Kritzfeld

Das griechische Wort bedeutet „Laut“, „Wort“, „Rede“, „Erzählung“, „sagenhafte Geschichte“. Im religiösen Bereich wird durch den Mythos der Kosmos der Götter mit der Welt der Menschen verbunden. Obwohl Mythen Geschehnisse aus verschollenen Zeiten berichten, wird in ihnen Anspruch auf Wahrheitsgehalt erhoben. Im Laufe der Jahrhunderte wird der Glaube daran so fest, dass aus Mythen Kulturgüter werden, die im Gedächtnis eines Volkes unreflektiert weiterleben. Als Heribert Illig 1996 nach gründlichen Forschungen behauptete, Karl der Große habe nie gelebt, seine Biographie sei erfunden, knapp 300 Jahre europäischer Geschichtsschreibung und mehrere Dutzend Kaiser und Päpste seien nachträglich eingefügt worden, war das Geschrei der Fachgelehrten groß. Es konnte zwar an einigen von Illigs Fakten gerüttelt werden; trotzdem handelt es sich um „… ein aberwitziges Buch, jedoch ungemein belesen und daher auch verwirrend stichhaltig“, wie die Süddeutsche Zeitung urteilte. Obwohl Illig die „größte Zeitfälschung der Geschichte“ detailliert untersuchte und folgerte, dass wir uns eigentlich erst im Jahre 1717 befinden, lebt der Mythos Karl der Große weiter, weil wir alle damit aufgewachsen sind. Heinrich Schliemann erging es umgekehrt. Bevor er das sagenhafte Troja ausgrub, galten Homers Epen „Illias“ und „Odyssee“ als geniale Abenteuerromane. Schliemann bewies, dass Homer die Entführung der schönen Helena und die Eroberung Trojas auf der Basis historischer Tatsachen erzählt hatte und dass seine Ortsangaben mit der Realität übereinstimmten. Wie schon Platon feststellte, kann Mythos Wahres und Falsches enthalten, denn die Vorstellung von Autorität, höherer Wahrheit und transzendentaler Bedeutung gehört zur Sehnsucht des Menschen. Der menschliche Geist kommt nicht ohne Hoffnung aus, weil das Leben hart ist und die Erfüllung der Wünsche meistens versagt bleibt. Jeder ist vom Tode bedroht, das

Alter kann nicht in Jugend, Hässlichkeit nicht in Schönheit, ein trübseliges Leben nur schwer in ein heiteres verwandelt werden. Was tut die suchende Seele? Sie versucht, sich ins Geheimnisvolle zu flüchten oder in übersinnliche Welten zurückzuziehen: in die Welt der Mythen, in der das Gute das Böse besiegt. Darin besteht der Wert der Erfindungen genialer Dichter. Ihre Phantasie nimmt uns mit zu den Sternen oder in die Wälder von Avalon, dorthin, wo wir dem grauen Alltag in ein schöneres Sein entfliehen können.

NACHHALTIGKEIT

ist das Geheimnis der Weisen.

Michel de Chassecourt

Der wichtige Begriff wurde bereits 1713 von H. C. von Carlowitz eingeführt, der sich in seinem Buch über die „Naturmäßige Anweisung zur wilden Baum-Zucht" für das Nachhaltigkeitsdenken in der Forstwirtschaft einsetzte. Seine Formel lautete: Es darf immer nur so viel Holz dem Wald entnommen werden, wie nachwachsen kann, weil es sonst zu Verkarstung wie z. B. in Sizilien kommt. Die genial-einfache Idee bekam ihre internationale Bedeutung durch die Übersetzung des Begriffs ins Englische. Wird in Brasilien der Regenwald gerodet, um durch Sojaanbau raschen Gewinn zu machen, so ist das kurzsichtig gedacht, weil der Boden nach ein paar Ernten ruiniert ist und keinen Ertrag mehr bringt. David Munro erweiterte den Nachhaltigkeitsbegriff, als er ihn 1980 in die Umweltpolitik einführte. Jeder kluge Mensch ist auf die längere Zeit anhaltende Wirkung seiner Arbeit bedacht. Wohin rasche Geldgier führt, zeigt die Euro-Finanzkrise. Wenn in jedem Lebensbereich das Nachhaltigkeitsprinzip regiert, wird die Welt stabiler und besser. Solide gebaute Häuser bieten langfristig Wohn- und Nutzraum. Plattenbauten aus den 60er-Jahren sind inzwischen so desolat, dass sie abgerissen werden müssen. Gut ausgebildete Menschen sorgen für den Wohlstand einer Nation. Wo das Bildungswesen krankt, herrschen Armut und Trostlosigkeit. Das Nachhaltigkeitsdenken beginnt im Kleinen. Eine junge Deutsche wollte in Antalya für drei Lira Feigen kaufen und bat den Lebensmittelhändler, diese in ihr Hotel schicken zu lassen. „Gern", sagte er. – „Es ist aber ziemlich weit. Wegen einer solchen Kleinigkeit müssen Sie sich nicht selbst bemühen. Schicken Sie doch Ihren Angestellten." – „O nein, ich werde selbst kommen." – „Sie selbst? Ein wohlhabender Mann kommt extra wegen einer solch kleinen Summe?" – Der Türke antwortete mit einem Lächeln: „Ich bin wohlhabend geworden, indem ich mich bemühte. Ich bleibe dabei, um nicht wieder arm zu werden." Langfristige Planung, Pflege der Werte und ständige Innovation sorgen für die Erhaltung der Lebensqualität.

NÄCHSTENLIEBE

bedeutet, Gott in seinem Bilde zu lieben.

Nikolaus von Kues

„Liebe deinen Nächsten wie dich selbst." Damit stellt Jesus das Gebot der Nächstenliebe an die Seite der Zehn Gebote des Alten Testaments. Mit dem Nächsten ist nicht mehr nur das Familienmitglied, der Nachbar oder der Angehörige derselben Kulturnation gemeint, der Nächste ist jeder, der – wo auch immer – Hilfe braucht. Auch der Feind wird in diese Forderung miteinbezogen. Nächstenliebe überschreitet jede Abgrenzung zu Anderslebenden, Andersartigen, Andersbetenden. Nächstenliebe ist die höchste Stufe der Toleranz. Durch die Verbreitung des Christentums wurde die Nächstenliebe in der antiken Ethik zum Grundwert neben der Gerechtigkeit. Nächstenliebe fragt nicht, sondern gibt, wenn gebeten wird, und hilft, wenn jemand aus Scham oder aus Hilflosigkeit verstummt. Neben vielen unbekannten Helden sind leuchtende Ikonen der Nächstenliebe Florence Nightingale, Mutter Teresa, Albert Schweitzer oder Henri Dunant. Sie halfen nicht nur in akuten Notsituationen, sie verwirklichten ihren Traum von großen Hilfswerken, die die Welt verbesserten. Henri Dunant, der als Augenzeuge nach der Schlacht von Solferino (1859) das Leiden vieler Tausend Verwundeter sah, organisierte spontan Hilfe und brachte fast 300 Helfer zusammen, die die Verwundeten selbstlos versorgten. Das war das erste freiwillige Team des späteren Roten Kreuzes. Kurz darauf schrieb Dunant sein Buch „Erinnerungen an Solferino“, das er allen regierenden Fürsten Europas schickte. Damit bewirkte er das Wunder, dass Kriegsgefangene, Verwundete und Waffenlose nicht mehr als Kriegsfeinde behandelt wurden. Die humanitäre Idee eroberte so rasch die Welt, dass es bereits fünf Jahre später zur Genfer Konvention und zur Gründung des Roten Kreuzes kam. Für diese Tat der Nächstenliebe erhielt Henri Dunant 1901 den Friedensnobelpreis. Obwohl er bettelarm war, stiftete er das Geld für wohltätige Zwecke. Damit wurde er zum Inspirator ähnlicher internationaler Hilfswerke der Nächstenliebe.

OPTIMISMUS

ist die Kunst, hinter Gewitterwolken
die Sonne zu erahnen.

Yorick Hungtinghall

Es waren einmal zwei Frösche. Die besuchten gemeinsam einen Kuhstall. Der eine hatte Voltaires „Candide“ über den Optimismus gelesen und sah das Leben durch die rosa Brille. Der andere war ein Anhänger von Schopenhauer und betrachtete die Welt aus der Pechvogelperspektive. Ins Gespräch vertieft über ihre Weltanschauungen kamen sie vom Weg ab und fielen in einen Milcheimer. Der Pessimist glotzte entsetzt auf die spiegelglatten Metallwände, schwamm hektisch ein paar Runden und quakte in Panik: „Wir werden ersaufen." Nach diesem Stoßseufzer gab er hoffnungslos den Kampf auf, versank in der Milch und ertrank. Der optimistische Frosch starrte ebenfalls entsetzt die spiegelglatten Metallwände an, doch dann fasste er sich ein Herz und dachte: „Wenn ich schon sterben muss, will ich wenigstens noch ein bisschen Spaß am Leben haben." Also schwamm er im Kreis, tauchte, übte Rückenschwimmen und strampelte herum, bis er nach ein paar Stunden plötzlich festen Grund unter den Füßen spürte. Die Milch hatte sich durch seine Bewegungen in Butter verwandelt. Als die Bäuerin den Frosch im Eimer sah, schüttete sie ihn angeekelt in den Bach. Die Fabel zeigt, dass eine düstere Weltsicht auf den ersten Blick gerechtfertigt ist, heil aus der Sache herauszukommen. Doch wer beherzt nach jedem Strohhalm greift und nicht die Hände in den Schoß legt, hat die Chance, die Dinge positiv zu verändern. Einer meiner Freunde hat einen wunderbaren, aber leicht desolaten Besitz geerbt. Statt sich darüber zu freuen und daraus etwas zu machen, jammert er, nicht genug geerbt zu haben, um das Anwesen restaurieren zu können. In jahrelangen Trübsinn versunken, sieht er dem Zerfall der Gebäude zu und hofft auf das Wunder eines Lottogewinns. Ich habe den Verdacht, dass er nur glücklich ist, wenn er unglücklich ist. Das verstellt ihm den Blick auf den Wert der Dinge.

ORDNUNG

ist die Verbindung des Vielen nach einer Regel.

Immanuel Kant

Meine Freunde, die diesen Artikel lesen, werden lächeln. Obwohl ich Ordnung als großen Wert erkenne und bewundere, fällt es mir schwer, Ordnung in meinem Leben einen würdigen Platz einzuräumen. Das heißt: In einigen Bereichen herrscht Chaos. „Ordnung führt zu allen Tugenden, aber was führt zur Ordnung?" seufzte schon Lichtenberg. Als Charles Dickens' Eltern ins Gefängnis und der Zehnjährige selbst als Packer in eine Schuhcreme-Fabrik kamen, wusste er den Grund dafür: Sein Vater hatte sich durch seine chaotische Lebensführung in den Bankrott und die Familie ins Unglück gestürzt. Die Unordnung war schuld. Sie hatte zur Katastrophe geführt. Aus diesem Grund wurde Dickens zum Ordnungsfanatiker. Es war jedoch nicht die Liebe zur Ordnung, die ihn antrieb, sondern die Angst, durch Unordnung wieder in Armut zu versinken. Misserfolg erschien ihm daher immer nur als Folge mangelnder Ordnung. Seinen Ordnungswahn, der ihm persönlich half, dehnte er auf die gesamte Familie aus. Täglich inspizierte er die Zimmer seiner Kinder. In aller Herrgottsfrühe kontrollierte er persönlich, ob Ställe und Küche in Ordnung waren und ob alles an seinem Platz stand. Danach erst ging er an den Schreibtisch, um sein riesiges Arbeitspensum zu absolvieren. Der Kontrollwahn verwandelte das Dickens'sche

Haus in eine Art Erziehungsanstalt, in der sich jeder wie ein Sträfling vorkam. Aber wie macht man es besser? Denn das kluge Sprichwort: „Heilige Ordnung, liebe sie, sie erspart dir Zeit und Müh", stimmt ja wirklich. Eigentlich besteht Ordnung ja nur darin, überflüssige Dinge wegzuwerfen, die übriggebliebenen zu sortieren, in ein Ordnungssystem einzugliedern und dann jeden Gegenstand nach dem Gebrauch wieder an seinen Platz zu tun. Und genau hier ist die Klippe: Man muss es sofort tun. Die innere Ordnung funktioniert nach demselben Prinzip. Wie sagte Goethe so schön: „Wir sind Wissensriesen, aber Umsetzungszwerge." Ordnung ist der tägliche Kampf gegen das Chaos.

PÄDAGOGIK

besteht in der Geschicklichkeit,
unbemerkt zu erziehen.

Michael Winzer

Ein gutes Bildungssystem ist ein Wert, von dem eine Nation und ihre Mitglieder Generationen lang profitieren. Schüler, die das Glück hatten, von engagierten Lehrern unterrichtet zu werden, werden für ihr Leben geprägt. Daher ist nicht nur das Erziehungssystem ein Wert, sondern noch mehr der Pädagoge, der lernfaule oder -schwache Schüler motiviert und mit dem Feuer der Begeisterung für sein Fach ansteckt. Zu Luthers Zeiten wurde noch im Takt des Rutenbündels unterrichtet. Wer störte, die Aufgabe nicht begriff oder etwas vergaß, wurde körperlich bestraft. Heute muss der Lehrer die Schüler mit pädagogischen Tricks zum Lernen motivieren. Als Frank McCourt noch als Englischlehrer arbeitete, begeisterte er seine bildungsresistenten 16-jährigen Schüler mit der Idee, ihre ersten Kinderbücher zum Unterricht mitzubringen. Plötzlich herrschte Freude im Klassenzimmer. Man las sich gegenseitig vor, debattierte hitzig über „Hänsel und Gretel" oder den „Hobbit" und zitierte Kinderreime. Als McCourt auf den Einfall kam, jeder Schüler solle selbst ein Kinderbuch schreiben, illustrieren und binden, wurden alle vom schöpferischen Genius erfasst. Zum Test wurden die Bücher den Dritt- und Viertklässlern einer Grundschule zum Bewerten vorgelegt. Die Erwartung war groß, als sich die kleinen Kritiker mit baumelnden Beinen auf die Pulte setzten und an die Beurteilung gingen. Zum Schluss lasen sie ihre Gutachten vor, bei deren Formulierung ihre Lehrerin geholfen hatte. Der Raum knisterte vor Spannung, denn Kinder sind unbestechliche Kritiker. Ein Kind schrieb: „Das Buch ‚Drüben' hat mir nicht gefallen. Ich finde, man sollte nicht über Krieg und über Menschen schreiben, die sich gegenseitig ins Gesicht schießen und sich vor Angst in die Hosen machen, wenn man auch über schöne Dinge wie Blumen oder Eierkuchen schreiben kann." Frank McCourts neue Art des Unterrichts, worin er die Schüler anregte, schöpferisch tätig zu werden und sich der Kritik des Publikums zu stellen, war ein geniales Experiment, das Wert besitzt, wiederholt zu werden.

PFLICHT

bezeichnet den Unterschied, was den Weisen und was den unbedeutenden Menschen zum Handeln bringt. Der Unbedeutende wird durch Lohn und Strafe zum Handeln getrieben, der Weise durch die Pflicht.

Lü Bu We

Das Wort leitet sich von „pflegen" her und bezeichnet das, was jemand aus moralischen Gründen tun muss. Es gibt die Wehrpflicht, die Schulpflicht, die Aussagepflicht u.a. Hier bestimmt eine Instanz über den freien Willen eines Menschen. Da es sich um demokratisch festgelegte Normen handelt, muss der Einzelne diese Pflicht erfüllen. Wer sich dem entzieht, wird bestraft, indem er z.B. bei Gericht in Beugehaft genommen oder als Deserteur im Krieg standrechtlich erschossen wird. Pflicht dient in diesem Fall dem Erhalt gemeinschaftlicher Einrichtungen. Wer Pflichten erfüllt, hat natürlich auch Rechte, die er in Anspruch nehmen kann. Handelt es sich um staatliche Belange, besitzt er das Wahlrecht usw. Ist er vertraglich einem Arbeitgeber verpflichtet, hat er Anspruch auf Gehalt usw. Wer die Dienstpflicht verletzt, kann fristlos gekündigt werden. Die Pflichterfüllung kann zum Gewissenskonflikt führen. Aus Protest gegen die US-Verfassung, die deklarierte: „Sklaven sind keine US-Bürger, sondern dingliches Eigentum“, weigerte sich Henry D. Thoreau, Steuern zu zahlen, und wurde verhaftet. Empört über die Ungerechtigkeit verfasste er den Essay „Über die Pflicht zum Ungehorsam gegen den Staat.“ 60 Jahre später inspirierte das brisante Büchlein Mahatma Gandhi zu seinem Freiheitskampf, die Kämpfer der französischen Résistance im Zweiten Weltkrieg, Martin Luther King und Millionen freiheitsliebende Menschen in aller Welt. Damit hat Thoreau, wie F.L. Patte sagte, „für die Unabhängigkeit des amerikanischen Denkens mehr geleistet als jeder andere Schriftsteller“. Thoreaus wichtigste Botschaft heißt: „Darf der Bürger auch nur für einen Augenblick und im geringsten Grad sein Gewissen dem Gesetzgeber überlassen? Wozu hat denn jeder Mensch ein Gewissen?“ Pflichterfüllung ist schwer, sie aus Gewissensgründen zu verweigern, ist jedoch moralische Pflicht.

PHANTASIE

ist wichtiger als Wissen, denn Wissen ist begrenzt.

Albert Einstein

Das Wort *phantasía* ist Griechisch und bedeutet „Erscheinung“, „Traumgesicht“, „Vorstellung“, aber auch „Gespenst“. Mit Phantasie wird die schöpferische Fähigkeit des Menschen bezeichnet. Der Mensch ist die einzige mit

Schöpferkraft begabte Gattung, und sie verfügt nur über ein einziges Werkzeug für diese Kraft: den kreativen Geist und den Willen, die in seinem Gehirn erzeugten Vorstellungsbilder Wirklichkeit werden zu lassen. Das einzelne Vorstellungsbild wird Phantasma genannt. Für Aristoteles war *phantasía* „die Vorstellung als Nachwirkung der Wahrnehmung, die auch ohne Wahrnehmung auftritt". Das ist ein wunderbarer Gedanke, weil Phantasie folglich durch Traumbilder erzeugt wird. Tatsächlich wurden bedeutende Entdeckungen „vor dem Aufwachen" gemacht, wie es der berühmte Mathematiker Gaus bestätigte. Sehr schön definierte Wilhelm Wundt die Phantasie als ein „Denken in sinnlichen Einzelvorstellungen", ein „Denken in Bildern". Zweifellos ist der freie, schöpferische Geist des Menschen das Wertvollste, was es gibt. Ohne die Kraft der Phantasie gäbe es keine Sprache, keine Bücher, kein Rechtssystem, keine Filme, keine Mathematik, keine Baukunst, keine Medizin usw. Da Schulen und Universitäten im Allgemeinen hauptsächlich das Wissen fördern, wäre es an der Zeit, unser Schulsystem zu überdenken und schöpferische Menschen in den Erziehungsprozess einzubeziehen. Denn unsere moderne Welt bedarf stärker denn je der Phantasie. Schon Schopenhauer war sich sicher, dass „phantasielose Köpfe nie etwas Großes leisten". Leider hat er recht, denn anstelle großer phantasievoller Entwürfe breitet sich die Bürokratie aus und lässt der Kreativität kaum noch Raum. Das Übel wuchert sogar bis in die Theater, Rundfunkanstalten und Verlage, immerhin Institutionen, die für die Umsetzung schöpferischer Gedanken sorgen sollten. „Phantasie ist nicht Ausflucht. Sich etwas vorstellen heißt, eine Welt bauen, eine Welt erschaffen", sagte Eugène Ionesco.

PHILOSOPHIE

ist die wahre Medizin des Geistes.

Cicero

Das griechische Wort *philosophía* heißt „Liebe zur Weisheit". Philosophen versuchen, die Welt, ihre Erscheinungen und die menschliche Existenz zu verstehen und zu deuten. Im Unterschied zu anderen Wissenschaften ist sie nicht auf ein bestimmtes Gebiet festgelegt, sondern widmet sich allen Phänomenen des Lebens. Das philosophische Denken begann im 6. Jahrhundert v. Chr. in Griechenland, als kluge Köpfe systematisch das Wissen erfassten und von religiösen Vorstellungen und Mythologien abgrenzten. Sie entwickelten als Kerngebiete die Logik, die Wissenschaft des folgerichtigen Denkens; die Ethik als die des folgerichtigen Handelns und die Metaphysik als die Wissenschaft vom Ursprung des Seins und der Wirklichkeit. Ihre Überlegungen führten zur Frage nach dem Sinn des Lebens, nach dem Unterschied von Gut und Böse, nach Gerechtigkeit und allen übrigen Tugenden und Werten, von denen dieses Buch handelt. Zudem natürlich nach den Naturgesetzen, denn Wissenschaft ist ja nichts anderes als messen und wägen. Manche Philosophen beschäftigten sich mit der praktischen Lebensphilosophie und kamen so auf Konzepte für ein vernünftiges Zusammenleben der Menschen miteinander und ihrer Umwelt, wobei sie immer vom Gedanken geleitet wurden, dass jede Behauptung einer Überprüfung standhalten müsse. Dem philosophischen Denken verdanken wir unser Rechtssystem, unsere Staatsform der Demokratie und vernünftige Lebensregeln. Michel de Montaigne hält die Philosophie für das Allheilmittel für jeden Menschen: Sie besänftige die Stürme der Seele, ließe Mühsal und Schmerzen ertragen und lehre den Einsichtigen, gelassen zu sterben. Er meint: „Der Genuss des Lebens bedarf des wohlüberlegten Umgangs mit ihm. … Je kürzer ich das Leben noch besitze, desto tiefer und umfassender muss ich von ihm Besitz ergreifen", denn „der Weise ist der leidenschaftlichste Liebhaber der natürlichen Glücksgüter". Philosophie ist nichts anderes als die Anleitung für ein reiches, glückliches Leben.

POESIE

ist die Sprache, in welcher der Mensch
sein Erstaunen erforscht.

Christopher Fry

Das griechische Wort *poiesis* bedeutet „Erschaffung". Darunter verstand Aristoteles die Gattungen Drama, Epos und Lyrik. Heute bezeichnet man damit im Deutschen erstens Gedichte und zweitens eine bestimmte Qualität, wie „die Poesie der blauen Stunde" oder „ein poetischer Film", also eine Stimmung jenseits der Alltagssprache. Nun ist in Heinrich Bölls Augen verwirrenderweise Poesie jedoch „Dynamit für alle Ordnungen dieser Welt". Bölls Gedanke knüpft an Nietzsches Diktum „Schreiben ist Dynamit" an. Auch das verwirrt zunächst. Doch tatsächlich steckt manchmal in einem Buch, einem Aphorismus oder einer Gedichtzeile eine so gewaltige Kraft, dass sie einen ganzen Staat umstürzen kann. Napoleon wusste um die Energie der Poesie, als er sagte: „Die Marseillaise ist der größte General der Revolution, und die Wunder, die sie vollbrachte, sind ohne Beispiel." Ein gelungener Slogan wie „Yes we can" entzündet Millionen Herzen und trägt den Funken der Botschaft sekundenschnell weiter. In den 70er-Jahren des vergangenen Jahrhunderts ging die Hymne der Bürgerrechtsbewegung „We shall overcome" um die Welt. Der Ruf „Deutschland, einig Vaterland", vereinte die DDR-Bürger zum gewaltfreien Umsturz. Das ist die Macht der Poesie. Aber sie wirkt auch im Kleinen. Durch sie werden Kinder in den Schlaf gesungen, sie lässt in unseren Herzen ein Stück Heimat mit in die Fremde reisen, und ihre Energie gibt Halt in verzweifelten Situationen: „Der Herr ist mein Hirte, mir wird nichts mangeln. Er weidet mich auf grüner Aue ..." Poesie schult unseren Sinn für den Klang der Sprache und lehrt uns die Kunst der Gedankenverknüpfung. Peter Handke meint: „Man sagt immer, die poetische Sprache sei künstlich. Aber in Wahrheit ist sie die einzige nicht arrangierte Sprache, wenn das Gefühl da ist.“ Darum ist es wichtig, Gedichte und Lieder zu lernen. Sie sind die Wünschelrute, die uns befähigt, verborgene Schätze in unserer Seele aufzuspüren.

POSITIVES DENKEN

ist die rosarote Brille, die die Welt schöner erscheinen lässt.

Yorick Huntinghall

Ein chinesischer Diplomat, wurde bei einem Empfang in Washington gefragt, weshalb die Chinesen überall den Drachen abbilden: „Es ist doch bekannt, dass es ein solches Wesen nicht gibt. Oder haben Sie je einen Drachen gesehen?“ Höflich lächelnd sagte der Chinese: „Im Hafen von New York steht die Statue der Göttin der Freiheit, und sie wird auf Münzen abgebildet. Es ist doch bekannt, dass es ein solches Wesen nicht gibt. Oder haben Sie je die Freiheit gesehen?“ Das „positive Denken“ basiert auf Ralph Waldo Emersons amerikanischen „Transzendentalismus“: „Der Mensch ist sein eigenes Geschick; und die Seele, die den Menschen rechtschaffen und vollkommen macht, gebietet allem Licht, aller Macht, allem Schicksal. Alles geschieht ihm zur rechten Zeit. Ob gut oder schlecht, unsere Taten sind unsere Engel, unsere Schicksalsschatten, die uns stets begleiten.“ Das bedeutet: Wer sich selbst und seiner inneren Überzeugung vertraut, wird die Dinge positiv beeinflussen. Wer an das Kraftsymbol des Drachen glaubt, wird davon beeinflusst. Wer an den eigenen Erfolg glaubt, wird ihn erreichen. Wer auf sein Glück baut, wird es finden. Wer das Symbol der Freiheit verehrt, wird dafür kämpfen, usw. Die positive Weltsicht ist vielleicht nicht immer erfolgreich, doch oft braucht man drei oder mehr Anläufe, um das Ziel zu erreichen. Der Mensch träumte irgendwann davon, zu fliegen: Heute fliegt er. Er träumte vom gerechteren Staatswesen der Demokratie, und seit fast 70 Jahren dürfen wir frei wählen. Wer könnte sich der Wahrheit von Emersons Philosophie entziehen, wenn dieser sagt: „Hänge kein trauriges Bild an deine Wand und beflecke deine Reden nicht mit schwarzer Schwermut. Sei kein Zyniker und kein Prediger der Trostlosigkeit. Jammere und wehklage nicht ... Belebe uns durch unaufhörliches Bejahen. Erschöpfe dich nicht in Kritteleien und kläffe nicht gegen das Schlechte, sondern erzähle uns von der Schönheit des Guten."

PRIVATSPHÄRE

ist wie Sauerstoff – man schätzt sie erst, wenn sie fehlt.

John Emontspool

Seit in Italien ein Supercomputer der Steuerbehörde sämtliche Daten der Steuersünder vernetzt, fürchten viele, dass „die Privatsphäre zu einer fernen schönen Erinnerung" wird. Die Verkäufe von Porsche brachen 2012 um 22 Prozent ein, weil der italienische Fiskus durch verschärfte Kontrollen Porschefahrer häufig aus dem Verkehr zog und in aller Öffentlichkeit filzte. Nach Meinung vieler Italiener unterhöhlt der Staat damit das verfassungsmäßig gesicherte Recht auf die Unverletzlichkeit der Privatsphäre, das als Menschenrecht gilt und in allen modernen Demokratien verankert ist. Dazu gehört der Schutz personenbezogener Daten (in Deutschland im Landesrecht verankert und nicht im Grundgesetz selbst). Die Unverletzlichkeit des Post- und Fernmeldegeheimnisses (Post, Telefon, Vorratsdatenspeicherung, E-Mail etc.) und die Unverletzlichkeit der Wohnung. Der Schutz der Privatsphäre in Bauern-, Bürger- und Adelsgesellschaften entwickelte sich seit dem Mittelalter sehr langsam. Nur Reiche, Mächtige, Mönche und Gelehrte sahen darin überhaupt einen Wert, um ungestört in Klausur beten bzw. ihre Konzepte und Projekte entwickeln zu können. In den USA entwarfen die Juristen Brandeis und Warren 1890 den 4. Zusatzartikel der Verfassung mit dem Terminus *The Right to Privacy*, womit das Recht gemeint war, in Ruhe gelassen zu werden. Wie so viele Rechte galt dieses Recht für Frauen praktisch nicht. Deshalb forderte Virginia Woolf 1929 in ihrem Buch „Ein Zimmer für sich allein" vehement dieses Recht für Frauen ein, plus 500 Pfund jährlich für ein unabhängiges Leben. Die so geschützte Privatsphäre sollte die Unabhängigkeit von Ehemännern oder Almosen garantieren, den eigenen Raum als Privatbesitz gelten lassen, um die geistige Unabhängigkeit der Frau zu sichern und ihr die Entfaltung eines eigenen kulturellen Lebens zu ermöglichen. Seltsamerweise wird heute durch Facebook, Reality-TV usw. der Wert des erkämpften Rechts auf Privatsphäre durch leichtfertige exhibitionistische Aktionen gemindert.

PÜNKTLICHKEIT

ist der beste Beweis einer guten Erziehung.

Gottfried Ephraim Lessing

Wer einen verabredeten Termin präzise einhält, bekommt einen Vertrauensbonus, weil Pünktlichkeit in unserer Gesellschaft den gleichen Stellenwert besitzt wie Höflichkeit, Verlässlichkeit und Seriosität. Wer pünktlich zu einer Verabredung erscheint, zeigt, dass ihm der Mensch, mit dem er verabredet ist, sowie die Sache, um die es geht, wichtig sind. Große Projekte bestehen aus vielen Details. Wer Details vernachlässigt, wird selten etwas Vernünftiges zuwege bringen. Daher ist die Pünktlichkeit eine sogenannte bürgerliche Tugend. Menschen, die immer zu spät kommen, offenbaren dem wachen Beobachter, dass sie ihr Leben nicht im Griff haben. Entweder sie überfrachten ihren Terminkalender, oder sie zeigen durch ihre Unpünktlichkeit dem Gesprächspartner, den sie warten lassen, dass er in ihren Augen minderwertig ist. Deshalb betonte König Ludwig XVIII., dass „Pünktlichkeit die Höflichkeit der Könige“ sei. Ein König, der mächtigste

Mann im Staat, könnte jeden seiner Untertanen ungestraft warten lassen, aber der König weiß um den Wert der Pünktlichkeit. Die Überschreitung einer kleinen Toleranzgrenze ist erlaubt, doch wer 20 Minuten zu spät kommt, ohne sich frühzeitig telefonisch für die Verspätung zu entschuldigen, begeht eine Respektlosigkeit, die manchmal sogar als Beleidigung aufgefasst werden kann. Nun sind soziale Regeln je nach Region oder Land flexibel. Während es in der Deutschschweiz als höflich gilt, fünf Minuten *vor* dem verabredeten Zeitpunkt zu erscheinen, ist es im romanischen Teil Höflichkeitsbrauch, fünf Minuten *später* zu erscheinen. Ein gebildeter Schweizer wird, selbst wenn er sich nur ein paar Minuten verspäten wird, unbedingt anrufen, um sich dafür zu entschuldigen. Diese Form der Höflichkeit schafft Vertrauen. In Deutschland gilt das auf die Minute genaue Erscheinen als Usus unter gebildeten Menschen, in Österreich wird die akademische Viertelstunde toleriert.

REFORMEN

Jeder Mensch hat die Möglichkeit, mindestens einen Teil der Welt zu verbessern, nämlich sich selbst.

Paul de Lagarde

Jedes Jahr erneuert sich im Frühling die Welt. Auch Häuser oder Autos müssen hin und wieder renoviert werden. Ebenso bedürfen bewährte politische Systeme und Verwaltungsapparate der Reformen, weil die Strukturen verkrusten und sich Korruption ausbreitet. Sogar die katholische Kirche unternimmt unter progressiven Päpsten hin und wieder Reformanläufe wie unter Papst Johannes XXIII., der Friedensinitiativen zwischen unversöhnlichen Gegnern in Gang setzte und den Fußkuss und die vorgeschriebenen drei Verbeugungen bei Privataudienzen abschaffte. Andere Reformer scheitern, weil ihre Reformen zu radikal sind. So z.B. Kaiser Joseph II., der mit diktatorischer Härte alles liberalisieren wollte. Er hob die Leibeigenschaft der Bauern auf, förderte aber den Sklavenhandel und ließ unter der Landesflagge Tausende Afrikaner nach Übersee verkaufen. Er schaffte die Zensur ab, führte sie aber sofort wieder ein, als Schmähschriften über ihn erschienen. Er verbot die Todesstrafe, errichtete aber in den Sümpfen des Südens mobile Konzentrationslager, wo Tausende bei der Zwangsarbeit starben. Er bürgerte die Juden in die Gesellschaft ein, hob aber 2163 Klöster auf, weil er Mönche und Nonnen für Schmarotzer hielt. Es gab keinen Bereich, den er nicht grundlegend änderte. Er wollte das Gute, aber Volk und Adel hassten seine Reformen, weil er alles überstürzte und nicht psychologisch vorging. Der Herausgeber von „National Geographic" wusste um die Angst, die von radikalen Reformen ausgehen kann. Eines Tages kam ihm die Eichenblattgirlande, die den Rand seines Titelblattes umrankte, zu altmodisch vor. Statt sie sofort zu entfernen, ließ er bei jeder Ausgabe ein Blatt weg. Eines Tages war die ganze Girlande verschwunden, ohne dass es einem Leser negativ aufgefallen wäre. Reformen haben großen Wert, aber sie müssen behutsam durchgeführt werden.

REICHTUM

ist die Armut an Bedürfnissen.

Franz Werfel

Ludwig XI. von Frankreich fragte einst einen Küchenjungen: „Wie viel Lohn bekommst du?" – „Kost und Kleidung." – „Sonst nichts?", wunderte sich der König. Worauf der Küchenjunge erwiderte: „Hast du denn mehr?" Die Anekdote bringt das Problem auf den Punkt: Was ist eigentlich Reichtum, der so bewundert und beneidet wird? Auf jeden Fall ist er in den Augen vieler ein großer Wert. Aber warum ist er so begehrt, dass darum Kriege geführt werden, Erben sich gegenseitig hassen oder Partner, die sich einmal liebten, vor Gericht so lange streiten, bis vom begehrten Vermögen kaum etwas übrig ist? Als Aristoteles Onassis gefragt wurde, was ein reicher Mann sei, seufzte er: „Oft nur ein armer Mann mit viel Geld." Und Luther meinte: „Reichtum ist das geringste Ding auf Erden und die allerkleinste Gabe, die Gott einem Menschen geben kann. ... Darum gibt unser Herrgott gemeinlich den Reichtum den groben Eseln, denen er sonst nichts gönnt." Nun ist ja Reichtum nichts Schlechtes, wenn man versteht, vernünftig damit umzugehen. Reichtum bezeichnet den Überfluss an geistigen oder materiellen Werten, die das Leben verbessern können. Wer seine guten Anlagen nutzt, um sie zu entfalten, oder wie Henry Ford jeden seiner Arbeiter genug verdienen lässt, um ein Haus, ein Stück Land und ein Auto besitzen zu können, geht vernünftig damit um. Auch Warren Buffett, der sein Vermögen für humane Projekte stiftet. Andrew Carnegie spendete mehr als 350 Millionen Dollar für den Frieden, die Wissenschaft und öffentliche Bibliotheken. Es gibt allerdings äußerlich arme Menschen, die einen so großen inneren Reichtum besitzen, dass sie die Gabe Wohlhabender zurückweisen, wie Sokrates, der auf die Einladung von König Archelaos, seinen Reichtum mit ihm zu teilen, antwortete: „In Athen kosten vier Liter Gerstengraupen einen Obolos, und Wasser spenden die Quellen in Fülle!" Wer so arm an Bedürfnissen ist, ist wirklich reich.

RELIGION

ist eine Angelegenheit des Herzens, nicht des Kopfes.

Christoph Martin Wieland

Über Religion gibt es ganze Buchgebirge. Trotzdem weiß niemand, was Religion wirklich ist. Nicht einmal über das Wort selbst herrscht Einigkeit. *Religio* heißt „Rückbindung". Aber wohin? Denn damit wird eine Fülle unterschiedlicher kultureller Phänomene bezeichnet, die menschliches Verhalten, Tun, Denken und Fühlen prägen und Wertvorstellungen normativ beeinflussen. Daher gibt es keine wissenschaftlich allgemein anerkannte Definition des Begriffs. Nach der Shell Jugendstudie von 2006 glauben 30 Prozent der deutschen Jugendlichen zwischen 12 und 24 Jahren an einen persönlichen Gott, 19 Prozent an eine überirdische Macht, 23 Prozent sind agnostisch und 28 Prozent glauben weder an Gott noch an eine höhere Macht. Nach der entsprechenden Studie von 2019 finden es „69 Prozent aller Jugendlichen gut, dass es die Kirche als Institution gibt (75 Prozent der katholischen Jugendlichen, 79 Prozent der evangelischen Jugendlichen, 45 Prozent der konfessionslosen Jugendlichen)." Die Bedeutung des Glaubens für das persönliche Leben nimmt für jugendliche Mitglieder der christlichen Kirchen seit 20 Jahren kontinuierlich ab („An Gott glauben" als wichtig benennen 39 Prozent der katholischen Jugendlichen und 24 Prozent der evangelischen Jugendlichen). Hingegen hat der Glaube für 73 Prozent der muslimischen Jugendlichen Relevanz.

Für Rousseau war Religion die Quelle von Krieg und Machtmissbrauch. Voltaire hielt den Glauben an Gott für moralisch nützlich, lehnte aber die „rituellen Praktiken der Religionen" als „Pfaffentum" ab. Für Feuerbach war Religion „das erste und zwar indirekte Selbstbewusstsein des Menschen". Dieser erkläre damit alles, was er für wahr, richtig und gut hielt, als „selbständige Erscheinungen außerhalb seiner selbst". Für Feuerbach ist Religion ein ethnologisches Forschungsgebiet. Als 1805 ein Missionar die Irokesenhäuptlinge zu einer Erörterung bat („Es gibt nur eine Religion und nur einen Weg, um Gott zu dienen“) antwortete Red Jacket: „Wir ehren den Großen Geist auf unsere Weise. Wir sind für alle guten Dinge, die wir erhalten, dankbar, wir lieben einander und wir sind uns einig. Niemals zanken wir uns über Religion. … Du hast unseren weißen Nachbarn Predigten gehalten. Wenn wir feststellen, dass sie besser werden, dass sie ehrlich werden und es sie von ihrer schlechten Sitte heilt, Indianer zu betrügen, werden wir deinen Vorschlag überdenken.“ Nach Red Jackets weisen Worten reiste der Missionar grußlos ab. Der Absolutheitsanspruch von Judentum, Christentum und Islam führt zu Intoleranz, Intoleranz zu Hass und Krieg. Der liberale Dalai Lama sagt sehr menschlich: „Meine Religion ist sehr einfach. Meine Religion ist Güte.“

RESPEKT

und Vertrauen sind die Grundpfeiler der Liebe.

Heinrich von Kleist

Respekt bedeutet „Achtung“, „Wertschätzung“, „Aufmerksamkeit“ und „Ehrerbietung“ gegenüber anderen, Tieren, überlieferten Werten, Riten oder Institutionen. Wer andere mit Respekt behandelt ist ein kultivierter Mensch. Die Missachtung von Werten und Gefühlen anderer Menschen ist Barbarei. Selbstachtung bedeutet, sich selbst und den eigenen Wertmaßstäben treu zu bleiben. Wer seine Selbstachtung verliert, kann sie leicht auch in den Augen anderer verlieren. Sie wiederzugewinnen wird sehr schwer. Als entdeckt wurde, dass Friedrich Wilhelm Prinz von Preußen in seiner 1971 vorgelegten Dissertation „mehr als zwei Drittel des Inhalts wortwörtlich aus drei Quellen" abgekupfert hatte, verzichtete er freiwillig auf den Doktortitel. Es war fürchterlich für den Prinzen, vor Vater und Doktorvater als kleiner Gauner dazustehen. Noch furchtbarer war der Verlust der Selbstachtung, die er erst durch Vorlegung einer neuen, diesmal seriösen Dissertation, wiedergewann. Trotzdem wirkt die Schmach der verlorenen Selbstachtung weiter, weil sie ja nicht mehr ungeschehen gemacht werden kann. „Respektiere dich selbst, wenn du willst, dass andere dich respektieren sollen", sagt Freiherr Adolph Knigge. Respekt vor der Leistung anderer sollte jeder besitzen, besonders, wenn es sich um die Leistung eines Kindes handelt. Doch sollte der Respekt vor der Größe anderer nicht dazu führen, eigene Leistungen gering zu achten. Goethe seufzte einmal: „Was wäre aus mir geworden, wenn ich nicht immer genötigt gewesen wäre, Respekt vor anderen zu haben." In unserer verschulten Gesellschaft, die junge Menschen relativ spät ins Berufsleben entlässt, ist das tatsächlich ein Problem, weil sogar junge Erwachsene Diplomarbeiten nach vorgegebenen Mustern gestalten müssen. Wer Schulmeistern zu viel Respekt entgegenbringt, wird kaum seine eigene Phantasie entfalten und eigene Gedanken formen. Trotz aller Achtung vor Respektspersonen sollte man nie das Selbstbewusstsein und den wachen Blick für die Realität verlieren.

REUE

ist Verstand, der zu spät kommt.

Ernst von Feuchtersleben

Jeder kennt das Gefühl des Bedauerns, des Schmerzes, der Abscheu, der Unzufriedenheit über Verfehlungen gegenüber anderen. Man hat nicht korrekt gehandelt, etwas falsch gemacht, weil man einem Mitmenschen in Bedrängnis nicht beistand. Wer Unrecht tut, verletzt sich selbst. Das Schuldgefühl belastet die Seele. Es wird schwer, sich selbst in die Augen zu schauen. Selbst wenn die schlechte Tat schöngeheuchelt wird und das eigene Umfeld lächelnd darüber hinwegsieht, vielleicht weil man mächtig ist – man fühlt sich nicht wohl in seiner Haut. Giacomo Casanova beging gegen einen Freund, der ihm in Notsituationen half, eine Indiskretion, die er sein Leben lang bereute. Einer meiner Freunde legte aus Schwäche einen Meineid gegen mich ab. Der Freund, sonst ein Ehrenmann, hatte dieses hohe, selbstgesetzte Ideal gebrochen. Obwohl ich ihm seine treulose Handlung verzieh, bewältigte er diesen Meineid nicht bis zum Sterbebett. Die Erinnyen – die Rachegöttinnen Alekto

(„die bei ihrer Jagd Unaufhörliche"), Megaira („der neidische Zorn") und Tisiphone („die Vergeltung") – stellen die personifizierten Gewissensbisse dar, die den Schuldigen unablässig quälen. Viele Religionen bieten mit der Buße die Möglichkeit, die bereute Tat durch Handeln wiedergutzumachen. Auch Bertolt Brecht wurde von den Erinnyen geplagt, denn seine erfolgreichsten Stücke wie z. B. „Mutter Courage und ihre Kinder" stammten Großteils aus der Feder seiner Gespielinnen Ruth Berlau, Grete Steffin und Elisabeth Hauptmann. Der Sterbenskranke bereute den Copyrightraub und vermachte per Testament Ruth Berlau die gesamten Rechte am „Kaukasischen Kreidekreis". Elisabeth sollte ein Drittel der Tantiemen des Welterfolgs „Dreigroschenoper" erhalten. Sie bekamen keinen Groschen, weil seine Witwe, die stramme Kommunistin Helene Weigel, den letzten Willen ihres Seligen für ungültig erklären ließ. Wer zu spät bereut, wird umso länger von den Rachegöttinnen gequält. Vielleicht sogar auf der anderen Seite des Grabes.

RITUALE

sind vorgeschriebene Regeln.

Yorick Huntinghall

Das Wort Ritual ist vom lateinischen *ritus* („heiliger Brauch") abgeleitet. Damit wird die feste Ordnung der Gottesdienstbräuche einer Religion bezeichnet. Es gibt zudem Hochzeits-, Reinigungs-, Vergebungsriten zur Wiederaufnahme in eine Gemeinschaft, Kampfriten z.B. beim Duell, Universitätsriten wie die Promotion zum Doktor und auch Staatsriten wie die Krönung des Königs oder die Vereidigung des Bundeskanzlers. Der Ritus ist die festgelegte zeremonielle Ordnung von Ritualen oder rituellen Handlungen. Das Ritual ist die Verbindung zwischen Mensch und höherer Macht, kann aber auch im sozialen Bereich des Familienlebens, der Dorfgemeinschaft oder einer Geheimgesellschaft praktiziert werden. Zum Ritual gehören überlieferte Symbole und klar geformte Handlungsabläufe, die den Gruppenzusammenhalt fördern und neue Mitglieder einbinden sollen. Es gibt zyklische Rituale, die dem täglichen, wöchentlichen, monatlichen oder jährlichen Kalender folgen. Es gibt periodische Rituale im Ablauf des Menschenlebens bei der Geburt, Pubertät, Hochzeit usw. Es gibt Rituale, die bei besonderen Ereignissen vollzogen werden, wie bei Katastrophen oder Todesfällen. Es gibt Rituale bei Begrüßungen, der Bekanntmachung Fremder miteinander oder bei Festessen. Rituale dienen der Sicherheit im Umgang miteinander und dem Trost. Durch Priester, Schamanen oder Heiler vollzogene Rituale sollen den Beistand von Gottheiten, Dämonen oder Geistern miteinbeziehen. Rituale in der Familie sind wichtig, weil sie für Ordnung und Sicherheit sorgen. Der Geburtstagskuchen, das Geschichtenerzählen vor dem Einschlafen, das Schmücken des Weihnachtsbaumes usw. bringen Struktur in das Leben des Kindes und sorgen für Geborgenheit. Rituale stärken die Gemeinsamkeit, und durch ihre Wiederholung beginnt ein Lernprozess, der mit der Zeit die Handlungen in Fleisch und Blut übergehen lässt.

RUHE

um mich her und innere Beschäftigung sind der einzige Zustand, in dem ich gedeihe.

Friedrich Schiller

Der Ursprung des Wortes ist das indoeuropäische **rōwā*, das sich zum althochdeutschen *ruowa* und dann zu unserem schönen Wort Ruhe entwickelte. Schon der Klang des Wortes beruhigt. Ruhe wird in unserer hektischen Welt zu einer immer größeren Kostbarkeit. Fast jeder Lebensbereich ist lärmdurchsetzt. Täglich prasseln rund 6000 Werbebotschaften auf den Durchschnittseuropäer ein, die Sehnsüchte und Träume wecken, um ihm sein sauer verdientes Geld aus der Tasche zu ziehen. In Geschäften soll dezente Hintergrundmusik, deren Rhythmus langsamer ist als die Herzfrequenz, die Kunden zum längeren Verweilen und zum Kaufen verführen. Sogar an ehemals paradiesisch ruhigen Stränden in Griechenland wird man von Musik verfolgt. Im Büro schrillen Telefone, der iPod des Mitreisenden jault im Zug, abends dröhnt der Fernsehapparat. Auto- und Flugzeuglärm verfolgen uns bis in die Vorstädte oder aufs Land, wo das Geräusch von Rasenmähern den sonnigen Feierabend auf dem Balkon stört, wohin später die Musik von Jugendpartys dröhnt usw. Die nahezu pausenlose Lärmkulisse strapaziert die Nerven jedes ohnehin schon gestressten Menschen. Die Folge ist Übernervosität, die sich bis zum Burnout steigern kann. Ruhe, wunderbare Ruhe entspannt die Seele und öffnet das Tor zu eigenen Empfindungswelten, wie sie z. B. Goethe in seinem berühmten Gedicht „Ein Gleiches" schildert: „Über allen Gipfeln ist Ruh, in allen Wipfeln spürest du kaum einen Hauch; die Vögelein schweigen im Walde, warte nur, balde ruhest du auch." Wer im hektischen Treiben ein wenig innehält und dieses kleine Gedicht spricht, wird die magische Wirkung spüren, die davon ausgeht. Verse dieser Art besitzen die Macht, aufgewühlte Seelen zu beruhigen und inneren Frieden einziehen zu lassen. „Und meine Seele spannte weit ihre Flügel aus, flog durch die stillen Lande, als flöge sie nach Haus", verdichtet Eichendorff die Ruhe.

RUHM

ist die Sonne der Toten.

Honoré de Balzac

Das ist wunderbar gesagt. Kurzlebiger Ruhm ist ja keiner, denn Ruhm ist langlebig. Nach Schlegel zählt sogar erst jener Ruhm, der die Enkel überlebt. Ruhm ist hohes, beständiges Ansehen einer Person in einer Gesellschaft oder der Öffentlichkeit. Man erreicht ihn durch hervorragende Leistungen oder außergewöhnliche, tapfere oder selbstlose Taten. In der Ethik der Römer erwuchs Ruhm nur aus dem höchsten Gut des Menschen, seiner Tugend, als Anerkennung für edles Handeln und hohe Verdienste um die Allgemeinheit. Nur den Besten wurde er zuerkannt. Da vom Ruhm Faszination ausgeht, ranken sich um Berühmte schnell Mythen, die ihre Taten in immer größerem Glanz erstrahlen lassen. So konnte es geschehen, dass in der Realität dubiose Figuren wie Konstantin der Große zu angebeteten Heiligen aufstiegen. Ruhm schafft viele Vorteile. Berühmte werden verehrt, bevorzugt, bekommen stets Aufmerksamkeit und Wünsche wie durch Zauberhand erfüllt. Plötzlich glauben sie selbst, was ihnen ständig gesagt wird: dass sie besser sind als andere. Mit dem Ruhm wächst ihre Eitelkeit, und ohne es zu merken, erleiden sie einen Realitätsverlust. Erst ein Absturz in die harte Wirklichkeit lässt sie wieder erwachen. Wilhelm Müller sagte sehr schön: „Jüngst sprach zu mir ein faules Holz: ‚Ich bin des Pfirsichstammes Sohn, der viel der edlen Früchte trug vor mehr als tausend Jahren schon.' Ich warf es lachend ins Kamin. Was tu ich mit dem leeren Wicht, der prahlerisch zu seinem Ruhm von alter Ahnen Taten spricht?" Ruhm ist ein Trugbild, das man nie erreicht, wenn man ihm hinterherjagt, weil die Ruhmsucht, wie jede andere Sucht, den Süchtigen nur kurzfristig befriedigt. Thomas Hobbes hält Ruhm für eines der Hauptübel: „So liegen also in der menschlichen Natur drei hauptsächliche Konfliktursachen: erstens Konkurrenz, zweitens Misstrauen, drittens Ruhmsucht." Ruhm ist nur dann ein Wert, wenn er nicht erstrebt wird, sondern als Lohn auf edle Taten folgt.

SANFTMUT
macht alles gut.

Sprichwort

Die Volksweisheit klingt naiv, aber sie stimmt. Sanftmut ist das Gegenteil von Gewalt. Wo Sanftmut herrscht, gibt es Verzeihen, Achtung vor anderen, Friedensbereitschaft, wird Tieren und Pflanzen ihr Lebensraum gelassen, wird die Umwelt pfleglich behandelt. Wer sich nicht zum Zorn hinreißen lässt, verbessert ein wenig die Welt. Der Sanftmütige sorgt für sein Wohl mit geringstmöglichem Schaden für andere. Sanftmut äußert sich in guten Umgangsformen, Freundlichkeit gegenüber Fremden und Wohlwollen gegenüber Geringeren. Sanftmütige schützen und pflegen, sind offen und hilfsbereit. Manchmal kann Sanftmut durchaus komische Züge annehmen, wie in der folgenden Geschichte: Ein alter Förster bekam vom Gutsherrn seit Jahren sein Ruhegehalt. Da er schlecht zu Fuß war und abseits in einem Jagdhaus wohnte, holte immer am Ersten seine Haushälterin das Geld für ihn ab. Als sie wieder einmal erschien, bat sie der Gutsherr in sein Büro. „Josefine, gestern erfuhr ich, dass Förster Sepp schon zwei Jahre tot ist!" – „Freilich, freilich. Zwei Jahre mögen's her sein." – „Und dann holen Sie noch immer sein Geld bei mir?!" – Josefine wischte sich mit dem Schürzenzipfel eine Träne aus dem Auge und sagte: „Ja mei. I hab mir halt denkt, der Herr haben doch den alten Förster sehr gern gehabt ... Ich wollt Ihnen halt den bitteren Schmerz erspar'n." Hier treibt die Bereitschaft, jemandem – dem Gutsherrn – und zugleich sich selbst Gutes zu tun, sonderbare Blüten. Ob der Gutsherr mit Sanftmut auf diese Art von Sanftmut reagierte? Ich nehme an, er wird gelacht und ihr verziehen haben. Übrigens kann man durch Naivität oder gespielte Naivität Aggressivität besänftigen. Diesen Trick wenden mein Freund Peter und ich in Wien an. Wenn wir wegen eines Fehlers im Straßenverkehr oder sonstwo mit typisch großstädtischer Arroganz zurechtgewiesen werden, sagen wir immer: „Wir sind vom Land." Das ruft meistens Gelächter hervor und entspannt die Situation.

SCHAM

ist die innere Grenze gegen die Sünde.

Friedrich Hebbel

Das Wort kommt vom Althochdeutschen *scama* und bedeutet seit Urzeiten „Beschämung", „Schande". Damit ist einerseits das Gefühl der Verlegenheit gemeint, das durch Bloßstellung oder durch Verletzung der Intimsphäre durch andere auftritt. Andererseits wird dieses Gefühl ebenfalls hervorgerufen, wenn man selbst eine unehrenhafte, verletzende, unanständige Handlung begangen hat, die nicht den gesellschaftlichen Normen entspricht. Ein solch selbstverschuldeter Achtungsverlust ist für jeden ehrenhaften Menschen schwer verwindbar und kaum wiedergutzumachen. Daher sagt Nietzsche sehr schön: „Was ist das Menschlichste? Jemandem Scham zu ersparen." Nicht nur anderen natürlich, sondern auch sich selbst. In Ostasien sorgt daher jeder kultivierte Mensch dafür, dass selbst in schwierigsten Situationen sein Partner oder sogar sein Gegner „sein Gesicht wahren" kann. Der Gesichtsverlust – damit ist Beschämung oder Bloßstellung gemeint – gilt als schlimmste Demütigung. Jeder macht Fehler. Der Vorgesetzte oder Lehrer wird einen gutmütigen Hinweis geben, damit ein Fehler korrigiert wird. Hohn und Spott beschämen den ohnehin schon Beschämten noch mehr und verunsichern ihn. Seinen Chef auf einen großen Fehler hinzuweisen, ist eine besondere Kunst. Die Kritik muss auf jeden Fall unter vier Augen und mit großem Fingerspitzengefühl geschehen, um nicht die Autorität des Vorgesetzten zu untergraben. Ein diplomatischer Weg wäre, nicht den Fehler des Chefs herauszustreichen, sondern einen alternativen Lösungsvorschlag zu machen. Diesen könnte der Chef bei einer späteren Teambesprechung als Alternative präsentieren, auf diese Weise sein Gesicht wahren und der Firma ein Verlustgeschäft ersparen. Fremdschämen ist eine neue, gute Wortschöpfung. Man schämt sich für das moralische Versagen eines anderen oder seiner Mitbürger. Für Aristoteles ist die Scham „die Tugend des Feingefühls".

SCHENKEN

bedeutet, anderen das zu geben,
was man selber gern behalten möchte.

Selma Lagerlöf

Geschenk kommt von *einschenken*, damit ist das Bewirten eines Gastes mit einem Willkommenstrunk gemeint. Es handelt sich um eine freiwillige Gabe, für die keine Gegenleistung verlangt wird. Später erweiterte sich der Begriff zu schönen Formulierungen wie: einem anderen seine Liebe, sein Herz, sein Vertrauen, seine Aufmerksamkeit oder gar das Leben schenken. Wer Notleidende beschenkt, handelt meistens völlig selbstlos und reinen Herzens. Es gibt jedoch Geschenke, an die eine Erwartung geknüpft ist. In diesem Fall spricht man von Bestechungsgeschenken. Geschenke, die anderen Unheil bringen sollen, wie z. B. ein vergifteter Kuchen, nennt man Danaergeschenke. Oft wird für Geschenke eine Gegengabe erwartet. Daher bringt es den Beschenkten manchmal in eine schwierige Situation, weil er einerseits nicht unhöflich sein will, indem er das Geschenk ablehnt, andererseits fühlt er sich korrumpiert, weil er weiß, dass er sich mit der Annahme dem Schenkenden verpflichtet. Der Volksmund nennt das sehr schön bildhaft „mit der Wurst nach der Speckseite werfen". Oft ist das Geschenk jedoch Ausdruck reiner Zuneigung, Freundschaft, Liebe, wie die Morgengabe an die Braut oder die liebevoll-kunstvoll gebackene Torte zum Geburtstag des Geliebten. Dankgeschenke für eine Einladung werden der Gastgeberin in Form eines Blumenstraußes überreicht. Das Schönste am Schenken ist das Leuchten in den Augen der Beschenkten, sagt eine russische Lebensweisheit. Dabei kommt es nicht darauf an, wie viel man schenkt, sondern ob das kleine Geschenk mit Liebe ausgesucht wurde, um den Beschenkten zu erfreuen. Geschenke bekommen ihren Wert nicht durch den Preis, sondern weil sie immer ein kleines Stück von uns selbst sind. André Gide ging noch einen Schritt weiter, denn er meinte: „Das Geheimnis des Glücks liegt nicht im Besitz, sondern im Geben. Wer andere glücklich macht, wird glücklich."

SCHLAGFERTIGKEIT

ist eine Erwiderung in Form
einer vorsichtigen Beleidigung.

Ambrose Bierce

US-Präsident Jefferson wurde einmal während einer Wahlrede durch spöttelnde Zwischenrufe unterbrochen. Am Schluss schleuderte man einen stattlichen

Kohlkopf auf die Rednertribüne. Jefferson betrachtete aufmerksam das Geschoss und sagte dann: „Gentlemen, ich sehe, dass einer meiner Gegner den Kopf verloren hat!" Damit hatte er die Lacher auf seiner Seite und konnte bei den Wählern punkten, denn jeder mag fröhliche Menschen, weil durch ihren Humor Leichtigkeit aufkommt. Da die Welt auf der Spitze der Zunge steht, ist Schlagfertigkeit eine große Gabe, die jede Situation zum Positiven verwandeln kann. Ein frischer Scherz würzt jedes Gespräch und führt auf kürzestem Weg aus Verwicklungen. Lachen steckt an, und wer nicht mit lacht, macht sich zum Spielverderber. Da sich nur Dummköpfe in der Rolle des Spielverderbers wohlfühlen, hat der Schlagfertige leichtes Spiel, die Herzen seiner Gegner zu gewinnen, und kann die Gegner vielleicht sogar zu Freunden machen. Allerdings sollte man mit treffenden Bonmots sparsam umgehen. Wer ständig scherzt, gilt schnell als oberflächlicher Mensch, als Scherzkeks, von dem man nie weiß, ob er überhaupt irgendetwas ernst nimmt. Ernste Dinge mit einer Prise Scherz zu würzen ist hilfreich, sie zu überwürzen bedeutet, sich selbst zu entwerten. Im Deutschen gibt es den schönen Ausdruck: „Er hat es sich verscherzt." Das bedeutet ursprünglich, durch übertriebene Lustigkeit oder einen unpassenden Witz Unwillen hervorgerufen und sich selbst um einen Vorteil gebracht zu haben. Ein schlechter Scherz kann einen das Wohlwollen wichtiger Partner kosten, wie ein charmanter Witz, ein humorvolles Trostwort zur rechten Zeit die Herzen im Sturm erobern kann. Beethovens Bruder Johann, ein erfolgreicher Apotheker, besaß in der Nähe von Krems an der Donau ein Gut, wo er Heilkräuter anbaute. Stolz unterschrieb er einen Brief mit „Dein Bruder Johann van Beethoven, Gutsbesitzer". Beethoven antwortete schlagfertig: „Dein Bruder Ludwig van Beethoven, Hirnbesitzer."

SCHÖNHEIT

ist eines der seltenen Wunder,
die unsere Zweifel an Gott verstummen lassen.

Jean Anouilh

Mit der Schönheit ist es ähnlich wie mit der Weisheit. Wir erkennen sie zwar, aber wir können nicht sagen, worin sie genau besteht. Einerseits hat Schönheit mit ausgewogenen Proportionen zu tun. Daher empfinden wir Kunstwerke, die nach dem Prinzip des goldenen Schnitts geschaffen wurde, als angenehm. Aber auch ein uralter schräger Baum mit verwitterter Rinde kann uns ergreifen, ein Birkenblatt oder eine Felsformation im Gebirge. Es gibt Gegenden, die so schön sind, dass uns das Herz aufgeht. Oft sind die schönsten Dinge der Welt die nutzlosesten, wie der Klang einer Hirtenflöte im türkischen Taurusgebirge oder das Murmeln eines Bächleins, das glitzernd über Kieselsteine rinnt. Künstler sind feinsinnige Menschen, die die Schönheit in Bildern, Filmen, Gedichten, der Form von Gegenständen oder Bauwerken einfangen. Schönheit ist Medizin für die Seele. Wenn wir ihr begegnen, ist uns Gott nah. Ich kenne Architekten, die funktionale Gebäude errichten, in denen sich niemand wohlfühlt. Sie selbst aber wohnen in schön proportionierten alten Villen oder liebevoll restaurierten traditionellen Bauernhäusern, deren Magie sie gefangen nimmt. Auch die Schönheit eines Menschen fasziniert uns. Eine riesige Industrie steigert ihre Umsätze von der Schönheitsoperation bis zum eleganten Schnitt eines Kleides, vom Parfumdesign bis zum gestylten Haarschnitt, um die Sehnsucht nach persönlicher Schönheit zu befriedigen. Je hässlicher die Welt um uns herum wird, umso mehr wächst die Sehnsucht nach Schönheit. Eine überraschende Schönheitsvorstellung hat Christian Morgenstern: „Schön ist eigentlich alles, was man mit Liebe betrachtet. Je mehr jemand die Welt liebt, desto schöner wird er sie finden." Als der irische Dichter James Joyce das Zimmermädchen Nora Barnacle zum ersten Mal küsste, öffnete sich ihm ein bisher verborgenes Tor: „Ich habe in ihr das Bild der Schönheit der Welt geliebt, das Geheimnis und die Schönheit des Lebens selbst."

SCHULEN

sind Produktionsstätten
der Menschlichkeit, sofern sie bewirken,
dass aus Menschen wirklich Menschen werden.

Johann Amos Comenius

Die ursprüngliche Bedeutung des griechischen Wortes *scholé* ist „Muße", „freie Zeit" u.Ä. Also eigentlich das Gegenteil der Schule. Oft wird an allgemeinbildenden Schulen von Kritikern moniert, die natürliche Lernfreude der Kinder eher zu verhindern als zu fördern. Der Zwang, der durch das System der Notengebung ausgeübt wird, setzt oft ganze Familien in Angst und Schrecken vor der nächsten Klassenarbeit, weil der weitere Berufs- und Lebensweg von den Noten abhängt. Pierre Bourdieu zeigt in seinem Buch „Die feinen Unterschiede", wie Schulen zum Erhalt von Klassenstrukturen beitragen. Dank guter Noten kann der Aufstieg in eine höhere Gesellschaftsschicht eingeleitet werden. Ein Studium ist die Voraussetzung für höheres Einkommen, wodurch man wiederum Ansehen gewinnt. Darin besteht der äußere Wert der Schule. Das Ziel der *scholé* war es, junge Menschen zu ermutigen, sich selbst treu zu sein, keine Selbstzweifel zu haben und sich nicht vor den eigenen Gedanken zu fürchten. Wer sich selbst verrät, wird auch dem sozialen Ganzen nicht dienen. Je unabhängiger und eigenständiger die Persönlichkeit, desto größer ist ihr Beitrag zum allgemeinen Wohl. Der wahre Wert der

Schule sollte darin bestehen, den Weg zu sich selbst zu finden. Wie lebendig Schule sein kann, zeigt die Idee kluger Schulinspektoren, als sie Selma Lagerlöf baten, ein unterhaltsames Geographiebuch über Schweden für Kinder zu verfassen. Beim Gespräch kam ihr eine grandiose Idee. Viele Jahre zuvor verließ ein zahmer weißer Gänserich den Hof ihrer Eltern und flog mit den Wildgänsen nach Norden. Im Herbst kam er mit seiner Liebsten, einer grauen Wildgans, und neun gesprenkelten Jungen wieder zurück. „Die wunderbare Reise des kleinen Nils Holgersson mit den Wildgänsen" wurde ein pädagogisches Meisterwerk, das den schwedischen Kindern mühelos die Geographie ihres Landes beibrachte und bis heute weltweit die Kinder erfreut.

SEHNSUCHT

und immer wieder Sehnsucht:
Das ist doch eigentlich der Hauptinhalt im Leben.

Franziska zu Reventlow

Das Wort stammt vom mittelhochdeutschen *sensuht* und bezeichnete das schmerzliche, innige Verlangen nach einem Menschen. Die Sehnsucht kann im Sinne der Romantiker auch einem fernen Land, der eigenen Kindheit usw. gelten. Sie ist oft – aber nicht immer – mit einem schmerzlichen Gefühl verbunden. Der Leidensbezug wird im deutschen Wort durch *– sucht* ausgedrückt, die immer

Negatives ausdrückt, wie Ruhmsucht, Habsucht usw. Einen schöner Beleg dafür, dass in anderen Sprachen Sehnsucht positiv gedacht wird, verdanken wir Antoine de Saint-Exupéry: „Wenn du ein Schiff bauen willst, so trommle nicht Männer zusammen, um Holz zu beschaffen, Werkzeuge vorzubereiten, Aufgaben zu vergeben und die Arbeit einzuteilen, sondern lehre die Männer die Sehnsucht *(nostalgie)* nach dem weiten endlosen Meer." In der griechischen Mythologie ist Himeros der Gott der liebenden Sehnsucht, der mit den Liebesgöttern Eros und Aphrodite erscheint. Platon erzählt in seinem „Gastmahl", dass die Menschen ursprünglich kugelförmige Rümpfe, vier Hände und Füße und zwei Gesichter auf einem Kopf gehabt hätten. Als sie in ihrer Überheblichkeit den Himmel stürmen wollten, bestrafte sie Zeus, indem er jeden in zwei Hälften teilte. Diese zwei Hälften sind die heutigen Menschen, die unter ihrer Unvollständigkeit leiden und nach ihrer verlorenen Hälfte suchen. Diese Sehnsucht heißt im Griechischen *póthos* und ist das Prinzip des liebenden Verlangens nach etwas „anderswo Seiendem und Abwesendem". Für den deutschen Denker Jacob Böhme beruht die ganze Natur auf dem Prinzip des Sehnens. Das Sehnen des Menschen nach Gott ist die Erinnerung an seinen Ursprung, ein Trieb, mit dem Ewigen vereinigt zu werden. Für Schlegel geht alles „geistig Schöne und Große" aus der Sehnsucht nach dem Vollkommenen hervor. Für Eichendorff ist der Mensch ein Reisender durch die Welt auf der Suche nach dem ewigen Zuhause.

SELBSTERKENNTNIS

ist das wichtigste Resultat aller Bildung.

Ernst von Feuchtersleben

Für den griechischen Philosophen Sokrates war die Selbsterkenntnis die Grundvoraussetzung für die Ethik. Wer seine Fähigkeiten und Schwächen kennt, Handlungen und Beweggründe hinterfragt und sein eigenes Denken kritisch beleuchtet, ist besser in der Lage, die Dinge, Personen und sich selbst einzuschätzen. Er gelangt so zu einer gewissen Objektivität seiner selbst und beurteilt dadurch andere Menschen milder. Diese kritische Selbstbetrachtung kann durchaus schmerzhaft sein, wie Ernst Jünger berichtet, als er zum ersten Mal seine Stimme hörte: „Zu meinem Erstaunen besaß sie durchaus den Tonfall jener eingefleischten und geistig prüden Hannoveraner in mittleren Jahren, die mir seit jeher unangenehm gewesen ist. So wenig kennen wir uns." Lichtenberg sagt sehr schön: „Wir irren allesamt, doch jeder irret anders." Wer seine eigenen Fehler erkennt, ist eher in der Lage, die seiner Mitmenschen zu verzeihen. Dadurch kommt ein humaner Zug in den Umgang miteinander. Ein indianisches Sprichwort sagt: „Bevor du über die Handlungen anderer urteilst, solltest du erst einmal vier Wochen in seinen Mokassins herumlaufen." Über dem Eingang des Apollon-Tempels in Delphi stand: „Erkenne dich selbst." Dieser Spruch des griechischen Weisen Thales ist bis heute eine der wichtigsten Forderungen der

Philosophie an den Einzelnen. Heraklit meinte: „Allen Menschen ist es gegeben, sich selbst zu erkennen und klug zu sein.“ Das ist tröstlich, weil ja erst die Erkenntnis seiner Fähigkeiten die Sicherheit gibt, vernünftig zu handeln und ein gesundes Selbstwertgefühl zu entwickeln. Beeindruckend ist der Wert der Selbsterkenntnis in der christlichen Mystik. Dort dient sie dazu, durch das Loslassen von Wünschen usw. im Zustand der Zeitlosigkeit das Denken auszuschalten, um, nach Meister Eckhart, die „Gottesgeburt in der Seele“ zu verwirklichen. Das ist der Weg, um mit Gott eins zu werden und die höchste Form der Selbstverwirklichung frei von allen Eitelkeiten, Begehrlichkeiten usw. zu erreichen.

SELBSTVERTRAUEN

ist der Schlüssel, der fast jede Tür öffnet.

Anonymus

Menschen mit großem Vermögen und politscher Macht strahlen Selbstvertrauen ebenso aus wie TV-, Pop- oder Sportstars. Bei Langzeitarbeitslosen schwindet es nach sechsmonatiger bis einjähriger Arbeitslosigkeit und kann zur Selbstaufgabe führen. In dem Film „Das alte Ladakh“ antwortet ein buddhistischer Einsiedler auf die Frage, wie man vernünftig leben soll: „Kein Hass, kein Neid, keine Besitzgier. Arbeite und entwickle Selbstvertrauen.“ Seiner Meinung nach hängt Selbstvertrauen nicht von der

Beurteilung des Umfeldes ab, sondern ist ein Wert, den man sich selbst erschafft. Das ist ein Mut machender Gedanke. Tatsächlich ist es ja so: Wenn man kein Vertrauen zu sich selbst hat, warum sollten andere einem vertrauen? Die Arbeit an sich selbst und seinen Fähigkeiten ist ein Prozess, der nicht von heute auf morgen Früchte tragen kann. Der Satiriker Lichtenberg entwickelte sein Selbstvertrauen, indem er sich ermutigte: „Bei Ausarbeitungen habe stets vor Augen: Zutrauen zu dir selbst, edlen Stolz und den Gedanken, dass andere nicht besser sind als du, die deine Fehler vermeiden und dafür andere begehen, die du vermieden hast." Diese selbstbewusste Haltung stärkt tatsächlich das Selbstvertrauen. Es gibt Menschen, denen das Glück jahrelang hold ist. Dann stürzen diese Glückskinder plötzlich ab, ihr Selbstvertrauen schwindet dahin und mit ihrem stolzen Selbstbewusstsein ist es vorbei. Andere analysieren ihre Situation und handeln. Als die Restaurantleiterin Ilka Bessin ihren Job verlor, stürzte sie in ein Depressionsloch. Sie vegetierte vor dem Fernseher und nahm 25 Kilo zu. Schließlich raffte sie sich auf und entwickelte eine Mut machende Comedyshow, mit der sie 16 Jahre lang auf der Bühne stand. „Cindy ist ein Mädchen mit Angst vor der Zukunft, aber auch mit Träumen. Wenn sie hinfällt, steht sie wieder auf. … Die Zuschauer finden es gut, wenn einer aus dem Volk auf der Bühne steht." Und zu sich selbst steht. „Cindy aus Marzahn" galt als die beste Komikerin des Landes, die Hartz-IV-Empfängern eine Stimme gab.

SICHERHEIT

ist der Strohhalm,
an den wir unsere Existenz hängen.

Michael Winzer

Der chinesische Weise Lü Bu We sagte: „Es liegt in der Natur des Menschen, langes Leben zu lieben und vorzeitigen Tod zu scheuen, Sicherheit zu lieben und Gefahr zu scheuen, Ehre zu lieben und Schande zu scheuen, Ruhe zu lieben und die Mühsal zu scheuen." Sicherheit ist ein großer Wert und zugleich eine der größten Illusionen. Alle Anstrengung, die der Mensch für die Sicherheit seiner Person, seiner Familie oder seines Landes unternimmt, kann morgen zunichte sein. Je mehr wir uns über dieses Trugbild im Klaren sind, umso stärker streben wir nach Sicherheit. In nordischen Ländern, wo die Winter lang und die Wachstumsperioden kurz sind, musste in einem halben Jahr genug Nahrung erwirtschaftet werden, um den Winter zu überleben. Die Vorratswirtschaft sicherte dieses Überleben. Aber auch dort kam es immer wieder zu Missernten, Hungersnöten, Seuchen. Das wiederum löste kriegerische Überfälle hungernder Nachbarn aus. In Zeiten wirtschaftlicher Stabilität ist das Gefühl für Sicherheit größer als in Zeiten von Umbrüchen. Die Unsicherheit in der Gesellschaft und dort besonders unter Jugendlichen ist heute besonders ausgeprägt. Damit wächst das Bedürfnis nach Halt und Sicherheit, und diese hoffen die jungen Leute besonders in der Familie zu finden. Mangelnde soziale Sicherheit und trostlose ökonomische Perspektiven bewirken jedoch, dass die Geburtsraten sinken. Alle EU-Länder versuchen, durch gesetzliche Rahmenbedingungen ihre Geburtenraten zu steigern. Dazu gehört, dass 30 Prozent der Kinder unter drei Jahren einen Kinderbetreuungsplatz bekommen sollten und 90 Prozent der Schulkinder Nachmittagsbetreuung. Die meisten Länder haben dieses Ziel nicht erreicht. Eurokrise, Arbeitslosigkeit und Zukunftsangst lassen die Geburtsraten weiter sinken. „Soweit die Zuverlässigkeit herrscht, lässt sich alles beherrschen", sagt Lü Bu We. Viele Regierungen haben den Wert der Sicherheit nicht erkannt und zu wenig für das Sicherheitsbedürfnis getan. Damit wächst die Unsicherheit im Land.

SKEPSIS

ist das wichtigste Vermächtnis der Aufklärung.

Neil Postman

Das griechische Wort bedeutet „Überlegung", „Betrachtung", „Untersuchung". Ein Skeptiker ist jemand, der Behauptungen nicht einfach hinnimmt, sondern sie infrage stellt und überlegt, ob sie tatsächlich wahr sind. Das Fragen ist das wichtigste geistige Werkzeug, das wir besitzen. Mit dem Fragestellen beginnen Kultur und Wissenschaft. Durch die Kunst des Fragenstellens werden die Dinge auf ihre Wahrhaftigkeit hin untersucht. Das kritische, also beurteilende Denken bringt den Menschen zu klaren, durchdachten Ergebnissen. Seltsamerweise gehört das Fragestellen nicht zu den Hauptfächern der Schule. Möglicherweise ist das so, weil Lehrer, pädagogische Verwaltungsbeamte und für das Erziehungswesen verantwortliche Politiker in ihrer Schulzeit selbst nicht zum kritischen Denken erzogen worden sind. Die traditionelle Schule ist seit Urzeiten der Ort, wo die Schüler zwar Antworten lernen müssen, nicht jedoch die Fragen, die zu diesen Antworten führen. Es kann allerdings sein, dass die Kunst des Fragestellens, so wie sie große Denker seit Sokrates praktizieren und lehren, von den Schulbehörden bewusst ausgeklammert wird, um Zweifel an den offiziellen Lehrmeinungen gar nicht erst aufkommen zu lassen. Im Theaterstück „Martin Luther & Thomas Münzer oder die Einführung der Buchhaltung" von Dieter Forte wird in einem Dialog zwischen Karlstadt und Luther dieses Problem zwischen Lehrer und kritischem Schüler herausgearbeitet. Luther: „Keine Sitte und kein Anstand mehr. Statt zu lernen, … stellen [sie] einem obendrein noch dumme Fragen. Das ist keine Ordnung. Gestern fragte mich einer, wo Gott vor der Erschaffung der Welt gewesen sei. Den hab ich aber angeschissen." – Karlstadt: „Und wo war er?" – Luther: „Wer?" – Karlstadt: „Gott. Was wir da so den ganzen Tag predigen. Wir glauben nicht daran. Die Studenten glauben nicht daran. Den Reichen ist es egal, die armen Leute wissen es nicht anders, und den Fürsten gefällt's. Und wofür das alles?

Fürs Gehalt …" Unser Unterrichtssystem erzieht Schüler zu Antwortgebern und Jasagern, statt sie den Wert kritischen Denkens erkennen zu lassen.

SOLIDARITÄT

impliziert ein Prinzip der Mitmenschlichkeit.

Karl Otto Hondrich

Das lateinische Wort *solidus* bedeutet „gediegen", „echt", „fest". Damit wird die Verbundenheit mit Ideen oder Zielen anderer und auch der Teamgeist zwischen Gleichgesinnten und Gruppen für gemeinsame Werte bezeichnet. Solidarität äußert sich in gegenseitiger Unterstützung und dem Bewusstsein, für die gleichen Werte zu kämpfen. Im römischen Recht war Solidarität eine Form der Gemeinschaftshaftung. Mehrere Schuldner hafteten für eine Leistung so, dass jeder Einzelne verpflichtet war, die gesamte Leistung zu erbringen, der Gläubiger sie jedoch nur einmal fordern durfte. In der christlichen Ethik ist Solidarität mit *jedem* Menschen verpflichtend. Die christliche Nächstenliebe schließt also auch Nichtchristen mit ein. Damit geht sie weit über Nachbarschaftshilfe, Kameradschaftsverpflichtung oder Teamgeist (der Solidarität einer Gemeinschaft) hinaus. Der christliche Solidaritätsgedanke fußt auf der Bergpredigt, in der Jesus Christus fordert: „Wer dich bittet, dem gib, wer von dir borgen will, den weise nicht ab, wer bei dir anklopft, dem öffne." Damit wird aus einer freiwilligen Leistung eine Verpflichtung gegenüber Gott. Der christliche Solidaritätsgedanke inspirierte die Arbeiterbewegung ebenso wie Umweltschützer oder Hilfswerke (z.B. „Ärzte ohne Grenzen"). Wie stark das Solidaritätsgefühl in uns wirkt, zeigt die Hilfsbereitschaft unbekannten Katastrophenopfern gegenüber. Eine ungewöhnliche Form der Solidarität demonstrierte der dänische König Christian X. während der deutschen Besatzung seines Landes. Als die dänischen Juden 1943 den gelben Davidstern tragen sollten, sagte der König, dass er als Erster den Davidstern tragen werde und dass er von jedem Dänen dasselbe erwarte. Daraufhin wurde der deutsche Befehl widerrufen. Solidarität ist eines der großen Themen der Gegenwart, weil nur durch Solidarität die Probleme lösbar sind, die uns verantwortungslose Politiker und Geschäftemacher beschert haben.

SPRACHE

ist ein Medium des Denkens und der Weltauffassung schlechthin.

Wilhelm von Humboldt

Ohne Sprache keine Verständigung, kein Fortschritt, keine Kultur. Dinge, Sachverhalte und Tätigkeiten werden durch die Sprache in einen Sinnzusammenhang gebracht. Der Mensch lebt nicht in einer vegetativ aufgefassten Welt wie das Tier, sondern er lebt im Denken, das durch

Sprache ausgedrückt und präzisiert wird. Erst die Sprache befähigt uns, mit anderen Menschen zu kommunizieren. Direkt, indem wir uns mit ihnen unterhalten, indirekt, indem wir z. B. durch das geschriebene Wort das Denken anderer, oft längst Verstorbener, aufnehmen und auf uns wirken lassen. Zudem hören wir die Gedanken von Drehbuchautoren oder Dramatikern in Filmen oder Theaterstücken durch den Mund von Schauspielern usw. Sprache ist ein Medium der Wissensvermittlung, der Liebe, des Hasses, des Betruges, der Heuchelei oder Geheimniskrämerei („Die Sprache ist dem Menschen gegeben, um seine Gedanken zu verbergen", sagte der Zyniker Talleyrand), ebenso wie des Rechts, der erlesenen Gefühle, der Tradition oder der Bildung. Eine Sprache gut zu beherrschen bedeutet, Macht über andere ausüben zu können. Macht, indem sie die Menschen verzaubert und ihnen schönere Welten eröffnet. Oder Macht, die zu Einschüchterung und Stabilisierung von Macht dient, wie z. B. Mobbing, Demütigung u. Ä. George Orwell zeigt in seinem Roman „1984", wie ein diktatorisches Regime die verordnete, eigenes konstruierte Sprache namens „Neusprech" einsetzt, um Denken und Verständigung der Bevölkerung in kontrollierbare Bahnen zu lenken. Sprache ist, weil sie unser gesamtes Denken und Fühlen auszudrücken vermag, ein unschätzbarer Wert, der durch ständiges Überdenken und Gestalten, Formulieren und Weiterentwickeln wertbeständig bleiben muss. Daher sind unabhängige Dichter, Denker, Lehrer und Journalisten so wichtig, weil sie für geistige Klarheit und Wahrhaftigkeit des Denkens sorgen.

STAAT

ist eine kluge Veranstaltung zum Schutze der Individuen gegeneinander.

Friedrich Nietzsche

Der deutsche Begriff stammt vom lateinischen *status* und bedeutet „Stand", „Zustand", „Stellung". In der italienischen Renaissance verstand man unter *stato* die Verfassungsform einer Monarchie oder Republik. Die französische Übersetzung *état* bezeichnete zunächst die Zentralmacht des Königtums und zugleich dessen ökonomisches System, später wurde *état* auf die rechtliche und politische Einheit aller Staatsbürger eines Staatsgebietes ausgedehnt. Bezog der Sonnenkönig den Staat noch voll auf seine Person, indem er sagte: „Der Staat bin ich", so meinte Friedrich II. von Preußen: „Ich bin der erste Diener meines Staates." Seine moderne Bedeutung bekam der Staat Ende des 18. Jahrhunderts durch die staatspolitischen Abhandlungen von John Locke und Montesquieu, in der die persönliche Herrschaft des Monarchen zu einem „funktionalen Baustein des politischen Systems" wurde. Durch die Trennung der Person des Herrschers von seiner Funktion als Staatsoberhaupt wurde der Staat zur „abstrakten Institution". Max Weber zufolge kennzeichnen Territorialität, Gewaltmonopol, Fachbeamtentum und Bürokratie den modernen Staat. Nach den Theorien vom Staatszweck unterscheidet man zwischen Rechtsstaat und Polizeistaat. Im Rechtsstaat ist die Freiheit des Einzelnen durch Rechtsschutz verfassungsmäßig garantiert, im Polizeistaat wird die Freiheit durch Bevormundung der Staatsbürger durch diktatorische Maßnahmen eingeschränkt. Da die Demokratie die Freiheit der Bürger durch die Gewaltenteilung und die Kontrolle durch die freien Medien garantiert, ist ein demokratischer Staat die wertvollste Staatsform, die wir besitzen. Sie muss ständig gegen Übergriffe geschützt werden. Die sich immer mehr ausweitende Korruption ist ein Alarmzeichen dafür, dass Lobbys unseren Staat unter ihre Kontrolle bringen wollen. Der heilige Augustinus verglich Staaten, in denen die Gerechtigkeit missachtet wurde, mit Räuberbanden.

STIL

haben heißt: wissen, wer du bist, sagen, was du willst, und dir von niemandem reinreden lassen.

Gore Vidal

„Guter Stil sind gute Gedanken", meint Schopenhauer. Wer ein Theaterstück, ein Kostüm, ein Gedicht, eine Skulptur, eine Komposition, ein Haus, eine Choreographie, eine Autokarosserie, einen Film entwirft, muss sich viele Gedanken machen. Durch Denken nimmt das Kunstwerk in seiner Phantasie Gestalt an. Je dichter die Gedanken, je mehr Unwesentliches wegfällt, umso klarer wird die Form. Die Kraft der Konzentration bestimmt die Unverwechselbarkeit des Kunstwerkes. Alles, was gelingt, besitzt unverwechselbaren Stil. Wir hören ein paar Takte Musik und wissen: Das ein Menuett von Mozart. Wir hören eine Stimme: So singt nur Bob Dylan. Loriots Cartoons erkennt man am Strich ebenso wie Wilhelm Busch an der spitzen Feder und Jahrhundertreimen wie: „Eins zwei drei im Sauseschritt, eilt die Zeit, wir laufen mit." Der klare Stil einiger Künstler prägt ganze Kunstepochen. Atemberaubende gotische Kathedralen sind ebenso einzigartig wie die Skulpturen antiker Bildhauer, der Ton von Goethes Gedichten wie die Dramen von Shakespeare. Wir sprechen auch vom guten Stil im Umgang miteinander oder vom klaren Stil eines Hauses. Dort fühlt man sich wohl, weil eine ausgewogene Atmosphäre herrscht. Auch Menschen schätzt man für ihren guten Stil. Sie kleiden sich geschmackvoll, haben eine edle Unbefangenheit in allen Dingen, ihre Sprache ist ebenso ausgeformt wie ihr feiner Humor. Sie handhaben schwierigste Dinge mit Fingerspitzengefühl und bejammern nie ihr Schicksal. Und obwohl sie wissen, dass sie durch ständige Formung ihrer eigenen Persönlichkeit besser sind als andere, bemühen sie sich, ihren Wert nicht zu zeigen, um andere nicht zu beschämen. Menschen dieser Art umstrahlt ein Glanz, der niemals blendet, und eine Leichtigkeit, die nichts von Leichtsinn hat. „Stil ist der äußere Ausdruck einer inneren Harmonie der Seele", sagt William Hazlitt.

STILLE

ist das Atemholen der Welt.

Friedel Marie Kuhlmann

Das althochdeutsche Wort *stilli* stammt vom indoeuropäischen **stehl* („stehen"). Stille ist etwas Bewegungsloses, das von keinem Geräusch begleitet ist. Wenn eine Mutter ihr Kind stillt, so wird es still und zufrieden. Stille ist im Gegensatz zur Ruhe ein andauernder Zustand. Während man mit „Ruhe" Pausenzeiten zwischen Geräuschkulissen bezeichnen könnte, wie es z. B. die Fermate in der Musik ausdrückt – das italienische Wort *fermare* bedeutet „anhalten" – ist die Stille mit einer Landschaft, z. B. Sibirien („schlafendes Land"), der heiligen Stille der Kirche, der ewigen Stille eines Klosters, eines Friedhofs oder der kultivierten Stille einer Bibliothek verbunden. Hier ist die Lautlosigkeit nicht die Ausnahme, sondern die Regel. Die Totenstille einer Gruft ist die Steigerung. Carl Michael Bellman verdichtete diese Stille mit: „Neid nicht mehr findet hierher seinen Pfad, Glück, das so schnell sonst im Fluge naht, meidet die offenen Grüfte! Hier schießt der Feind selbst, der Böses dir tat, seinen Pfeil in die Lüfte!" Stille ist wohltuend für Körper, Seele und

Geist. Sie lässt jeden zu sich selbst kommen, weil er unbewusst in sein Innerstes lauscht. Daher nennt Lao Tse Stille auch „die größte Offenbarung". Stille ist eine wichtige Voraussetzung für die Konzentration beim intensiven Denken und bildet den Rahmen für Einkehr, Meditation, Gebet oder Gesang. Stille kann so stark wirken, dass manche Menschen sie kaum ertragen. Von großer Stille geht ein besonderer Zauber aus. Eremiten suchten in ihr die Begegnung mit Gott, keltische Priester lauschten auf die Stimme von Vögeln und Pflanzen („wo Farn mit Zungen redet …"). Auch im Christentum wird die Stille als etwas sehr Wertvolles betrachtet. Daher erklärten über 50 Kirchen, Verlage und Organisationen in Deutschland und der Schweiz das Jahr 2010 zum „Jahr der Stille", um hektischen Menschen einen Weg zur Stille zu weisen, dorthin, wo Gott wohnt. Nietzsche sagte sehr eindringlich: „Die größten Ereignisse – das sind nicht unsere lautesten, sondern unsre stillsten Stunden …"

SYMBOLE

sind Sinnbilder.

Yorick Huntinghall

Der Begriff stammt vom griechischen *sýmbolon*, der Ableitung von *symbállo* („zusammenfügen"). Ein Symbol war ein Erkennungszeichen, welches das Wiederkennen zweier Vertragspartner bzw. seiner Vertreter ermöglichte.

Ursprünglich war das Erkennungszeichen ein in zwei Teile gebrochener Knochen oder ein zerschlagenes Tongefäß. Jeder Vertragspartner bekam ein Bruchstück, das bei folgenden Treffen durch Zusammenfügung beider Teile die Legitimität der Vertragspartner bestätigte. Diese Bestätigung war die Urform der Bedeutungen von „Kennzeichen", „Vertrag", „Ausweis", „Parole", „Code" usw. Der griechische Philosoph Aristoteles formte auf der Basis des ursprünglichen Symbols den Begriff „das zur Sprache Gekommene" und dehnte ihn auf die Schrift aus, weil damit das gesprochene Wort mittels Buchstaben, also Symbolen, festgehalten werden konnte. Symbole sind nach heutiger Auffassung bildhafte Zeichen für einen Begriff, ein Gefühl, eine politische Einstellung, eine Marke oder für Zusammengehörigkeit, wie Ringe als Zeichen der Ehe, das Kreuz als Symbol des Christentums, der angebissene Apfel als Firmenlogo von Apple etc. Es signalisiert auch Gemeinschaftsgefühl und ist in jedem Fall von starker Eindringlichkeit, weil man die innere Einstellung der Vertreter dieses Symbols sofort erkennt. Goethe sah im Symbol die „aufschließende Kraft": „Die Symbolik verwandelt die Erscheinung in Idee, die Idee in ein Bild, und so, dass die Idee im Bild immer unendlich wirksam und unerreichbar bleibt und, selbst in allen Sprachen ausgesprochen, doch unaussprechlich bliebe …" Damit erfasst Goethe als einer der ersten die ungeheure Wirkung von Symbolen, die über Jahrtausende komprimierte Botschaften sind. Wer einmal ein eindringlich gestaltetes Symbol wie Yin und Yang im Kreis, Hammer und Sichel als Symbol des Kommunismus usw. gesehen hat, vergisst es nicht. Auch Farbkombinationen oder Melodien können unvergessliche Symbolkraft besitzen.

SYMPATHIE

ist das Gefühl innerer Verwandtschaft.

Michael Winzer

Das positiv besetzte Wort stammt vom altgriechischen Verb *sympás-chein* und bedeutet „mit leiden". Damit wird Zuneigung bezeichnet. Das Gegenteil ist die Antipathie, die Abneigung. Sympathie besteht in der Fähigkeit, Freude, Leid und Verbundenheit mit anderen zu teilen. Philosophen wie Hume, Adam Smith, Comte oder Spencer halten Sympathie für die subjektiv empfundene Basis jeder Ethik. Menschen, die uns sympathisch sind, verstehen wir oft auch ohne große Worte. Ebenso geht es uns mit Tieren, deren Zuneigung wir gewonnen haben. Es gibt sogar die innere Verbundenheit zum unbekannten oder verstorbenen Gestalter eines Parks, Kunstwerks oder Hauses, den wir als Geistesverwandten empfinden. Auch in einer Kirche, einem antiken Tempel oder in der Natur kann der Geist einer Gottheit in uns Sympathie wecken. Manchmal gibt es das blitzartige Erkennen innerer Verwandtschaft, die ein ganzes Leben bestimmt. Solche Begegnungen gegenseitiger Faszination führen oft zur Ehe oder lebenslanger Freundschaft. Ihr entspringen Kinder und großartige kulturelle Leistungen. Als Voltaires Lebenspartnerin Émilie du Châtelet, mit der er über 20 Jahre zusammengelebt hatte, starb, schrieb er erschüttert: „Ich habe nicht nur den Verlust einer Geliebten erlitten. Ich habe die Hälfte von meinem Selbst verloren, einen Geist, der meinen vollendet ergänzte." Voltaire war in den ersten Tagen so kopflos, dass er Treppen hinunterfiel und auf Spaziergängen umhertorkelte. Ähnlich erging es Edmond de Goncourt. Als sein Bruder Jules mit dem Tod rang, war Edmond am Rand des Selbstmords. Auf dem langen Weg zum Friedhof konnte die Trauergemeinde zusehen, wie sich Edmonds dunkles Haar weiß färbte. Fürst Pückler ließ sich kurz vor dem Ruin von seiner Frau scheiden, um eine reiche Erbin in England zu suchen. Von unterwegs schrieb er ihr verzweifelt: „Ach, meine Schnucke, hättest du nur 150.000 Taler, ich heiratete dich gleich wieder." Sympathie besteht aus zwei Herzen, die sich eine Last teilen.

TAKT

ist die Kunst, nackte Wahrheiten so elegant zu kostümieren, dass man sich keine Feinde macht.

Michel de Chassecourt

Der französische König Ludwig XIV. war auf vielen Gebieten begabt. Er verfügte über eine brillante Menschenkenntnis, durchdringenden Verstand und große Konzentrationskraft, sodass er bei Marathonsitzungen nie ermüdete und auch dem langweiligsten seiner Räte aufmerksam zuhörte. Er war die Höflichkeit in Person. Sogar vor Küchenmägden zog er den Hut. Er war hochgebildet, und sein profundes Wissen in Politik und Geschichte wurde von seinen Mitarbeitern bewundert und gefürchtet. Daher mangelte es ihm nicht an Selbstwertgefühl. Doch wo viel Sonne, ist auch viel Schatten. So glänzte der Sonnenkönig zwar auf vielen Gebieten, aber seine Eitelkeit überstrahlte oft seinen königlichen Glanz. Aus Ruhmsucht führte er brutale Kriege, die ganze Landstriche verwüsteten. Als vollendeter Tänzer förderte er Ballett und Musik; trat er aber als Sonnenjüngling kostümiert öffentlich auf, wurde er zur Karikatur seiner selbst. Natürlich hielt er sich für den besten Experten in Sachen Kunst und war stolz darauf, mit vielen Künstlern befreundet zu sein. Einer war der Hofkomponist Jean-Baptiste Lully, dessen musikalische Ideen großen Einfluss auf die Musikgeschichte ausübten. König Ludwig, dessen absolutistischer Stil den Fürsten ganz Europas als Vorbild diente, wollte auch auf dem Gebiet der Musik glänzen. Eines Tages zeigte er Lully eine selbstverfasste Komposition und schaute ihn Beifall heischend an. Lully studierte die Noten, summte hier und da ein paar Takte und bewegte sich tänzelnd im Rhythmus der Musik. Der Sonnenkönig strahlte. „Was halten Sie von meiner Musik?“ Lully strahlte zurück. „Majestät sind ein Genie. Majestät können alles. Majestät wollten ein schlechtes Stück schreiben. Es ist vorzüglich gelungen.“ Lullys witzigcharmante Kritik brachte Ludwig zum Lachen und rettete die Welt vor weiteren Kompositionen des neutönenden Sonnenkönigs – ohne dass er es Lully krummnahm.

TALENT

kann jeder mit 25 haben. Mit 50 Talent zu haben, darauf kommt es an.

Edgar Degas

Der gefeierte Geigenvirtuose Niccolò Paganini galt als Wunderkind, das es durch finstere Mächte zum „Teufelsgeiger" gebracht hatte. Dieser unheimliche Ruf war natürlich eine ausgezeichnete Werbung und machte Paganini schon zu Lebzeiten zur Legende. Doch für Paganini war es ein Fluch, weil kaum jemand erkannte, dass seine brillante neuartige Spieltechnik hart und entbehrungsreich erarbeitet war. „Zwölf Stunden täglich üben, manchmal 16, und das 20 Jahre, bis die Finger wund sind: Das ist mein Zauberspruch", erklärte er seinen Fans. Erst der hartnäckige Fleiß führt den Begabten zum Erfolg. Interessant ist, dass viele Menschen trotz enormer Begabung ihre Talente nicht entwickeln. Es fehlt ihnen der Mut zu sich selbst, und so bleiben sie in der Rolle des Schülers stecken. Manche absolvieren einen Kurs nach dem anderen auf der Suche nach dem richtigen Lehrer. Nur, irgendwann muss man seine Lehrer aufgeben, um sein Talent frei wirken und sein Können fruchtbar werden zu lassen.

Jesus schildert einen Herrn, der seinen Knechten „jedem nach seiner eigenen Fähigkeit" Talente (das sind Münzen) für die Arbeit anvertraut und nach einer Reise Abrechnung verlangt. Die ersten beiden Knechte präsentieren ihre Erfolge und werden ihren Leistungen entsprechend belohnt. Sie haben ihre Talente nutzbringend angewendet. Das Talent des Letzten dagegen, der aus Angst gar nichts investierte und es vergrub, lässt der Herr wegnehmen und spricht es nach dem Grundsatz „Wer hat, dem wird gegeben werden; wer nicht hat, dem wird genommen werden", dem Erfolgreichsten zu. Nun hat jeder irgendein Talent. Die Kunst besteht darin, es zu entdecken und mit Energie und Ausdauer zu entwickeln. Heinrich Schliemann wollte Troja entdecken. Dazu musste er Alt- und Neugriechisch lernen und das nötige Geld erarbeiten. Um dieses große Ziel zu erreichen, entwickelte er seine Talente, die ihn schließlich auch zum Erfolg führten.

TAPFERKEIT

ist die Fähigkeit, von seiner Furcht
keine Notiz zu nehmen.

George Patton

Das althochdeutsche Wort *tapfar* bedeutete „schwer, „wichtig", „gewichtig". Das mittelhochdeutsche *tapfer* erweiterte die Bedeutung zu „fest, gedrungen, voll, gewichtig, bedeutend" und später auch zu „tapfer" in unserem

Sinn. Tapferkeit hieß bei den Römern *fortitudo* und auf Griechisch *andreia*. Tapferkeit ist die Fähigkeit, als Einzelner oder als Gemeinschaft Gleichgesinnter in einer gefährlichen Situation furchtlos zu handeln, Aggressionen entgegenzutreten und oft auch aus Überzeugung für übergeordnete Werte zu kämpfen. Tapferkeit ist Seelenstärke, die befähigt, durch Willenskraft und ohne Rücksicht auf persönliche Verwundbarkeit, psychische, körperliche oder geistige Ängste Auseinandersetzungen durchzustehen. Diese Haltung basiert auf der Gewissheit, den Sieg zu erringen oder zumindest auf der Hoffnung, für seine Überzeugung zu kämpfen und dafür den Ruhm zu ernten. Daher zählen Platon und die stoischen Philosophen die Tapferkeit neben der Weisheit, der Mäßigung und der Gerechtigkeit zu den vier Kardinaltugenden. Aristoteles definiert sie als Mitte zwischen „Tollkühnheit" und „Feigheit". Platon nannte sie die Tugend der Helden. Tatsächlich berühren uns selbstlose Taten der Tapferkeit zutiefst, von der jüdischen Freiheitsheldin Judith oder König Leonidas mit seinen Verteidigern des Thermopylenpasses, über Jeanne d'Arc bis hin zu Graf Stauffenberg. Das sind Kriegshelden. Es gibt aber auch die Tapferkeit der Menschlichkeit und Nächstenliebe. Ein Beispiel dafür ist Florence Nightingale, die zielstrebig gegen den Widerstand ihrer Familie, des englischen Generalstabes und der Chefärzte des Militärhospitals im Krimkrieg gegen Russland durch kluge Organisation, selbstlosen Einsatz und politisch kluge Handlung die Sterblichkeitsrate der Kriegsverletzten von 42 auf zwei Prozent senkte. Ein Invalide erinnerte sich: „Wir lagen dort zu Hunderten, aber wir küssten ihren Schatten, wenn er auf uns fiel, und legten uns gestärkt aufs Kissen zurück."

TOLERANZ

ist die Nächstenliebe der Intelligenz.

Jules Lemaître

Das Wort stammt aus dem Lateinischen und wird seit dem 18. Jahrhundert im Sinne von „Duldsamkeit", „Versöhnlichkeit" und „Weitherzigkeit" verwendet. Die Ersten, die tolerant dachten, waren vorurteilslose Bürger in griechischen Stadtstaaten wie Milet oder Athen. Im Gegensatz zu den geistig beschränkten Provinzlern, die nie über ihren Gartenzaun hinausschauten, nannten sie sich Kosmopoliten, „Weltbürger". Im Stadtstaat gab es eine Gemeinschaft von Freien und Gleichen mit politischen Rechten. Damit war der Bürgergeist geboren. Nicht mehr die schollengebundene Enge der Dorfgemeinschaft unter der Herrschaft des Burgherrn prägte das Leben, sondern das Selbstbewusstsein unabhängiger Geister, die mit anderen Geistesverwandten in den übrigen Stadtstaaten der griechischen Welt in Verbindung traten und mit unersättlicher Wissbegier andere Länder und Völker, Lebensformen und Götter erkundeten und selbstbewusst verkündeten: „Ich bin ein Bürger der Welt." Dieser grenz- und völkerüberschreitende zivilisatorische Leitgedanke wird von drei Fakten bestimmt, die den Weltgeist revolutionierten: Ganzheit, Frieden und Freiheit. Er schließt die ganze Welt in sich ein und hebt Feindbilder auf, lehnt in der Friedensforderung Fremdenangst und Fremdenhass ab und fordert Freiheit für sich selbst wie für andere, was natürlich auch die Freiheit der Mobilität einschließt. Mit anderen Worten: Kosmopolitisches Denken bedeutet Toleranz gegenüber Andersartigen, Andersgläubigen und Andersdenkenden. *Alle* Menschen und *alle* Götter gehören zur Kosmopolis, zur Weltstadt, zum global village, zu deren Bürgern gleichberechtigt *jeder* Mensch gehört. Es ist logisch, dass sich aus dieser neuen Weltsicht zwangsläufig die Demokratie entwickeln musste. „Toleranz ist die schönste Gabe der Menschlichkeit. Wir sind alle voller Schwächen und Irrtümer; vergeben wir uns also gegenseitig unsere Torheiten. Das ist das erste Gebot der Natur", sagt Voltaire weise in seinem Philosophischen Wörterbuch.

TRADITION

ist nicht das Bewahren der Asche,
sondern das Weitergeben der Flamme.

Thomas Morus

Die Erklärung ist in ihrer Bildhaftigkeit genial. Thomas Morus begründet, warum viele Menschen sich an ausgebrannte Traditionen klammern: Sie haben sich einfach an das Überlieferte gewöhnt. Andere geben sich nicht mit ausgebrannten Formen zufrieden. Sie wollen das Feuer weitergeben. Es gibt jedoch Traditionen, die jeder schätzt, ohne sie zu hinterfragen. Dazu gehört das Weihnachtsfest oder die Geburtstagsfeier. Mein Freund Heinrich Röper meinte auf meine Frage, warum er einen Weihnachtsbaum schmücke und die Feiertage festlich begehe, wo er doch bekennender Atheist sei: „Wenn alle Menschen feiern, warum sollte ich mich ausschließen?" Irgendwo lebt in jedem von uns der schöne Kinderglaube an den Heiligen Abend und die Heile Welt, als wir staunend um den Weihnachtsbaum standen, Weihnachtslieder sangen und uns gegenseitig mit Geschenken erfreuten. Eine andere Tradition ist das „Osterhasenfest", wie meine kleine Tochter sagte, als wir Ostereier suchten und vergnügt beim Eierditschen den Eierkönig ermittelten. Wir sangen den uralten Auferstehungshymnus und brachen nach dem Frühstück zum großen Osterspaziergang auf. Versuche von Diktatoren, alte Volkstraditionen auszuradieren und durch neue Riten zu ersetzen, scheitern meistens. So scheiterten die Jakobiner nach der Französischen Revolution 1789 mit dem Versuch der Einführung des „Kultes des höchsten Wesens" genauso wie mit der Erfindung neuer Monatsnamen. Tradition ist die Summe von alten Werten, die aus der Kinderzeit herüberlächeln. Traditionalismus ist das Festhalten am Althergebrachten, ohne die Qualität des neuen zu prüfen. „Unsere Vorfahren waren Riesen, und wir sind Zwerge", sagte ein Gelehrter des Mittelalters. „Aber wir stehen auf ihren Schultern und blicken daher ein Stückchen weiter als sie." Wer weiter blickt, kann eine gute Tradition bewahren und sie mit neuen Ideen vitalisieren.

TRANSPARENZ

schafft Vertrauen.

Yorick Huntinghall

Das lateinische Wort bedeutet „Durchscheinen", „Durchsichtigkeit". In der Politik wird es im Sinne von freier Information, Rechenschaft, offener Kommunikation zwischen den Handelnden politischer Institutionen und den Staatsbürgern verwendet. Fehlende Transparenz führt zu verfilzten Strukturen, die das Vertrauen der Bürger untergraben und das Staatswesen erschüttern. Transparenz ist ein wesentlicher Bestandteil der Demokratie, weil sie die freie Meinungsbildung, fundierte Wahlentscheidungen und die Kontrolle der politischen Vorgänge ermöglicht, Machtmissbrauch vorbeugt und erlaubt, Politiker zur Rechenschaft zu ziehen und sie verpflichtet, die Wünsche der Wähler zu beachten. Transparenz stärkt das Vertrauen in die Regierung, weil „Offenheit immer Anerkennung findet", wie Bismarck sagte. Politische Transparenz ist ein Grundrecht in der Verfassung vieler Staaten. In Schweden wurde sie erstmals 1766 mit dem Gesetz über die Pressefreiheit verankert. Informationsfreiheitsgesetz heißt es in Deutschland. Dazu gehört die Offenlegungspflicht von Nebeneinkünften der Abgeordneten von Bundestag und den Landesparlamenten. Dass Transparenz Vertrauen schafft, bewies der „Glykolwein"-Skandal in Österreich 1985, als Weinverfälschungen in großem Stil betrieben wurden, bei dem Winzer Weine mit dem süßen Frostschutzmittel Diethylenglykol „verbesserten". Der Betrug führte zum Vertrauensverlust der Konsumenten, der Ruf der österreichischen Weine wurde weltweit geschädigt und der Absatz ging dramatisch zurück. Der Skandal war wochenlang Thema der Medien, und viele kleine ehrliche Winzer gerieten in Not. Die Politik handelte rasch und effektiv. Österreich bekam eines der strengsten Weingesetze der Welt und die schärfsten Kontrollen in ganz Europa. Jede Flasche muss seither mit einer staatlichen Banderole versehen werden. Die Transparenz führte zu einer Qualitätssteigerung der österreichischen Weine und zu deren weltweiter Beliebtheit.

TREUE

ist Kraft, und Vertrauen ist Mut.

Marie von Ebner-Eschenbach

Unser Wort Treue leitet sich vom mittelhochdeutschen *triuwe* her. Das germanische Urwort *trewa* („trauen") ist verwandt mit „Zuversicht hegen". Alle

Wörter wie Trauung, Vertrauen, Vertrag, Vertraulichkeit drücken Verlässlichkeit gegenüber einem anderen, einer Gemeinschaft oder einer Sache aus. Das gegenseitige Vertrauen ist die Grundlage jedes Geschäfts und jeder ehrenwerten Verbindung. Treue ist ein großer Wert, jedoch nicht der Beweis dafür, dass die Sache selbst oder der Partner ihrer würdig ist. Treue hat unter den Werten und Tugenden eine Sonderstellung. Erst durch Treue zum Gesetz, zur Wahrheit, zur Freiheit, zur Ehre usw. bekommen diese Werte ihren wahren Wert. Es beginnt bei der Treue zu sich selbst. Wer sich nicht selbst treu ist und vertraut, kann bei anderen Menschen kein Vertrauen wecken. Wer hingegen seinen Partnern nicht traut, für den hat Treue wenig Wert. Treue ist also abhängig von den Werten, denen man selbst treu ist. „Vertrauen ist Mut", sagt sehr richtig Marie v. Ebner-Eschenbach. Wer sich darauf einlässt, ist – bis zur Bewährung des Partners – in Unsicherheit, ob sich das Wagnis der Treue lohnen wird. Daher sind Freunde, Verwandte, Bekannte, Geschäftspartner, die die Treue bewiesen haben, mehr als Gold wert. Je mehr Menschen dieser Gesinnung in einer Gemeinschaft leben, umso wertvoller wird die Gemeinschaft, umso prosperierender entwickelt sie sich. Mein Freund Markus stammt von einem Vorarlberger Bauernhof. War niemand daheim, schloss man zwar die Haustür ab, ließ aber den Schlüssel stecken, falls ein Gast käme. Man vertraute sich gegenseitig. Markus nahm diesen schönen Brauch mit ins Waldviertel. Auch sein Haus steht allen Gästen offen, und niemals wurde er enttäuscht. Wer anderen Treue und Vertrauen entgegenbringt, wird bestimmt manchmal enttäuscht, aber das mindert den Wert nicht im Geringsten. Denn Treue ist Kraft, die moralisch stärkt und die Welt lebenswerter macht. Eins aber sollte man nie vergessen: Treue kann man nicht einfordern. Sie ist ein Geschenk.

TROST

spenden ist eine Kunst des Herzens.

Otto von Leixner

Seltsamerweise spendet man sich oft selbst Trost, indem man sein Leid beklagt. Vielleicht, weil es vor guten Freunden ausgesprochen als Heilmittel wirkt und kaum des Zuspruchs bedarf. Trost kann durch mitleidige Gesten, liebevolle Berührungen und heilsame Worte gespendet werden. Das Wort ist verwandt mit dem indoeuropäischen Stamm „treu“ und bedeutet „innere Festigkeit“. Christen finden Trost im Glauben, weshalb Paulus den Schöpfer auch als „Gott allen Trostes“ bezeichnet. Antike Philosophen suchten und fanden Trost in der Philosophie. Berühmt wurde die Schrift des Gelehrten und Politikers Boethius, der vor seiner Hinrichtung den „Trost der Philosophie“ verfasste. Einer der schönsten Texte über den Trost ist der Brief Adalbert Stifters an einen Freund, worin er den Tod seines Hundes mitteilt: „Ich stand nach Mitternacht auf und heizte ihm in meinem Zimmer ... ein. So tat ich auch heute Morgen um 2 Uhr. Das Tier ging noch auf mich zu und wedelte ... Heute um 7½ fand ich es tot. Es wurde im Garten begraben. Ich habe aus Kummer mehrere Tage nichts gearbeitet und es dürften noch drei bis vier Tage in Betrübnis vorübergehen. Man kann das an mir sehr tadeln; aber ich sage: Wenn es Gott der Mühe wert achtet, ein Tier mit so kunstreichen, feinen Werkzeugen auszurüsten, wenn er ihm eine ganze Kette von Lebensfreude und Glückseligkeiten mitgab, so dürften wir es der Mühe wert achten, diesem Dinge einige Aufmerksamkeit zu schenken. Und das gestorbene Tier hatte nur einen einzigen Lebensinhalt, in dem alle andere aufging: Liebe zu mir. Es hat mich während neun Jahren nie gekränkt, nie beleidigt, und in seiner Krankheit hätte es manchem Christenmenschen zum Beispiel dienen können. Nicht einen einzigen Seufzer stieß es über sein Leiden aus. Es war ihm genug, wenn ich im Zimmer war und freundlich zu ihm sprach, und es litt geduldig. Ich habe ihm diesen einzigen Trost, den es hatte, nicht entzogen und blieb stets bei ihm." Füreinander da sein – das ist Trost, ganz im Sinn des lateinischen *consolatio:* bei *(con)* dem sein, der allein *(solus)* ist, ihn nicht allein lassen.

TUGEND

wohnt im Herzen und sonst nirgends.

Voltaire

Das Wort ist eine Ableitung von *taugen,* bedeutet ursprünglich „Tauglichkeit“, „Tüchtigkeit“, wurde aber schon sehr früh auf die sittliche Tüchtigkeit bezogen. Tugend ist eine wichtige, erstrebenswerte Charaktereigenschaft, die Menschen befähigt, aus Einsicht das Gute im Handeln zu verwirklichen. Dieses ethische Prinzip formulierte Sokrates, indem er sagte, dass man das Gute, das man tun soll, zunächst erkenne und das Erkannte dann praktisch in seiner Lebensführung umsetze. Er selbst ging mit gutem Beispiel voran, als er, zum Tode verurteilt, nicht nur das ungerechte Urteil akzeptierte, sondern auch die vorbereitete Flucht ablehnte. Denn nicht nur Gesetzestreue, sondern auch Tapferkeit war für ihn eine Tugend und Feigheit eines Weisen unwürdig. Durch die Flucht hätte er seine gesamten ethischen Grundsätze gebrochen. Ebenso beeindruckend ist de La Rochefoucaulds ethische Forderung: „Es ist eine größere Schande, seinen Freunden zu misstrauen, als von ihnen betrogen zu werden.“ Hier wird die Tugend des gelebten Vertrauens über engherzigen Argwohn gestellt. Henry Thoreau wiederum folgt dem Titel seiner Schrift „Über die Pflicht zum Ungehorsam gegen den Staat“, indem er aus Protest gegen die US-Verfassung, die die Sklaverei billigt, sich weigert, Steuern zu zahlen, und daraufhin verhaftet und eingesperrt wird. Er fragt: „Darf der Bürger auch nur für einen Augenblick und im geringsten Grad sein Gewissen dem Gesetzgeber überlassen? Wozu hat denn jeder Mensch ein Gewissen?“ Eindrucksvoll war auch die Haltung des großen britischen Astronomen James Bradley, dem Direktor der Sternwarte in Greenwich. Als die Königin auf ihre Frage hörte, wie niedrig sein Gehalt war, versprach sie, für eine Erhöhung zu sorgen. Bradley aber bat: „Möchten Eure Majestät diesen Vorsatz lieber nicht ausführen! Denn wenn die Stelle des Sternwartendirektors mehr einbringt, werden es nicht mehr Astronomen sein, die sie erhalten!“ Uneigennützigkeit ist eine der größten Tugenden.

UMGANGSFORMEN

sind Verhaltensweisen, die nicht durch Grundsätze, sondern durch Erziehung bestimmt sind.

Ambrose Bierce

Jede Gesellschaft bewertet die Verhaltensformen ihrer Mitglieder und unterscheidet zwischen *guten* und *schlechten* Manieren. Ungehobeltes Benehmen, schlechte Tischsitten, Unhöflichkeit oder derbe Scherze in Damengesellschaft z. B. sind in der „guten Gesellschaft“ verpönt, kultiviertes Auftreten, Hilfsbereitschaft, höfliche Zurückhaltung oder freundliche Zuvorkommenheit dagegen geschätzt. Umgangsformen kennzeichnen die

Zugehörigkeit zu einer bestimmten Gesellschaft. „Die Gesellschaft“ ist allerdings eine Gemeinschaft mit unbestimmten Grenzen. Das Wort selbst stammt von „Gesaalschaft“. Dazu gehörte, wer im Rittersaal der Burg oder im Saal des Rathauses an den Festen der herrschenden Schicht teilnehmen durfte. Daher unser heutiger Begriff „die gute Gesellschaft“. Die Mitgliedschaft in einer bestimmten Gesellschaft wird durch Kleidung, spezifische Sprache, Gesten, Begrüßungsformen und andere konkrete Verhaltensgewohnheiten gekennzeichnet. Manche dieser festgelegten Normen verändern sich von Generation zu Generation. So wirkt z. B. die noch in Wien gepflegte Form des Handkusses inzwischen bei jüngeren Menschen antiquiert, dagegen die junge Mode des Sich-gegenseitig-Umarmens und Auf-die-Wangen-Küssens bei Senioren irritierend, weil in früheren Zeiten vornehme Distanz gewahrt wurde. Was sicher zu allen Zeiten geschätzt wird, ist Herzensbildung, die unabhängig von jeder Gesellschaftsnorm kultiviertes menschliches Verhalten offenbart, z. B. dass man nicht lospoltert, wenn einem der Kaffee nicht schmeckt. Ein charmantes Beispiel gab der Wiener Schriftsteller Stefan Zweig, als er im Café Kranzler in Berlin einen schlechten Kaffee bekam. Er stellte die Tasse, nachdem er daran genippt hatte, neben sich auf den Stuhl. Als der Ober fragte, was das zu bedeuten habe, erklärte Zweig: „Wissen Sie, der Kaffee ist so schwach, dass er sich erst einmal ausruhen muss.“

UNABHÄNGIGKEIT

ist das größte Gut, das ich errungen habe.

Simon Bolivar

Diogenes, der griechische Weise, war bedürfnislos und lebte vom Betteln, wobei er behauptete: „Ich fordere zurück." Manchmal bettelte er zum Erstaunen seiner Mitbürger nicht sie, sondern die Statuen Athens an. Als man ihn fragte, warum er das tue, die Steinfiguren könnten ihm doch gar nichts geben, sagte er: „Ich übe mich im Nichtsbekommen." Das wahre Glück bestand für ihn in der Tugend und in der Unabhängigkeit. Als sein Freund Aristippos ihn beim Kohlwaschen überraschte und rügte: „Würdest du dich den Königen angenehm machen, brauchtest du deinen Kohl nicht selbst zu waschen". – „Und wenn *du* deinen Kohl selbst waschen würdest", erwiderte Diogenes, „müsstest du dich nicht den Königen angenehm machen." Die Anekdote umreißt das Unabhängigkeitsproblem. Scott Nearing und seine Frau kauften im Neuengland-Staat Vermont eine kleine ruinöse Farm, die sie mithilfe von drei Nachbarn und einem Zimmermann reparierten. Doch wovon sollten sie leben? Sie spezialisierten sich auf Ahornsirup, dessen Produktion ihnen eine zuverlässige Einnahmequelle garantierte. Sie wollten kein Geld scheffeln, sondern nur das Mindesteinkommen für zwölf Monate verdienen. Wohnen, Wasser und Heizung waren kostenfrei, denn Brennholz holten sie aus dem Wald. Der Garten lieferte frisches Obst und Gemüse. Einen Teil der Ernte tauschten sie gegen Produkte anderer Erzeuger von Nüssen, Ölen, Bekleidung. Sie kauften immer nur bar und vermieden jeden Bankkredit. War das Bargeld einmal knapp, verzichteten sie auf Einkäufe, die Geld erforderten. So gerieten sie nicht in Abhängigkeit von Banken und vermieden den nervenaufreibenden Druck der „Zins-Sklaverei". Ihre Wirtschaftsform basierte auf dem Tauschhandel. Damit war ihr Einkommen nicht steuerpflichtig. Hatten sie genug verdient, stoppten sie die Produktion bis zum nächsten Haushaltsjahr. So gewannen sie Zeit für ihre sozialen Kontakte und künstlerischen und intellektuellen Tätigkeiten.

UNBESTECHLICHKEIT
ist Treue zu sich selbst.

Michel de Chassecourt

Ein rechtschaffener Mensch steht immer auf der Seite der Wahrheit und der Rechtlichkeit, sodass ihn weder verlockende Umstände noch die Abhängigkeit von einem Mächtigen dazu bringen können, die Grenze des Rechts zu überschreiten. Unbestechlichkeit ist die Fähigkeit, einem unmoralischen Angebot zu widerstehen. Denn wer sich einmal bestechen lässt, hat nicht nur seine innere Ehre verloren, sondern ist höchst gefährdet, der Korruption Tür und Tor zu öffnen und von einem integren Menschen zu einem kleinen Gauner oder großen Verbrecher zu werden. Unbestechlich ist, wer die eigenen moralischen Werte höher einschätzt als persönliche Vorteile. Der indianische Schamane Smohalla sagte den bemerkenswerten Satz: „Jeder aufrichtige Mann weiß in seinem Herzen, was recht ist." Wenn man sich das Winden, Herausreden und Berufen auf Halbwahrheiten einiger höchster Politiker anschaut, weiß man, warum die Ertappten eine so unglückliche Figur abgeben. Sie haben nicht nur dem Ansehen eines Amtes, sondern auch der eigenen Seele geschadet. Käuflichkeit ist allerdings ein seit der Antike bewährtperfides und höchst gefährliches Mittel, um einen Gegner zu schwächen oder zu zerstören, indem man sich in seinen Reihen einen Verräter kauft. Abgesandte Alexanders des Großen erschienen bei einem athenischen Staatsmann und überreichten ihm ein Geschenk von 500 Goldmünzen. „Warum schickt mir der König eine so große Summe?", fragte er die Gesandten, „wo er doch meinen Landsleuten und Mitbürgern kaum das Dach über dem Kopf lässt?" – „Weil König Alexander dich für den gerechtesten und unbestechlichsten Mann in ganz Griechenland hält!", sagte der Chef der Delegation mit leisem Lächeln. – „Nun, wenn das so ist", erwiderte der Beschenkte, indem er den Beutel zurückgab, „bitte ich den König, er möge dulden, dass mir dieser Ruf nicht verlorengeht."

VERANTWORTUNG

zu tragen, das wurde uns nicht gepredigt, das ergab sich einfach in der Gemeinschaft.

Marion Gräfin Dönhoff

Das mittelhochdeutsche Verb *verantwürten* ist erstmals im 12. Jahrhundert, das Substantiv *Verantwortung* im 15. Jahrhundert nachgewiesen. Es bedeutete „sich als Angeklagter vor Gericht verteidigen“ und ist wohl eine Übersetzung des römischen Rechtsbegriffs *respondere* („Antwort geben“). Gottfried Schatz findet eine exzellente Definition, für das, was Verantwortung von Verantwortungslosigkeit unterscheidet: „Das Wunderbare an uns Menschen ist, dass wir zwei Vererbungssysteme besitzen – ein chemisches und ein kulturelles. … Unser chemisches System erhebt uns kaum über andere Tiere, doch unser kulturelles System ist in der Natur ohne Beispiel. Seine formende Kraft schenkt uns Sprache, Kunst, Wissenschaft und sittliche Verantwortung.“ Wer persönliche Verantwortung für alles, was geschieht, übernimmt, der arbeitet mit am Aufbau einer besseren und schöneren Welt. Das beginnt bei der Verantwortung für sich selbst. Und diese beginnt im Kleinen, in der täglichen Überwindung der Faulheit, der Arroganz gegenüber Tieren, Pflanzen und Mitmenschen, der Gleichgültigkeit gegenüber Armut, Ungerechtigkeit, Vandalismus usw. Im Talmud steht: „Jeder Einzelne soll sich sagen: Für mich ist die Welt geschaffen, darum bin ich mitverantwortlich." Ich beobachtete einmal in Krems eine junge Mutter, die ihrem dreijährigen Kind ein Eis auswickelte, ihm das Papier gab und sagte: „Tu das Papier dort in den Papierkorb". So entsteht Verantwortungsgefühl. Wenn Mächtige wie Guttenberg, Wulff oder Berlusconi verantwortungslos handeln, muss ihnen sofort die Macht entzogen werden. Ein leuchtendes Beispiel für das Verantwortungsgefühl eines Mächtigen war König Friedrich II., als er trotz seines hohen Alters noch regelmäßig Inspektionsreisen durch Preußen unternahm. Als man ihn einmal davon abhalten wollte, meinte er: „Lasst mich nur, ich muss gehen, sonst werden meine Minister Könige und meine Generale Tyrannen."

VERFASSUNG

ist ein Dokument,
das das Volk vor der Regierung schützt.

Ronald Reagan

Die Verfassung ist das Heiligste der Demokratie. Sie ist die Mutter der Gesetzgebung und steht über allem. Alle Gesetze basieren auf ihr und sind auf sie eingeschworen. Der Verfassungsbruch ist folglich das schwerste aller Vergehen. Doch das ist nirgendwo festgehalten. Die Verfassung selbst ist völlig ohne Schutz. Wer beim Schwarzfahren erwischt wird, bekommt eine Geldstrafe. Wer eine Bombe im Parlament zündet, kommt ins

Zuchthaus. Das ist gesetzlich geregelt. Aber: Wer die Verfassung bricht, kommt ungeschoren davon! Als König Wilhelm I. Bismarck fragte, was die Verfassung vorsehe, wenn er sie bräche, sagte Bismarck „Nichts" und schaffte die verfassungsmäßig garantierte Pressefreiheit ab. Das Parlament war empört – und machtlos. Bismarck hatte straflos die Verfassung ausgehebelt. Desgleichen tat Hitler, als er diktatorisch die Verfassung brach und alle demokratische Rechte abschaffte. Auch George W. Bush, als er verfügte, in Guantanamo mutmaßliche Staatsfeinde ohne Prozess gefangen zu halten, um die verfassungsmäßig garantierten amerikanischen Gesetze zu umgehen. Präsident Obama hat nichts daran geändert. Der Verfassungsbruch ist das elementarste aller Vergehen und mit unabsehbaren Folgen. Bei einem Prozess ist die einzige Konsequenz die Annullierung der Rechtsfolgen des Verstoßes. Ein Verfassungsbrecher kann mit weißer Weste das Gericht verlassen und bleibt ein unbescholtener Bürger. Bis heute sieht das Recht der Nationalstaaten keine Strafe für Verfassungsbruch vor. In ihrem Rechtskodex könnte die Europäische Union jedes Mitgliedsland dazu verpflichten: „Wer die Verfassung wissentlich bricht, wird mit Gefängnis bestraft. Wer sie unwissentlich bricht, wird aus den öffentlichen Ämtern entlassen." Damit könnten Verfassungsbrecher beim Strafgerichtshof in Den Haag zur Verantwortung gezogen und abgeurteilt werden. Das würde die Verfassung schützen und ihren Wert erhöhen.

VERNUNFT

ist eine Fackel in einem Kerker.

Friedrich Schiller

Der Unterschied zwischen Vernunft und Verstand wird auf Seite 276 erläutert. Die Vernunft wurde zum Zentralbegriff der Aufklärung, der Epoche von der Mitte des 17. Jahrhunderts, die mit den Ideen von John Locke und Isaac Newton begann und im 19. Jahrhundert mit John Stuart Mill und Alexis de Tocqueville endete. In dieser Zeit entwickelten große Geister unsere Vorstellungen von religiöser und politischer Freiheit, emotionslos zielgerichteter Wissenschaft, Volksbildung, rationeller Produktion und freiem Handel. So wurde die Idee vom Fortschritt und vom Glück des Menschen kreiert. Der Leitgedanke der Aufklärer war dabei die Vernunft als universelle Urteilsinstanz, die über religiösen Fundamentalismus und Aberglauben zu triumphieren begann. Mit ihrem Fortschrittsoptimismus kämpften sie gegen Vorurteile, plädierten für Toleranz gegenüber Andersartigen und -gläubigen, entwickelten eine neue Form der Pädagogik, errangen die Pressefreiheit und die Garantie bürgerlicher Rechte. Sie entwarfen das Konzept der modernen Demokratie und setzten es – erstmals in den USA – praktisch um. Nicht mehr der Glaube an Mythen und tradierte Herrschaftsformen bestimmte das Leben, sondern der freie Geist, der alles auf die Vernunft hin prüfte. Man könnte diese Epoche auch das Zeitalter der

Vernunft nennen. Isaiah Berlin hob ihre Einzigartigkeit mit den Worten hervor: „Die intellektuelle Kraft, Ehrlichkeit, Klarheit, Courage und selbstlose Wahrheitsliebe der begabtesten Denker des 18. Jahrhunderts sind bis heute ohne Parallele. Ihr Zeitalter ist eine der besten und hoffnungsvollsten Episoden im Leben der Menschheit." Wir dürfen nicht vergessen: Während das Licht der Vernunft zu leuchten begann, lebten parallel Sklaverei, Frauenunterdrückung, Kinderarbeit fort und wurden in Deutschland (1775) und Frankreich (1746) noch Hexen verbrannt. Dass wir heute frei sind, wirklich frei, verdanken wir dem klaren Denken und dem Mut der Aufklärer, die mit der Kraft der Vernunft die Welt lebenswerter machten.

VERSÖHNUNG

ziehe bei jedem Streit
selbst dem leichtesten Siege vor.

Georg Christoph Lichtenberg

Der Begriff geht nicht, obwohl die Vorstellung schön ist, auf die Aussöhnung zwischen Vater und Sohn zurück, sondern ist verwandt mit „Sühne". Das althochdeutsche Wort *suona* bedeutet „Gericht", „Urteil", „Friedensschluss". Nach christlicher Tradition wurde der durch die Sünde entstandene Bruch zwischen Gott und Mensch *versühnt*, indem Jesus Christus sich für die Menschheit opferte und die Sünden der Welt auf sich nahm. Im „Vaterunser“ wird die von Gott gewährte Sündenvergebung erlangt, indem der Christ seinerseits allen anderen Menschen freiwillig vergibt. Im Judentum wird die Versöhnung mit Gott am Feiertag Jom Kippur durch die gegenseitige Versöhnung der Gläubigen erreicht. Äußerst überraschend ist eine uralte chinesische Gruppentherapie, um aufgestaute Aggressionen abzubauen und sich danach miteinander zu versöhnen. Zu diesem Ritual trifft sich einmal jährlich der gesamte Clan. Man versammelt sich im Kreis und verschließt die Ohren mit Lehm. Dann befreit man sich gemeinsam, indem jeder sich die Wut auf andere von der Seele schreit. Man sagt einander die lange unterdrückte Wahrheit, verflucht seine Brüder, verhöhnt den autoritären Großvater, verspottet die bösartige Großmutter, wirft seinem Ehemann sein brutales Verhalten, der Ehefrau einen Seitensprung vor usw. Geschrei und Getobe werden immer wilder. Man beichtet seine Ehebrüche, gesteht Betrügereien, heimtückische Tricks, seine geheimen Laster, seine Ängste … Kurzum, jeder schüttet vor den anderen sein Herz aus, bis ihm die Halsadern schwellen und die Stimme zum Krächzen wird. Nach und nach kehrt nach diesem Gefühlsausbruch Ruhe ein. Dann schauen sich alle an, lachen, holen den Lehm aus den Ohren, erheben sich und verneigen sich ehrfürchtig voreinander, gehen plaudernd nach Hause, wo man sich gegenseitig zum Tee einlädt und mit Geschenken beglückt, und lebt das neue Jahr friedlich zusammen – höflich und liebenswürdig als kultivierte Menschen. „Versöhnung ist das Beste“, heißt es auch im Koran.

VERSTAND

ist das Vermögen zu denken.

Immanuel Kant

Das Wort „verstehen“, aus dem der Begriff Verstand gebildet wurde, stammt vom althochdeutschen *farstān,* womit „davorstehen“ gemeint war, wodurch eine Sache genau betrachtet, in ihrer Gesamtheit erfasst und zugeordnet werden kann. Der Verstand bewirkt also den Fluss der Gedanken, um das optisch Wahrgenommene zu begreifen und zu durchschauen. Seit der Antike wird die Abgrenzung zwischen Verstand und Vernunft von Philosophen diskutiert. Der Begriff Vernunft ist hergeleitet vom althochdeutschen *firnunft,* damit war die Tätigkeit des Vernehmens gemeint, also die akustische Wahrnehmung, die Einsicht und Verständnis auslöst. Das verwandte altnordische Wort *nema* bedeutet lernen. Wer etwas vernimmt, d.h. hört, nimmt auf und lernt. Verstand regt nach der Vorstellung unserer Vorfahren das Denken durch die Betrachtung über das Auge an, Vernunft nimmt Neues mit dem Ohr auf und setzt den Lernprozess in Gang. Diese Vorstellung deckt sich mit der Erkenntnis in den modernen Neurowissenschaften, wo Verstand als fluide Intelligenz, d.h. die Fähigkeit zum logischen Denken und zur Problemlösung, betrachtet wird aufgrund der neuronalen Strukturen eines bestimmten Hirnteils, des dorsolateralen präfrontalen Cortex (DLPFC). Bei Verletzungen dieses Hirnteils verhalten sich Patienten „unintelligent", reagieren auf Situationsveränderungen völlig unflexibel und sind unfähig, ihre Verstandeskräfte zur Problemlösung einzusetzen. Vernünftiges Verhalten wird von Neurowissenschaftlern im orbitofrontalen Cortex (OFC) lokalisiert. Vernunft besteht u.a. im Planen klarer Ziele und folgerichtiger Handlungen, in der Kontrolle egoistischer Verhaltensweisen und im Abwägen von Erfolgschancen und Risiken. Verletzungen in diesem Hirnbereich bewirken unvernünftiges Verhandeln bei Patienten, indem sie z.B. wider besseres Wissen und Erfahrungen gewaltige Risiken eingehen usw.

VERTRAG

ist die übereinstimmende Willenserklärung zweier Parteien.

Anonymus

Seit Urzeiten werden Verträge geschlossen. In schriftlosen Zeiten, wo Verträge noch nicht schwarz auf weiß festgehalten werden konnten, galt die mündliche Vereinbarung, die durch den Handschlag bekräftigt wurde. Im älteren deutschen Recht war ein Vertrag nur bindend, wenn ein Symbol überreicht oder die Hand gereicht war. Bindungswirkung erhielten Verträge damals durch die damit verbundenen Eide, magischen Gelübde, Rituale usw. Auch heute besitzt ein mündlich geschlossener Vertrag Gültigkeit. Wer z.B. eine Flasche Wein kauft, schließt mit dem Verkäufer einen Vertrag. Der Handschlag besitzt jedoch keine rechtliche Bedeutung mehr, hat aber moralischen Wert. Jemand ohne „Handschlagqualität" gilt als unseriös. Da niemand ohne Vertrauensbasis einen Vertrag schließt, ist der gute Ruf, die „Handschlagqualität", für beide Vertragspartner wichtig. Verträge machen das Zusammenleben verbindlich. Man kann Verträge über den Kauf eines Autos, einen Ehevertrag etc. schließen, aber auch Bedingungen für das Zusammenleben vertraglich regeln, um ein „Sich-vertragen" zu erzielen. Johanna Schopenhauer, die Mutter des später weltberühmten Philosophen, schloss mit ihrem 19-jährigen Sohn Arthur einen Vertrag, als er nach Weimar kam, um sich aufs Studium vorzubereiten: „Du bist in deinem Logis zuhause, in meinem bist du Gast. … Ich dulde keine Einmischung, weil es mich verdrießlich macht und nichts hilft. Jeden Mittag kommst du und bleibst bis drei, dann sehe ich dich den ganzen Tag nicht mehr, außer an meinen Gesellschaftsabenden. … Wenn du willst, kannst du auch an den beiden Tagen abends bei mir essen, wenn du dich des leidigen Disputierens etc., das mich verdrießlich macht, enthalten willst. … In den Mittagsstunden kannst du mir alles sagen, was ich von dir wissen muss. Die übrige Zeit musst du dir allein helfen. … Ich gehe von diesem Plan unter keinen Umständen ab …" Schopenhauer akzeptierte die Bedingungen seiner Mutter zähneknirschend.

VERZEIHEN

ist eine Eigenschaft des Starken.
Der Schwache kann nicht verzeihen.

Mahatma Gandhi

Verzeihung oder Vergebung ist ein zivilisatorischer Fortschritt gegenüber dem archaischen Prinzip der Vergeltung, wie es z.B. im „Alten Testament" mit der Racheforderung des „Auge um Auge, Zahn um Zahn, Leben um Leben" verlangt und noch heute in Form von Blutrache in asiatischen und afrikanischen Kulturen geübt wird. In der Antike galt Verzeihung als Tugend der Herrscher, und durch das Christentum wurde die Vergebung im „Vaterunser" durch die großherzige Forderung „und vergib uns unsere Schuld, wie wir vergeben unseren Schuldigern" zu einem zentralen menschlichen Wert. In vielen demokratischen Verfassungen ist die Begnadigung eines Täters durch das Staatsoberhaupt, z.B. den Bundespräsidenten, vorgesehen. Menschen zu vergeben, die einem Böses getan oder das Gesetz übertreten haben, zeigt nicht nur die Größe des Vergebenden, sondern ist ein Mittel, Frieden zu stiften. Pharisäer, die Jesus eine Falle stellen wollten, brachten eine Frau, die auf frischer Tat beim Ehebruch ertappt worden war, zu ihm und sagten: „Im Gesetz hat uns Mose geboten, solche Frauen zu steinigen." Jesus erkannte die perfide Absicht, um ihn anklagen zu können, wollte aber auch das Leben der Frau retten. So sagte er: „Wer von euch ohne Sünde ist, werfe den ersten Stein." Gedemütigt verließen die Pharisäer den Ort, und die Frau überlebte. Die Vergebung der Sünden wird so zum Schlüsselprinzip des Christentums. Jesus bittet sogar noch am Kreuz für seine Peiniger: „Vater, vergib ihnen; denn sie wissen nicht, was sie tun!" Eine schöne Geschichte über Vergebung stammt aus Russland: Zar Alexander II. bestellte in einem Gasthaus ein Kalbskotelett. Potscharskij, der Wirt, rang die Hände, denn er hatte keins. In höchster Not zerschnetzelte er Hühnerfleisch, briet es und garnierte es mit einem Knochen. Der Zar war begeistert. Das ermutigte den Wirt, seinen Schwindel zu gestehen – woraufhin ihm der Zar verzieh und ihn als Leibkoch engagierte.

VISION

ist die Kunst, Unsichtbares zu sehen.

Jonathan Swift

Helmut Schmidt sagte einmal ironisch: „Wer Visionen hat, soll zum Arzt gehen", weil er meinte, in der Politik würden nur Fakten, Analysen und Planung von Nutzen sein. Nun gibt es jedoch Visionäre, die die unterschiedlichsten Dinge „sehen". Das lateinische Wort bedeutet

„Erscheinung". Die griechische Entsprechung ist „Phänomen". Darunter versteht man das Sichtbarwerden von etwas nicht Erkennbarem. Es kann sich dabei um Geister, Feen, Gespenster oder Engel und Teufel handeln. Berühmt ist Martin Luthers Begegnung mit dem Teufel, als er die Bibel übersetzte. In seiner Angst warf Luther sein Tintenfass nach ihm. Der Fleck wird bis heute auf der Wartburg gezeigt. Von anderen wurden hilfsbereite Geister beobachtet oder Engel, die z. B. über Kranke wachten. Bei einer Vision kann es sich um ein inneres Erleben, das Wahrnehmen unerklärlicher Klänge, oder das freundliche oder angsteinflößende Erscheinen von Verstorbenen handeln. Berühmte Visionen sind z. B. die „Offenbarung des Johannes" im Neuen Testament oder die mystische Schau der Hildegard von Bingen. Naturvölker rufen in schwierigen Situationen durch Beschwörungen die Geister ihrer Ahnen um Hilfe. Das klingt exotisch. Aber auch der moderne Mensch macht eigentlich nichts anderes, indem er in Geschichts- oder Gesetzeswerken nach Präzedenzfällen sucht und diese zu Rate zieht. Diese Schriftwerke sind der tradierte Geist unserer Vorfahren. In der Philosophie wird zwischen dem sinnlich Wahrnehmbaren und der objektiven Welt dahinter unterschieden. Platon entwickelte daraus seine „Ideenlehre" und seine grandiose Vision wurde zur Basis vieler Überlegungen dieser Art von den mittelalterlichen Scholastikern bis hin zu Kant oder Schopenhauer. Carl Djerassi, der Erfinder der „Pille", sagte treffend: „Der Visionär ist ein Mensch, der mit geschlossenen Augen sehen kann." Die Fähigkeit, Unsichtbares sichtbar zu machen, hat der Menschheit viel Segen gebracht. Denn Vision hat etwas mit Weitblick zu tun.

VORBILD SEIN

– es gibt keine andere vernünftige Erziehung.

Albert Einstein

„Da ich keinen Vater hatte, brauchte ich ein männliches Vorbild, auf das ich mich beziehen konnte. Und so schwärmte ich für alles, was Goethe betraf", sagte Marlene Dietrich. Vorbilder sind idealisierte Beispiele großer Persönlichkeiten, womit sich meist jüngere Menschen identifizieren und deren Lebensformen sie nachzuahmen versuchen. Für Black Elk, den letzten Schamanen der Oglala-Sioux, bestand die gesamte Pädagogik des Stammes in der Vorbildfunktion der Krieger: „Wir begannen sehr früh, das Tun der Männer aufzunehmen, und niemand lehrte uns. Wir lernten, indem wir einfach taten, was wir sahen." Jemand, der Können und Werte überzeugend vorlebt, ist faszinierender als der, der sie nur predigt. In der Antike und im Mittelalter kämpfte der König an vorderster Front. Als die Fürsten zu Schreibtischtätern wurden, wurden Feldherren, die Leib und Leben riskierten, umso höher verehrt. Der Große Kurfürst, gefragt, warum seine Brandenburger Regimenter so sehr an ihm hingen und alles für ihn ertrügen, sagte: „Von mir hören die Leute niemals: Geht voran! Sondern ich sage: Folgt mir nach.“ Oft prägt das Vorbild das gesamte Leben eines Menschen, wie bei James Boswell, der mit der Biographie seines Freundes und Übervaters Samuel Johnson eines der bedeutendsten Werke der englischen Literatur schuf. Das Buch ist das würdige Gegenstück zu Eckermanns „Gespräche mit Goethe“. Beide hatten ein scharfes Auge für amüsante Begebenheiten, schätzten geistreiche Formulierungen ihrer Vorbilder und besaßen das Talent, das Flair einer Szene und die Lebendigkeit einer Unterhaltung wiederzugeben. Dadurch übertrugen sie ihre Begeisterung für die Größe und Integrität ihrer Vorbilder auf die folgenden Generationen. Auf diese Weise entstehen Leitbilder wie in Frankreich Voltaire, in den USA Franklin D. Roosevelt, in Deutschland Helmut Schmidt oder auf internationaler Ebene der Dalai Lama und Papst Johannes XXIII.

WAHRHAFTIGKEIT

und Politik wohnen selten unter einem Dach.

Stefan Zweig

Für Albert Schweitzer besteht Wahrhaftigkeit vor allem in Treue zu sich selbst: „Tatsächlich aber ist es die Ehrfurcht, die wir unserem eigenen Dasein entgegenzubringen haben, die uns anhält, uns immer selber treu zu bleiben, indem wir auf jede Verstellung, von der wir in dieser oder jener Lage Gebrauch gemacht hätten, verzichten, und im Kampfe, durchaus wahrhaftig zu bleiben, nicht erlahmen." Wahrhaftigkeit ist die Überzeugung, dass das eigene Handeln und die eigene Aussage vollkommen wahr sind. Die Wahrhaftigkeit hat also mit eigener Würde und innerer Klarheit zu tun. Wer wahrhaftig ist, belügt sich nicht selbst. Otto Friedrich Bollnow verdichtet diesen Gedanken in dem überraschenden Satz: „Eine ehrliche Lüge ist etwas anderes als eine Unwahrhaftigkeit. … Die Unwahrhaftigkeit aber setzt da ein, wo der Mensch sich selbst etwas vormacht, wo er auch sich selbst gegenüber nicht zugibt, dass er lügt, wo er sich die Verhältnisse vielmehr so zurechtlegt, dass er sich selbst gegenüber den Schein von Ehrlichkeit wahrt." Der Volksmund nennt das: sich etwas in die eigene Tasche lügen. In diesem Fall ist der Täter sein eigenes Opfer. Schlimmer wird es, wenn er die Dinge so zurechtbiegt, dass er im Brustton der Überzeugung die Verantwortung für sein Verhalten übernehmen zu können glaubt. Dann ist er nicht nur sein eigenes Opfer, sondern setzt auch andere unkalkulierbaren Gefahren aus. Das kann bis zu großen internationalen Katastrophen führen, wie die zwei Weltkriege im 20. Jahrhundert zeigen. Ein paar Dutzend machtgieriger Generäle, kriegsromantischer Fürsten, habgieriger Industrieller und skrupelloser Politiker um Kaiser Wilhelm II., Kaiser Franz Joseph von Österreich und Adolf Hitler übernahmen lauthals die Verantwortung für etwas, was sie gar nicht verantworten konnten. Das Ergebnis waren Millionen Tote und die Zerstörung blühender Städte und Länder. Für Kant hat jeder ehrenhafte Mensch die Pflicht zur unbedingten Wahrheit, weil es die Würde gebietet und vernünftig ist, wahrhaftig zu sein.

WAHRHEIT

wird nicht gefunden, sondern produziert.
Sie ist relativ.

Friedrich Schlegel

Es gibt jedoch die hundertprozentige Wahrheit, wenn sie vom Täter bestätigt wird. Als Margot Käßmann alkoholisiert bei Rot über eine Ampel fuhr, stand sie zur Wahrheit und trat als Bischöfin zurück. Schwieriger wird ein Geschehen aus der Sicht mehrerer Personen, wie der Regisseur Akira Kurosawa im Film „Rashomon" zeigt. Vor Gericht geht es um die Vergewaltigung einer Frau nach der Ermordung ihres Mannes durch einen Räuber. Der Räuber sagt, er habe den Samurai überwältigt, gefesselt und die Frau vor dessen Augen vergewaltigt, danach den Samurai befreit und ihn im Zweikampf getötet. Die Frau sagt aus, sie hätte ihren Mann eigenhändig umgebracht, weil er sie nach der Vergewaltigung nur noch gehasst und verachtet habe. Der tote Samurai behauptet (durch ein Medium), sich selbst umgebracht zu haben, da seine geliebte Frau bei dem Räuber bleiben wollte. Der Holzfäller, heimlicher Zeuge des Verbrechens, erklärt, die Aussagen der drei seien unwahr und bringt seine Version. Alle vier Varianten könnten wahr sein, doch was ist wirklich passiert? War es heimtückischer Mord, ehrenhafter Tod im Zweikampf, Verzweiflungstat oder Selbstmord? Friedrich Schlegel meint: „Es gibt keine wahre Aussage, denn die Position des Menschen ist die Unsicherheit des Schwebens." Das erlebt man jeden Tag bei Gericht oder in den Medien, weil die Erinnerung getrübt ist oder der Beschuldigte versucht, sich durch Lügen und Halbwahrheiten zu retten. Karl Popper meint, dass die Menschen fähig seien, aus Fehlern zu lernen, um durch das Gespräch der Wahrheit näherzukommen. Jeder Gesprächspartner müsste nur bereit sein, seine eigenen Vorstellungen und Befindlichkeiten etwas zu korrigieren, wenn ihm bewiesen wird, dass er unrecht hat. Vernunft und Gesprächsbereitschaft bringen uns so der Wahrheit näher. Warum ist Wahrheit so wichtig? Weil sie das zuverlässige Fundament des Glücks ist, wie es Maximilian Kolbe formuliert. Aber da Wahrheit relativ ist, ist es auch das Glück. Beide sind selten erreichte Ideale.

WEISHEIT

ist gute Laune, die anhält.

Michel de Montaigne

Was Weisheit ist, darüber gibt es viele Definitionen. George Santayana meint, sie bestehe darin „dem Herzen zu glauben". Für Lessing ist „eigene Erfahrung" Weisheit. Übereinstimmung herrscht darin, dass Weisheit von großer geistiger Beweglichkeit und Unabhängigkeit zeugt. Ein Weiser denkt selbstständig und kommt zu weisen Erkenntnissen, er gibt weisen Rat und verhält sich weise. Die Wörter Weisheit, Wissen, Gewissen und Gewissheit stammen von der indoeuropäischen Grundform **woida*, „ich habe gesehen". Ein Weiser ist jemand, der viel gesehen und erfahren hat. Als Wiener Psychologiestudentinnen Kinder zwischen sechs und zehn Jahren fragten, was weise Menschen auszeichnet, meinte ein Zehnjähriger, ein Weiser sei „ehrlich, nett und rätselhaft", ein gleichaltriges Mädchen: „Ein Weiser hält zu dir, wenn es dir nicht gut geht. Man kann ihm Geheimnisse anvertrauen." Weise besitzen nach Meinung der Kinder das Talent des Ratgebers, der Verlässlichkeit, der Erfahrung und eine besondere Aura der Wahrhaftigkeit. Erwachsene ergänzen diese Attribute durch Seelenruhe, Toleranz und Lehren über das vernünftige Zusammenleben. Weise sind einfach und geheimnisvoll zugleich, und wahre Weisheit ist leicht zu erkennen, aber schwer zu erringen. Für Platon ist sie eine Kardinaltugend, die nach Ansicht aller bedeutenden Philosophen über das Wissen zu erreichen ist. Weisheit ist allerdings bereits in Kindern ausgebildet. Im Umgang mit ihnen nützen pures Wissen, Bildung, Titel oder Geld rein gar nichts. Sie erkennen weise Menschen an der Lauterkeit ihrer Seele. Durch Weisheit kommt man zur Selbsterkenntnis, die nach Sokrates zur wahren Tugend führt. Das Gute ist für ihn zugleich das Schöne, weil jede unschöne Tat nicht gut sein kann. Jeder, der das Gute kennt, müsse folgerichtig danach handeln, weil er sich sonst selbst betrügen würde. Der weise Augustinus ergänzte, wer einmal die Weisheit erkannt hat „braucht weder Unmaß noch Mangel noch Unglück zu fürchten … und ist immer glücklich."

WILLENSSTÄRKE

ist die Fähigkeit, beim Fernsehen aus einer vollen Schale nur eine Salzmandel zu essen.

Robert Lembke

Das klingt witzig, trifft aber haargenau. Willenskraft besteht aus einer Mischung von seelischen Charaktereigenschaften wie Zähigkeit, Tatkraft, Entschlossenheit und Zielstrebigkeit. Sie sind notwendig, um ein Ziel zu erreichen. Das kann winzig sein, wie die oben erwähnte Beschränkung auf eine einzige Mandel, oder gigantisch, wie die logistisch genial geplante und strategisch perfekt ausgeführte Landung der Alliierten am D-Day an der französischen Küste. Nach den Philosophen der Stoa bildet die Voraussetzung für den Erfolg das klare Durchdenken des Problems, das einsichtige Wollen, die Aufgabe zu lösen und das zielgerichtete Handeln, um das Gewollte praktisch herbeizuführen. Wer diese drei Aufgaben ernsthaft angeht, wird eine klare Strategie entwickeln, abwägen, ob die Kräfte für das Erreichen des Ziels ausreichen, und schließlich mit konzentrierter Energie die Hindernisse überwinden. Jeder, der in der Lage ist, seine Willenskraft zu bündeln, wird nicht nur sein gesamtes Leben klar strukturieren, sondern auch stärkeres Selbstbewusstsein entwickeln, leichter ein Netzwerk von persönlichen Beziehungen aufbauen und mit Alkohol, Nikotin, Essen und Arbeit ausgewogen umgehen. Willensstarke Menschen lassen sich nicht von Misserfolgen aus der Bahn werfen. Sie wissen, dass Fehlschläge normal sind und jeder Erfolg erkämpft werden muss. Darum sind sie im Leben besonders erfolgreich. Willenskraft lässt sich, wie alles im Leben, erlernen und muss so lange trainiert werden, bis sie zur Selbstverständlichkeit wird. Als Mahatma Gandhi das Problem der Gleichberechtigung der unterdrückten Minderheiten durchdacht hatte, legte er seinen Anwaltsanzug ab, lebte als Asket von einer Handvoll Reis und selbstgemolkener Ziegenmilch und organisierte den gewaltlosen Freiheitskampf gegen das Britische Imperium. Ein einzelner Mann besiegte eine Weltmacht mit nichts anderem als mit seiner Willensstärke.

WISSEN

ist Macht.

Francis Bacon

Wissen ist nach der Überzeugung aller großen Denker die Voraussetzung für Weisheit. Aber was ist Wissen? „Ein Schatz, der seinen Besitzer überallhin begleitet", sagt ein chinesisches Sprichwort. Für Ambrose Bierce ist es „jener kleine Teil der Unwissenheit, den wir geordnet und klassifiziert haben". Tatsächlich gibt es unendliche Arten von Wissen. Der Astronaut hat ein anderes Wissen als die Pädagogin, der Komponist ein anderes als die Richterin, der mongolische Hirte ein anderes als der Automanager, die Geigerin ein anderes als der Förster usw. Jede Art von Wissen ist wertvoll. Es gibt das in Familien, Handwerksberufen oder Stammesgemeinschaften tradierte Wissen, und es gibt das Schul- und Universitätswissen. Eine afrikanische Buschmannfamilie kann bis heute ohne die Hilfsmittel der Zivilisation überleben. Das seit Generationen überlieferte Wissen reicht für ihre Lebensform aus. In der Industriegesellschaft sind andere Fertigkeiten erfordert. Seit Gutenbergs Erfindung des Buchdrucks (1445) und Luthers Bibelübersetzung ins Deutsche (1534), die gedruckt zum Lehrbuch für die breite Mittelschicht wurde, war das Bildungsprivileg der römisch-katholischen Kirche gebrochen. Der englische Philosoph Bacon sagte 1598: „Wissen ist Macht", und präzisierte: „Wissen und Macht des Menschen fallen zusammen, weil Unkenntnis der Ursache die Wirkung verfehlen lässt." Mit diesem revolutionären Motto schuf er die Basis der Philosophie im Zeitalter der Aufklärung, um „den Menschen in einen höheren Stand seines Daseins" zu bringen. Der chinesische Philosoph Konfuzius forderte: „Du sollst unersättlich im Lernen und unermüdlich im Lehren sein." Seiner Ansicht nach führen Wissen und Weisheit zur Menschlichkeit. Denn der Sinn der

Weisheit besteht darin, Gutes zu bewirken. Das deckt sich mit Sokrates' Ansicht, die Montaigne ergänzte: „Jedes Wissen schadet dem, der kein Wissen vom Guten hat." Erst damit erhält Wissen seinen wahren Wert.

WOHLSTAND

für alle.

Ludwig Erhard

In seinem 1957 erschienen Buch erläuterte der damalige deutsche Wirtschaftsminister Erhard, wie er auch den unteren Gesellschaftsschichten ein zufriedenstellendes Leben sichern wollte. Er meinte, nur durch die freie Marktwirtschaft könne eine breite Mittelschicht geschaffen werden. Dazu müsse man die freie Marktwirtschaft vor staatlichen Eingriffen genauso schützen wie vor Übergriffen durch Lobbys, Monopolisten und Kartelle. So sollte die traditionelle Machtstruktur, in der eine kleine, reiche Oberschicht auf Kosten der breiten Unterschicht lebte, überwunden werden. „Auf dem Wege über den Wettbewerb wird ... eine Sozialisierung des Fortschritts und des Gewinns bewirkt und dazu noch das persönliche Leistungsstreben wachgehalten." Erhards Konzept wurde zum Segen des Großteils der Bevölkerung tatsächlich teilweise umgesetzt. Jede Familie konnte sich eine menschenwürdige Wohnung, Nahrung usw. leisten. Ein fortschrittliches Bildungsprogramm ermöglichte den Aufstieg von Kindern auch sozial schwacher Familien. Wer heute durch die Problembezirke von Großstädten wie Berlin oder Hamburg fährt, sieht auf einen Blick, dass der Traum vom „Wohlstand für alle" für viele Menschen ausgeträumt ist. Warum? Weil der Staat, d.h. unsere Gesellschaft, es zugelassen hat, dass genau die von Erhard als gefährlich eingestuften Lobbys, Kartelle und Monopolisten großen Teilen der Bevölkerung immer weniger ein menschenwürdiges Dasein einräumen und sich auf deren Kosten schamlos bereichern, indem sie ganze Industrien in Billiglohnländer auslagern. Damit wird die Existenzgrundlage der Mittelschicht und der unteren Mittelschicht auf ein Minimum reduziert. Wer von seinem Einkommen kaum leben kann, verarmt. Es liegt in der Hand eines jeden von uns, diesen unwürdigen Zustand bei der nächsten Wahl mit der Macht seiner Stimme zu ändern, bevor die Mittelschicht ganz verschwindet. Denn bereits im 15. Jahrhundert wusste der Dichter François Villon: „Nur wer im Wohlstand schwelgt, lebt angenehm."

WORTE

sind die einzigen Dinge, die nie vergehen.

William Hazlitt

Die Welt steht auf der Spitze der Zunge, sagt ein jiddisches Sprichwort. Das ist nur auf den ersten Blick verblüffend. Tatsächlich ist die Macht des Wortes größer als die Macht des Geldes u.Ä. mehr. Das Johannes-Evangelium beginnt mit dem gewaltigen Satz: „Am Anfang war das Wort, und das Wort war bei Gott, und Gott war das Wort." Es ist nicht das Wort Gottes, sondern Gott selbst ist das Wort. Erst durch das Wort erhält jedes Ding sein klar umrissenes Bild und damit seinen eindeutigen Sinn. Mit dem Wort wird das Denken präzise, weil es genaue Vorstellungen in uns hervorruft. Das Wort „Heim" erzeugt ein trautes Gefühl, das Wort „Krieg" Angst und Schrecken. Aggressive Wortfolgen können das Böse im Menschen wecken (Hitler: „Wir werden sie anfallen wie Wölfe", Goebbels: „Wollt ihr den totalen Krieg?") oder das Gute bewirken (Else Lasker-Schüler: „Wir wollen uns versöhnen die Nacht – so viel Gott strömt über", Eichendorff: „Schläft ein Lied in allen Dingen, die da träumen fort und fort. Und die Welt hebt an zu singen, triffst du nur das Zauberwort"). Bei Urwörtern wie „Woge" deckt sich der Klang mit dem Sinn, das optische Bild klingt lautmalerisch durch. Ebenso wie im Wort „Wasser", welches das erfrischende Plätschern erfasst. Wörter, die das offene O beinhalten wie „Sonne", „Mond", „Ofen", „Ohr", „Ton" weisen auf Rundung hin, „Angst" und „Zwang" auf Enge usw. Ein kluger Kopf der Reformationszeit hat gesagt: „Worte sind der Dinge Zeichen". Wer den tiefen Sinn des Wortes erfasst und behutsam mit seiner Sprache umgeht, präzisiert sein Denken, Fühlen und folgerichtig sein Handeln. Es zeugt von der inneren Harmonie des Menschen, der seine Sprache pflegt. Im alten China musste jeder angehende Beamte bei der Abschlussprüfung selbstverfasste Gedichte vorlegen. Daraus konnten seine Gedankentiefe und sein Charakter beurteilt werden. Denn wer genau denkt und die Gedanken in eine schöne Form zu bringen versteht, ist ein kultivierter Mensch, der zum Gelingen des Staatswesens beiträgt.

WUNDER

geschehen plötzlich.
Sie lassen sich nicht herbeiwünschen,
sondern kommen ungerufen, meist in den
unwahrscheinlichsten Augenblicken,
und widerfahren denen, die am wenigsten
damit gerechnet haben.

Georg Christoph Lichtenberg

Das Wort stammt vom althochdeutschen *wuntar* und basiert auf dem indoeuropäischen **uen* („Verlangen"). Offenbar stammen Wunder und Wunsch davon ab und sind miteinander verwandt. Das griechische Wort *thauma* bedeutet „Wunder", „Wunderding", aber auch „Bewunderung" und „Erstaunen". *Thaumasios* bezeichnet etwas Außergewöhnliches, Unbegreifliches. In der Antike war der Glaube an wunderbare Geschehnisse alltäglich. Jesus vollbrachte Wunder, wie die Auferweckung des toten Lazarus, das Wandeln über den See Genezareth oder die Speisung der Zehntausend mit ein paar Broten und Fischen. „Das große unzerstörbare Wunder ist der Menschenglaube an Wunder", sagt Jean Paul. Religiös veranlagte Menschen sind fest von der Möglichkeit von Wundern überzeugt, während nicht religiöse sie ausdrücklich verneinen. In der Zeit der Aufklärung, als die Erforschung der Naturgesetze das Wissen über ehemals geheimnisvolle Vorgänge aufhellte, nahm der Wunderglaube an Zauberer, Hexen, Geister und Heilige ab. Die Kirchendogmatik bestimmte allerdings durch den lateinischen Begriff *miraculum rigorosum, absolutum* ein durch unmittelbare göttliche Allmachtstat geschehenes Wunder. Viele Heiligenlegenden nähren sich von solchen Wundern.

Bis heute wird an Wallfahrtsorten wie Lourdes oder Altötting von Wundern berichtet, die durch Fürsprache von Heiligen bewirkt sein sollen. Wunder sind Ereignisse, die Glauben schaffen, und sie bilden die Voraussetzung für Selig- und Heiligsprechung in der katholischen Kirche. Der heilige Augustinus erklärte das so: „Wunder stehen nicht im Gegensatz zur Natur, sondern nur im Gegensatz zu dem, was wir über die Natur wissen." Pearl S. Buck ergänzte diesen schönen Gedanken mit einem noch schöneren: „Die wahre Lebensweisheit besteht darin, im Alltäglichen das Wunderbare zu sehen."

WÜNSCHE

sind Vorgefühle der Fähigkeiten, die in uns liegen, Vorboten desjenigen, was wir zu leisten imstande sein werden.

Johann Wolfgang von Goethe

Wunsch und Wille sind Zwillinge. Der Wunsch ist romantischer Natur: Ihn bestimmt das Gefühl der Sehnsucht. Der Wille ist tatkräftig. Er ist bereit, sich für die Verwirklichung des Gewünschten voll zu engagieren, indem er einen Plan ausarbeitet, um sein Ziel zu erreichen. Er handelt, während der Zwilling Wunsch träumt. Trotzdem kann jeder scheitern und jeder Erfolg haben. In jedem Fall beeinflussen Wünsche die Zukunft, indem Ziele formuliert werden. Daher sagt auch das Sprichwort: „Der Wunsch ist der Vater des Gedankens." Der Mensch hatte eines Tages den Wunsch, fliegen zu können: Heute fliegt er. Er träumte von einer gerechteren Welt: Heute leben wir in einer Demokratie. Für den griechischen Philosophen Epikur gibt es drei Arten von Wünschen: 1. Die natürlichen und notwendigen Wünsche. Diese sind durch die Grundbedürfnisse bestimmt, weil z.B. Nahrung, Trinken, Wärme und Kleidung, die Voraussetzung zum Überleben sind. 2. Natürliche und nicht notwendige Wünsche. Dazu gehören Dinge, die man nicht unbedingt braucht, wie ein Auto, einen Fernseher, schicke Kleidung oder gute Bildung, die zwar angenehm sind, aber nicht dem Überleben dienen, jedoch gewisse Vorteile haben.

3. Nicht natürliche und notwendige Wünsche, die durch Großmannssucht oder Gier hervorgerufen werden. Diese Art Wünsche sind schädlich und sollten niemals erfüllt werden. König Midas von Phrygien wurde vom Gott Dionysos ein Wunsch gewährt. Darauf sagte der habgierige König: „Ich wünsche, dass alles, was ich berühre, zu Gold wird." Nun wurde alles zu Gold, sogar das Essen und Trinken, sodass Midas beinahe verhungert und verdunstet wäre. Daher bat er verzweifelt, ihn von dem verhängnisvollen Wunsch zu befreien, was Dionysos tat. An diesem Mythos erkennt man, dass Wünsche eine gefährliche Sache sein können. Darum sollte man sich und anderen nur Vernünftiges wünschen – wie Gesundheit, Freude und Zufriedenheit.

WÜRDE

ist ein besseres Gewand als Seide.

Chinesische Weisheit

Würde ist verwandt mit dem Wort Wert. Damit wurden zunächst Ansehen, Rang oder Ehre einer Person bezeichnet. Zur Zeit der Aufklärung veränderte sich die Begriffsbedeutung. Während Ansehen usw. einen äußeren, durch eine Gesellschaft zugebilligten Wert bedeutet, gehört die Würde zu den inneren Qualitäten eines Menschen. Das Gefühl dafür drückt z.B. die Redewendung „Das ist unter meiner Würde" aus. Würde hat also etwas mit Selbstachtung zu tun. Daher mahnten sich Voltaire und König Friedrich II. von Preußen stets gegenseitig, wenn sie in schwierigen Situation kleinmütig wurden: „Wahren Sie Ihre Würde." Schiller präzisierte: „Die Beherrschung der Triebe durch die moralische Kraft ist Geistesfreiheit, und Würde heißt ihr Ausdruck in der Erscheinung. Auch die Würde hat ihre verschiedenen Abstufungen und wird da, wo sie sich der Anmut und Schönheit nähert, zum Edlen, und wo sie an das Furchtbare grenzt, zur Hoheit ..." Menschen, deren dubiose Machenschaften ruchbar werden, verlieren selbstverschuldet ihre Würde. Mitmenschen die Würde zu rauben, ist ein Verbrechen. Das geschieht durch Mobbing, im Gefängnis oder in Diktaturen. Als Königin Marie Antoinette 1793 während der Französischen Revolution der Prozess gemacht wurde, verteidigte sie sich gegen niederträchtige Beschuldigungen des wildgewordenen, blutrünstigen Tribunals, darunter gegen den Vorwurf des sexuellen Missbrauchs ihres kleinen Sohnes, mit großer Würde. Sie kämpfte nicht um ihr Leben, denn sie wusste, dass ihr Todesurteil bereits feststand. Sie kämpfte um ihre Ehre und besonders um die Ehre einer Mutter. Ihre würdige Haltung behielt sie bis zum letzten Atemzug. Als sie vor ihrer Hinrichtung durch die Guillotine dem Henker versehentlich auf den Fuß trat, sagte sie: „Entschuldigen Sie mich, Herr, es geschah nicht absichtlich ..." Das waren Marie Antoinettes letzte Worte. Sie starb unbesiegt, denn sie hatte ihre Würde bewahrt.

ZEIT

ist eine Erfindung der menschlichen Unrast,
der Erfüllte kennt sie nicht.

Paul Bertololy

Die germanische Wurzel *tī* stammt vom indoeuropäischen **dī: daī.* Das bedeutet „teilen", „zerschneiden". Im englischen Wort *day* springt die Urform noch direkt ins Auge. Die Zeit bewirkt die Teilung eines großen Ganzen in kleine Einheiten wie Tage, Jahre, Sekunden, Minuten oder Stunden. Die Zeit ist ein unheimliches Phänomen am Schnittpunkt zweier Ungewissheiten: der Vergangenheit, die vorbei ist und trotzdem auf dem Heute lastet, und einer Zukunft, die Hoffnungen und zugleich Ängste weckt. Daher ist immer nur das Jetzt konkret, und auch dieses kann beglückend oder bedrückend sein. Auf jeden Fall ist es flüchtig, und der schönste Augenblick ist bald genauso vorbei, wie sich Sorgen und Ängste mit der Zeit verflüchtigen. Die große Kunst besteht darin, die Lebenszeit zu nutzen. Wem das schlecht gelingt, der spürt den großen Wert der Zeit umso schmerzhafter. Menschen, denen der Beruf kaum Zeit lässt, sehnen sich umso mehr nach der Freizeit, denn erst die Freizeit lässt sie aufblühen. Die Kunst besteht darin, seine selbstbestimmte Zeit wirklich frei zu nutzen. Wer Zeit nur „investiert" und fürchtet, sie zu vergeuden wie eine Geldsumme, kann die Schönheit schöner Stunden nicht genießen. Denn je intensiver wir leben, umso mehr vergessen wir die Zeit. Wer in einer Sache ganz aufgeht, kennt kein Gestern, kein Morgen. Er ist im beseligenden Zustand der Selbstvergessenheit, weil er seinem Herzen folgt. Die Kelten nannten das, „das Glück der Stunde". Wer nur das Jetzt im Auge hat, ist selten überfordert. Sorgen um die Zukunft sind überflüssiger Ballast, weil kein Mensch weiß, was morgen ist. Wer es schafft, Herr seiner Zeit zu werden, hat auch Zeit für andere. Und wer Zeit für andere hat, wird belohnt durch schöne Stunden der Gemeinsamkeit. Wer anderen Gutes tut, tut sich selbst das Beste. Denn er nutzt seine Zeit. Zeit ist nicht Geld, wie Benjamin Franklin sagte, sondern Zeit ist kostbarer als Gold.

ZIELSTREBIGKEIT

ist eine der wesentlichen Voraussetzungen
für Erfolg im Leben, egal, welches Ziel man verfolgt.

John D. Rockefeller II.

Mein Freund Gerald meinte vor Jahren: „Du wirst mit deinen Theaterstücken sicher Erfolg haben. Wer immer auf dasselbe Ziel schießt, wird es zwangsläufig treffen." Es gibt eine Fülle von Erfolgsgeschichten, die durch Glauben an die Sache, Ausdauer und hartnäckiges Verfolgen des Ziels verwirklicht wurden. Ein Strom beginnt mit einem Tropfen, ein Kunstwerk, ein Unternehmen, die Neugestaltung einer Stadt mit einer Idee. Die Lage der Stadt Bilbao an der nordspanischen Küste war vor einigen Jahrzehnten trostlos. Da fasste der Stadtrat die kühne bis tollkühne Idee, ein völlig neuartiges Museum zu bauen, um Bilbao zu einem weltberühmten Anziehungspunkt zu machen. Der Architekt Frank O. Gehry wurde beauftragt, sein Baukonzept 1993 der Guggenheim Foundation vorgestellt – und das Projekt gewann die Herzen der Kommission im Sturm. Die Grundsteinlegung erfolgte im selben Jahr. Vier Jahre später wurde das für seinen dekonstruktivistischen Baustil berühmte Museum eröffnet. Nun zitterten Bürgermeister und Stadt, ob das Konzept aufgehen, ob die investierten Summen sich jemals rechnen würden. Dazu mussten jährlich 600.000 Besucher ins ferne Bilbao gelockt werden. Die Rechnung ging auf: Zum zehnjährigen Jubiläum 2007 konnte zugleich der zehnmillionste Besucher begrüßt werden. Der Besucherandrang ist mit jährlich einer Million konstant. Neben seiner großen kulturellen Bedeutung für Bilbao ist das Museum für die gesamte nordspanische Region ein wirtschaftlicher Erfolg, weil nicht nur mehrere Tausend Arbeitsplätze geschaffen wurden, sondern durch die Besucher Geld ins Land fließt. Nach dieser Aufwertung der Stadt wurde der Bilbao-Effekt benannt. Sobald ein Ziel ins Auge gefasst, ein tragfähiges Konzept entwickelt, Kosten und Erfolgschancen gegeneinander abgewogen und dann das Projekt mit beherzter Energie und Begeisterung realisiert sind, kann der Erfolg nicht ausbleiben.

ZIVILCOURAGE

Ohne sie sind alle anderen Tugenden nutzlos.

Edward Abbey

Der französische Begriff *courage civil* bedeutet „Bürgermut". Damit ist der Mut des Einzelnen zum eigenen Urteil und verantwortlichen Handeln gemeint. Zivilcourage haben Menschen, die durch ihren persönlichen Einsatz Menschenwürde, Menschenrecht, Gerechtigkeit usw. verteidigen. Gerd Meyer hat vier Merkmale herausgearbeitet, die Zivilcourage von Hilfsbereitschaft, Altruismus, Solidarität und Tapferkeit unterscheiden. Es geht dabei um einen Konflikt, in dem Werte und Normen verletzt werden. Es gibt beim Eingreifen für den Handelnden Risiken für Leib und Leben. Es ist eine öffentliche Situation, in die mehr als zwei Personen involviert sind. Es gibt ein Machtungleichgewicht, das den benachteiligt, der mutig handeln will. Eine ganze Reihe berühmter Helden haben Zivilcourage bewiesen. Robin Hood ist ein dichterischer Archetyp der Zivilcourage. Er handelt selbstlos, indem er den Bauern und Bürgern das vom Sheriff von Nottingham erpresste Geld zurückgibt. Ein anderer Archetyp ist der brave Soldat Schwejk. Durch sein Wörtlichnehmen aller Befehle führt er die Militärmaschinerie ad absurdum und verschafft sich und anderen Kriegsunwilligen dadurch etwas Freiheit hinter der Front. Seit 2009 ist Zivilcourage wieder stärker ins öffentliche Bewusstsein gerückt, als Jugendliche auf Bahnsteigen und in U-Bahnhöfen Fahrgäste drangsalierten. Dominik Brunner kostete sein Einsatz, für den er in seinem Heimatort München-Solln mit einem Denkmal geehrt wurde, das Leben. Die Kriminalpolizei hat eine „Initiative für mehr Zivilcourage" ins Leben gerufen. Die sechs „Regeln für den Ernstfall" sind: 1. Gefahrlos handeln – ich helfe, ohne mich selbst in Gefahr zu bringen. 2. Mithilfe fordern – ich fordere andere aktiv und direkt zur Mithilfe auf. 3. Genau hinsehen – ich beobachte genau und präge mir Tätermerkmale ein. 4. Hilfe holen – Notruf 110. 5. Opfer versorgen – ich kümmere mich um das oder die Opfer. 6. Zeugenaussage – ich stelle mich als Zeuge zur Verfügung.

ZIVILISATION

wurde von den Frauen erfunden. Ihr eigentliches Ziel war die Zähmung der Männer.

Dietrich Schwanitz

Ein kluger Gedanke, der wahrscheinlich stimmt. Denn immer, wenn Frauen eine Gesellschaft mitgestalten dürfen, geht es zivilisierter zu. Die Sitten werden feiner, die Künste blühen auf, die Wortwahl wird kultivierter und die Umwelt verschönert. Sehr deutlich zeigt sich das an der Hochkultur des Mittelalters, als, inspiriert von großartigen Frauen wie Eleonore von Aquitanien, die Minnesangkultur entstand und das gesamte Leben des Adels und parallel dazu der gehobenen Bürgerschaft in den Städten zivilisierter wurde, von der Hygiene bis zum ritterlichen Umgang der Geschlechter miteinander. Der Begriff Zivilisation stammt von dem im Deutschen seit dem 17. Jahrhundert bekannten Wort zivil, „bürgerlich", vom lateinischen *civis* („Bürger"). Damit wird die bessere Lebensqualität bezeichnet, die durch den Fortschritt von Wissenschaft und Technologie erzielt wurde und revolutionäre Auswirkungen auf Politik, Wirtschaft und Kultur hatte. Das führte bei französischen Denkern im 18. Jahrhundert zur Idee der Zivilisation der Gesellschaft, im Gegensatz zur „Barbarei". Kemal Atatürk, der Begründer der modernen Türkei, hatte den genialen Gedanken: „Es gibt verschiedene Kulturen, aber nur eine Zivilisation, die europäische." Damit prägte er die heutige Definition von Zivilisation im internationalen politischen Gefüge, wo unter einem „Kulturschirm" mehrere ähnlich geprägte Kulturen, die geographisch getrennt sein können, durch die Standards der Zivilisation miteinander verbunden sind. Die Werte und Normen der Zivilisation (von der Anerkennung der Menschenrechte bis zum Kleidungsstil auf internationalen Konferenzen) ermöglichen einen vernünftigen Umgang verschiedenartig geprägter Kulturen und ihrer Vertreter miteinander. Zivilisation ist die Voraussetzung für Frieden und Freundschaft, weil in ihr die Gleichwertigkeit aller Menschen nicht gepredigt, sondern durch ein Zusammengehörigkeitsgefühl gelebt wird.

ZUFRIEDENHEIT

geht über Reichtum.

Sprichwort

Ein verbannter griechischer Herrscher antwortete auf die spöttische Frage, was ihm Platons Philosophie in seiner Situation nütze: „Dass ich den Wechsel des Schicksals ruhig ertragen kann." Seine Ausgeglichenheit verdankte er den Erkenntnissen der Philosophie, die lehrt, die Dinge zu nehmen, wie sie sind. Wer einem Verlust nachjammert oder sich mit Bessergestellten vergleicht, ist unzufrieden, wer sich mit Menschen vergleicht, denen es schlechter geht, hat mehr als genug. Zufriedenheit ist ein Teil des seelischen und körperlichen Wohlbefindens. Sie sorgt für Gesundheit und Lebensqualität. Zufriedene Menschen strahlen Gelassenheit und Freude aus. In Bhutan ermittelt eine staatliche Kommission für das Bruttonationalglück die Zufriedenheit der Bürger. Dabei werden die gerechte Gesellschafts- und Wirtschaftsentwicklung, die Förderung kultureller Werte, der Umweltschutz und die guten Verwaltungsstrukturen beurteilt. Je zufriedener die Bürger, umso harmonischer ist das Zusammenleben der Menschen. Interessant ist Wilhelm von Humboldts Beobachtung, dass „die meisten Menschen sich selbst durch übertriebene Forderungen an das Schicksal unzufrieden machen". Ein Muster kollektiver Zufriedenheit ist das nordspanische Dorf Sodeto, in dem 250 Bewohner bei der Lotterie „El Gordo" als Tippgemeinschaft 128 Millionen Euro gewannen. Sie teilten das Geld entsprechend ihrer Anteile auf – und niemand verlor angesichts des plötzlichen Reichtums den Kopf. Keiner will in die Stadt ziehen, keiner ist neidisch, weil andere größere Anteile bekamen. Niemand stolziert mit einer goldenen Rolex geschmückt hochmütig durch die Gassen, und niemand protzt mit einer Luxuslimousine. Die erstaunliche Reaktion auf den Reichtum liegt im Wort *tranquilidad* („Ruhe"). Die Bürgermeisterin sagt: „Wir nehmen das Geld, um Probleme zu lösen, nicht um zu konsumieren. Wir brauchen es dringend für die Landwirtschaft und zur Reparatur und Neuanschaffung von Maschinen." Welch glückliches Dorf, das seine Zufriedenheit bewahrt hat.

ZUKUNFT

soll man nicht voraussehen wollen,
sondern möglich machen.

Antoine de Saint-Exupéry

Das mittelhochdeutsche Wort *kumft, kunft* bezeichnete „das Kommende", „die Ankunft" oder „das, was sich ereignen wird". Es hatte zudem religiöse Bedeutung im Sinne der erwarteten Ankunft Gottes auf Erden. Diese Bedeutung steckt bis heute im lateinischen Advent. *Adventus* heißt ebenfalls „Ankunft" oder „Zukunft". Vielleicht verdanken wir diesem religiösen Aspekt der Erwartung unser positives Gefühl für die Zukunft als jener goldenen Zeit, in der unsere wirtschaftlichen Unternehmungen gut gehen, unser Glück und unsere Gesundheit konstant bleiben und unsere Partner treu sind. Als Charlie Chaplin nach seiner desolaten Jugend mit 29 seine eigene Filmfirma gründete, sah er der Zukunft höchst optimistisch entgegen: „Die Zukunft, die Zukunft – die herrliche Zukunft! Wohin sollte sie führen?" Sie führte ihn tatsächlich und machte das ehemalige Heimkind zum Weltstar. Die Luftschlösser seiner Träumereien wurden durch kluges Planes und Handeln Realität. Tatsächlich steckt ja in der Zukunftsvision, die man in der Gegenwart hat, bereits ein Stück Realität von morgen. Die Zukunft beginnt jeden Tag, jede Minute, jede Sekunde. Indem ich die Zeilen dieses Buches schreibe, setze ich einen Prozess in Gang, der mein Leben verändert. Aber nicht nur meines, weil ich durch die Denkarbeit tief in Gebiete eindringe und Erfahrungen sammle, von denen ich bisher wenig wusste, sondern auch das meiner Leser, denen ich meine Erkenntnisse nahebringe. Der Glaube an die goldene Zukunft lässt uns Dinge in Angriff nehmen, an deren Verwirklichung wir uns trotz gründlichen Wissens oft nicht gewagt hätten. Der Gedanke an das Gelingen beflügelt unsere Phantasie und macht uns Mut, unser Leben zu gestalten. Die Zukunft beginnt jeden Moment. Sie entwickelt sich aus der Gegenwart. Darum kann sie auch, wenn man sich dessen bewusst wird, in jedem Moment verändert werden.

ZUVERLÄSSIGKEIT

ist die Schwester des Vertrauens.

Yorick Huntinghall

Der italienische Franziskanermönch Luca Pacioli brachte 1494 seine „Summa de Arithmetica, Geometria, Proportioni et Proportionalità“ heraus, wahrscheinlich das erste gedruckte Buch eines Mathematikers. Darin beschrieb er als Erster in italienischer Volkssprache komplett die doppelte Buchführung, wie sie zu dieser Zeit bei venezianischen Großkaufleuten in Gebrauch war. Paciolis Buch wurde in viele Sprachen übersetzt und von anderen Fachautoren kopiert. Das bewirkte den Durchbruch der doppelten Buchführung und ungeahnte Dynamik im Wirtschaftsleben. Doppelte Buchführung bedeutet, dass jedes Geldgeschäft zweimal im Hauptbuch notiert wird, links auf der Soll-, rechts auf der Habenseite. Das ermöglicht den Vergleich der Konten, das schnelle Entdecken von Fehlern und die jederzeitige Gewinn- und Verlustrechnung. Internationale Konzerne wie Fugger oder Medici übernahmen die neue Methode zur Bilanzierung ihrer Geschäfte. Die Ökonomie blühte auf. Die Verlässlichkeit der Buchhaltung brachte Pacioli auf die Idee, dass Geschäfte überhaupt auf Verlässlichkeit basieren müssten. „Es gilt nichts Höheres als das Wort des guten Kaufmanns“, heißt es im ersten Kapitel, „und so bekräftigen sie ihre Eide, indem sie sagen: Bei der Ehre des wahren Kaufmanns.“ Der ehrbare Kaufmann ist ein verlässlicher

Geschäftspartner, dessen Handeln moralisch sauber ist und auf klaren Wertvorstellungen basiert. Bei ihm ist der Kunde König. Er plant und handelt langfristig und nachhaltig, übernimmt ehrenamtliche Aufgaben im Gemeinwesen, ohne nach öffentlicher Anerkennung zu schielen oder Vorteile daraus zu schlagen, und stellt nie das Privatinteresse über das Wohl der Firma. Welch Gegensatz zum heute grassierenden Casinokapitalismus. Zuverlässigkeit beginnt im Kleinen, z. B. im zuverlässigen Zurückzahlen einer geliehenen Summe oder im pünktlichen Erscheinen bei einer Verabredung. Wenn jeder das Vereinbarte einhielte, gäbe es weniger Stress, Ärger und Elend auf der Welt.

NACHWORT

Bis ins frühe 4. Jahrhundert v. Chr. wurden im alten Griechenland Dichtung, Philosophie, Geschichte und andere Wissensgebiete von Generation zu Generation *mündlich* überliefert. Das war die einzige Methode, wie in schriftlosen Zeiten Wissen und Erfahrungswerte weitergegeben werden konnten.

Durch die neue, bis dahin unvorstellbare Möglichkeit, Gedanken, Gespräche, Gedichte, Theaterstücke, Gesetze usw. *schriftlich* festzuhalten, verfügten die antiken Denker plötzlich über ein Werkzeug, um die überkommenen Gedankenmuster der verbalen Definitionen von Wahrheitsfindung, Idee und Wert zu durchbrechen. Bisher fußten alle Aussagen auf den mündlich überlieferten Formeln, Sprachbildern und Wendungen traditioneller Lehrgeschichten in oft märchenhafter Form, die immer wieder neu mit den uralten Legenden und Mythen verknüpft wurden.

Vor dem allgemeinen Gebrauch der Schrift waren Werte wie *Mäßigkeit, Tapferkeit* oder *Weisheit* stets mit einer aktuellen Situation verbunden und bezogen sich auf bestimmte gesellschaftliche Ereignisse. Sie besaßen keine von diesen Begebenheiten eigenständige Existenz. Mit dem Ende des Gesprächs oder Vortrags verloren sie ihre Präsenz. Werte wie *Güte, Verzeihung* oder *Treue* erlebte man durch den Vortrag oder die erzählte Geschichte nur als lebendige Ereignisse.

Erst als Werte durch die Schrift fixiert wurden, bekamen sie eine bisher unbekannte Qualität: Sie erhielten durch die neue sichtbare Form *unabhängig* vom Erzähler eine unverwechselbar selbständige, ins Auge springende Präsenz *und* dauerhafte Gültigkeit. Damit wurden die von den aktuellen Bezügen und Personen losgelösten Begriffe völlig eigenständig.

Die schriftlich festgehaltenen Wörter, Begriffe und Gedanken konnten jetzt von Denkern sogar weit entfernter Städte analysiert, durch die gemeinsame Suche nach der klaren Begriffsbestimmung immer präziser formuliert und mittels klar definierter Wertmaßstäbe fixiert werden. Zudem konnte jeder Autor seine von ihm selbst aufgeschriebenen Wörter sehen, auf sich wirken lassen, auf die Qualität hin überprüfen und diese ständig verbessern.

Ein weiterer Glücksfall war, dass parallel zur Einführung der Schrift ein Genie auftauchte, das die Art und Weise des gesamten Denkens schlagartig veränderte: der Athener Philosoph Sokrates. Durch seine Methode, seine Gesprächspartner herauszufordern, ihre Behauptungen mit anderen Worten zu wiederholen und besser zu erklären, leitete er sie an, ihr Gesagtes zu überdenken und genauer zu formulieren. Damit riss er sie aus den gewohnten Denk- und Formulierungsmustern der vertrauten Traditionsform.

Sokrates kommt z.B. durch die ständige Überprüfung des Begriffs *Tugend* zum Ergebnis, dass das Gute zugleich das Schöne ist.

Wodurch aber unterscheidet sich Tugend von Wert? Tugenden sind gelebte Werte. So wird z. B. der (theoretische) Wert *Mut* erst dann zur Tugend, wenn der mutige Mensch unerschrocken für die Wahrheit kämpft.

Doch auch Werte unterliegen in unserer materiellen Welt ständig einem Wertewandel. „Es gibt Werte und Werte", sagt Graham Greene. „Der Wert ist etwas, was sich nicht messen lässt. Der Wert ist eine Sache des Vertrauens." Daher hat *Gerechtigkeit* in verschiedenen Epochen, Kulturen und Rechtssystemen stets eine etwas andere Bedeutung. Sokrates ist z. B. überzeugt, dass es eine Essenz der *Gerechtigkeit* gibt, den ewigen Kern, von dem sich alle unterschiedlichen *Gerechtigkeiten* herleiten. Einen solchen Kern besitzen alle Werte von der *Achtsamkeit* bis zur *Zuverlässigkeit.*

Das zeitgleiche Erscheinen des Jahrtausendgenies Sokrates und die Erfindung der Schrift wurden durch einen weiteren Glücksfall begünstigt. Im Gegensatz zu Schriften, die auf Piktogrammen (Bildschriftzeichen) basieren wie zum Beispiel die chinesische, ermöglicht die phonetische (lautgemäße) Buchstabenschrift des griechischen Alphabets beinahe jedes Wort in seiner Lautform schriftlich festzuhalten und problemlos an Menschen in anderen Städten, Ländern, Kulturen und sogar in ferne Zukunft zu überliefern. Damit bleibt ein Text für alle Zeiten lebendig und wirkt auf den Geist anderer Menschen und folgender Generationen.

Die durch die Schrift festgehaltenen Wörter sind ja nicht nur Werkzeuge zum Denken, sondern sie bilden den Inhalt unseres Denkens selbst. Eine Welt der Nicht-Wörter würde uns im Zustand reduzierter Denkfähigkeit und damit in Unmündigkeit halten. Durch die Einführung der Schrift und der daraus hervorgehenden genauen Begriffsbestimmung einzelner Wörter und Werte entstand aus Sokrates' weltverändernder Idee ein Wertesystem, das unser modernes Denken überhaupt ermöglichte und das unser Leben wertvoll macht.

Der Wertekatalog der griechischen Denker wurde mit der Einführung des Christentums erweitert, indem außer den Zehn Geboten des Alten Testaments neue, von Jesus von Nazareth forcierte Werte aus dem Neuen Testament wie *Barmherzigkeit* oder *Sanftmut* in das Bewusstsein gebracht und von den Kirchen weitergegeben wurden.

Als die Schriften der antiken Philosophen nach Jahrhunderten des Dornröschenschlafs von den Humanisten im Spätmittelalter und zu Beginn der Neuzeit wiederentdeckt und neu zugänglich gemacht wurden, kam es zu einer Renaissance des philosophischen, kirchenunabhängigen Denkens, auf das die Autoren der Aufklärung im anschließenden 18. Jahrhundert umso intensiver rekurrierten.

Unter Aufklärung versteht man die Geistesbewegung, die sich „im Denken und Handeln auf die Vernunft beruft" und sich als Selbstbefreiung von aller Bevormundung durch Tradition und Kirchenautorität definiert. Die

Aufklärer waren überzeugt, dass die präzise Sprache dazu diene, die Wahrheit über die Welt und das soziale Leben herauszufinden, und ihr Zweck darin bestehe, sich selbst und anderen Ideen und Werte zu vermitteln. Der Austausch neuer Ideen und die dadurch in Gang gesetzte Wertediskussion unter den Aufklärern waren im Gegensatz zur Antike umso leichter, weil der Buchdruck die Autoren über Landesgrenzen und riesige Entfernungen hinweg zu Gesprächspartnern machte.

Allen Aufklärern war klar, dass *Gerechtigkeit, Freiheit, Menschenrechte, Unbestechlichkeit, Toleranz* und *Zivilcourage* die Grundlage für ein prosperierendes Staatswesen bilden, klare Wertvorstellungen das Verantwortungsgefühl sich selbst und seinen Mitmenschen gegenüber fördern und Werte die Basis jeder *Zivilisation* sind.

Darum ist die Staatsform der modernen *Demokratie* die wichtigste politische Errungenschaft, weil sie die *Eigenverantwortung* des Menschen fordert und fördert, weil sie die *Chancengleichheit* und *Gleichheit* vor dem Gesetz gewährt, weil sie der Willkür eines Monarchen oder Diktators genauso Grenzen setzt wie der eines Beamten oder einer Gruppe von Oligarchen. In seiner berühmten „Rede auf die Gefallenen" brachte der Athener Staatsmann Perikles (431/430 v. Chr.) das Wesen und die Einzigartigkeit der Demokratie bereits eindrucksvoll auf den Punkt: „Wir leben in einem Staat, der ohnegleichen und ohne Beispiel ist. Er trägt den Namen Demokratie mit Recht, denn die Macht liegt nicht in den Händen einiger weniger, sondern in der Hand des Volkes. Sein Wesen ist, dass vor dem Gesetz alle gleich sind, dass er aber dennoch die Berufenen an die Spitze bringt. Nicht Armut und nicht niedrige Geburt – nichts verschließt ihnen den Weg. Wir leben ohne Hass, ohne Neid. Kränkung, Böswilligkeit, Unfriede gelten als geächtet, Willkür, vor allem gegen die Schwachen und Notleidenden, ist unseren Herzen und damit den Gesetzen zuwider."

Die Konzepte der griechischen Denker zur Demokratie regten Staatstheoretiker wie John Locke oder Montesquieu an, die Grundlagen unserer modernen Demokratie zu entwickeln. Die Basis des großen Wertes Demokratie bilden allerdings die vielen kleinen Werte im Herzen der Menschen, die jeden Einzelnen und damit den gesamten Staat wertvoller machen. Unser modernes Wertesystem ist natürlich das Ergebnis jahrhundertelanger geistiger Arbeit. Es setzt die Einsicht vieler Menschen voraus, dass ein kultivierter Umgang für jeden Einzelnen ein Gewinn ist.

Wenn statt Gier und Egoismus mehr Sinn für Solidarität, Gerechtigkeit, Menschlichkeit und Toleranz herrschen würde, gäbe es weniger Krieg, Not und Elend auf der Welt. Jeder von uns kann jeden Tag dazu beitragen, indem er sich unserer Werte bewusst wird und nicht nur darüber redet, sondern verantwortungsvoll danach handelt.

Daher ist es wichtig, dass sich jene, die von der Arbeit anderer leben, endlich darüber klar werden, dass Armut eine Folge von Werteverfall ist, der von ihnen in Gang gesetzt wurde. Charles Murray belegt in seinem Buch „Coming Apart: The State of White America, 1960–2010", dass durch „die wachsende Kluft zwischen den 20 Prozent der US-Elite und den rund 30 Prozent im Prekariat lebenden Amerikanern dieser Werteverfall" ausgelöst wurde: Vor dem Werteverfall sank die *Moral*. Ein schleichender Prozess brachte die Pioniertugenden der Gründerväter – *Fleiß, Ehrlichkeit, Verantwortung, Zuverlässigkeit, Glaube, Gerechtigkeit, Solidarität, Familiensinn* – in Misskredit, und dadurch wurden sie nach und nach vergessen. Eine amerikanische Arbeiterfamilie mit zwei, drei Kindern konnte in den 1960er-Jahren vom Einkommen des alleinverdienenden Familienvaters gut im eigenen Haus mit Durchschnittskomfort leben. Sein Chef verdiente das 20-Fache. Trotzdem war jeder zufrieden. Es gab eine breite prosperierende Mittelschicht.

Ronald Reagan beschnitt radikal die Macht der US-Gewerkschaften zugunsten der Industrie-Imperien, die ganze Wirtschaftszweige in Billiglohnländer auslagerten. Die Eliten handelten in ihrer Gier völlig unmoralisch und absolut verantwortungslos, indem sie die Existenzgrundlage der Mittelschicht und der unteren Mittelschicht drastisch reduzierten. Sie predigten zwar die altbewährten Werte, bereicherten sich jedoch an der Arbeit anderer und ließen diese verarmen. Zum Beispiel in Alexander City in Alabama, wo über ein Jahrhundert die Russell-Werke, eine der größten Textilfabriken der USA, noch 1996 7000 Menschen Lohn und Brot gaben. Diese

„Company Town" sorgte für die Lebensgrundlage von 15.000 Einwohnern – bis die Russell-Manager ihre Kleidungsstücke in Honduras oder Mexiko herstellen ließen. Die meisten Arbeiten wurden entlassen, mit der Stadt ging es bergab. 2006 wurden die Reste der Russell-Werke von Warren Buffett aufgekauft und verschwanden als Firmenname.

Welch ein Beispiel an Verantwortung und Solidarität war dagegen Friedrich Wilhelm Fürst von Hohenzollern! Als 1973 sein „Hüttenwerk Laucherthal" bei Sigmaringen während einer Stahlkrise vom Konkurs bedroht wurde, verkaufte er Teile des Familienbesitzes, um die Arbeitsplätze in dem mit rund 100 Millionen Mark überschuldeten Betrieb zu retten. „Er war ein richtiger Ehrenmann, und dass hieß auch, dass man sich auf sein Wort 100-prozentig verlassen konnte", sagt Daniel Rapp, der Exbürgermeister von Sigmaringen und heutige OB von Ravensburg.

Es wäre schön, wenn Ehrenmänner wie der Fürst von Hohenzollern als Vorbild für unsere Führungskräfte dienen würden. Solange das Verantwortungsgefühl bei der gut ausgebildeten und üppig verdienenden Oberschicht nicht wiederhergestellt und der Sinn für Gerechtigkeit geschärft ist, solange der Staat die Kosten für Bildung, Ausbildung und Sozialwesen reduziert, so lange wird der Werteverfall andauern, bis er ehemals gedeihende Nationen auf das Niveau von Dritte-Welt-Ländern heruntergewirtschaftet hat.

Daher ist es höchste Zeit, dass wir uns auf die Kraft der Werte zurückbesinnen, unser Leben und unsere Welt auf dieser Basis neu gestalten und diese gute Tradition an die folgende Generation weitergeben.

Jaidhof, im Juni 2021
Michael Korth

Michael Korth ist Experte für die Musik des Mittelalters und Herausgeber von Werken großer Dichtersänger. Seine Bücher, Bühnenwerke und Tonträger erstrecken sich über eine große Bandbreite kulturgeschichtlicher Themen und sind in 16 Sprachen übersetzt. Mit seinem Ensemble Bären Gässlin brachte er in ganz Europa Alte Musik zu Gehör. 2016 erhielt er das Goldene Ehrenzeichen des Bundeslandes Niederösterreich.

Prof. Dr. Dr. Ulrich Hemel ist vielfältig gesellschaftlich engagiert, unter anderem als Direktor des von ihm gegründeten Instituts für Sozialstrategie, als Bundesvorsitzender des Bundes katholischer Unternehmer und als Direktor des Weltethos-Instituts der Universität Tübingen.

Von Michael Korth im Patmos Verlag:

Die Erde ist heilig – Worte großer Häuptlinge
Übersetzt und eingeleitet von Michael Korth
Gelesen von Konstantin Wecker und Angelika Kirchschlager
152 Seiten, Hardcover mit MP3-CD (173 Minuten)
Durchgehend vierfarbig gestaltet mit Fotografien
ISBN 978-3-8436-1207-4

Wir sind die Veränderung – 20 Porträts starker Frauen
Mit einem Vorwort von Margot Käßmann
192 Seiten, Hardcover mit Leseband
ISBN 978-3-8436-1127-5

VERLAGSGRUPPE PATMOS

PATMOS
ESCHBACH
GRÜNEWALD
THORBECKE
SCHWABEN
VER SACRUM

Die Verlagsgruppe
mit Sinn für das Leben

MIX
Papier aus verantwortungsvollen Quellen
FSC
www.fsc.org
FSC® C083411

Klimaneutral
Druckprodukt
ClimatePartner.com/14549-2003-1001

Für die Verlagsgruppe Patmos ist Nachhaltigkeit ein wichtiger Maßstab ihres Handelns. Wir achten daher auf den Einsatz umweltschonender Ressourcen und Materialien.

Durchgesehene und aktualisierte Neuausgabe
(Erstausgabe unter dem Titel: *Werte. Fundamente unserer Kultur* in der *Edition zeitloser Bücher*, Korrekt Verlag, Linz 2014)

ein Unternehmen der Verlagsgruppe Patmos
in der Schwabenverlag AG, Ostfildern
www.patmos.de

Umschlaggestaltung: Finken & Bumiller, Stuttgart
Satz: Schwabenverlag AG, Ostfildern
Druck: CPI books GmbH, Leck
Hergestellt in Deutschland
ISBN 978-3-8436-1254-8